La Civilisation de la Renaissance en Italie

Tome I

La Renaissance aura été l'un de ces moments décisifs dans l'histoire où s'est joué le destin de la civilisation occidentale. Avec elle, en moins de deux siècles, l'Europe a basculé dans une ère qui préparait la modernité. La politique, la perception du monde, l'image que l'homme se donnait de lui-même, l'esthétique, la vie sociale, les mœurs... tout un univers mental et culturel s'est soudain activé, s'est mis à bouillonner et a versé dans une véritable révolution des consciences. Un âge était passé, un autre allait naître : transition dont aujourd'hui encore nous n'avons pas fini de ruminer les bouleversements. Il n'y a d'ailleurs qu'à consulter les travaux les plus récents. Historiens et philosophes y reviennent sans cesse. De Fernand Braudel à Jean Delumeau ou à Michel Foucault, c'est une même volonté qui s'affirme : retrouver dans les siècles de la Renaissance les racines des temps actuels, entendre sous le brouhaha et l'effervescence de ce monde en mouvement les premiers balbutiements de nos propres pensées.

Etrangement, sur cette période de notre histoire, un livre occupe depuis plus de cent ans une position hégémonique : *La Civilisation de la Renaissance en Italie* de Jacob Burckhardt. En fait, un de ces textes exceptionnels qui franchissent les épreuves du temps sans flétrissures ni vieillissements, et conservent durablement leur force d'évocation comme leur puissance de séduction. Le phénomène est rare, on le sait, et souvent tient à la convergence de quelques qualités essentielles. L'écriture, notamment, est décisive. Mais le sont aussi, et dans une égale mesure, la richesse de l'information, l'acuité du regard de l'auteur, la pertinence des analyses et la fermeté des synthèses. *La Civilisation de la Renaissance* possède de telles qualités, c'est ce qui explique la permanence de son influence et justifie qu'il soit toujours considéré comme l'un des grands classiques de la pensée moderne, alors qu'il a été publié pour la première fois en 1860.

Il faut dire que Jacob Burckhardt a su, dans cet ouvrage, dépasser l'habituel scénario historique auquel se sont régulièrement abandonnés les chercheurs du siècle précédent. Mieux qu'une fouille et mieux qu'une fresque, il a en effet développé une vision ordonnée des XVe et XVIe siècles, désignant clairement l'élément central à partir duquel s'est organisé l'univers intellectuel de l'époque, en même temps qu'il a recensé, les unes après les autres, domaine après domaine, les fractures et les transformations diverses qui sont venues au jour durant la période. L'élément central en question ? Ce noyau ? Ce point d'articulation ? Rien de mystérieux à son propos. Il s'agit de l'homme. De l'homme de la Renaissance qui, brutalement, prend conscience de ce qu'il est, de ses pouvoirs, de ses aptitudes à imposer son ordre aussi bien à l'ensemble de l'humanité qu'à la nature environnante.

(Suite au verso.)

D'un homme qui se pense comme sujet libre et autonome. Fort justement d'ailleurs, Robert Klein, dans sa belle préface qui ouvre le texte, met l'accent sur ce phénomène très neuf que Burckhardt a parfaitement isolé. « L'homme de la Renaissance, écrit-il, se sait maître d'organiser sa vie et celle de la société, et il s'y emploie avec une énergie passionnée et une raison froide. Le but à atteindre, dont l'Antiquité classique lui semble offrir un modèle parfait, consiste dans la réalisation d'un maximum de beauté et d'harmonie, soit par la grandeur morale, soit par la jouissance esthétique, soit par la perfection du jeu politique. » Quant aux ruptures et transformations qui seront l'apanage de ces siècles de Renaissance, elles apparaissent du coup comme les conséquences directes de cette primitive et originaire révolution intérieure d'un sujet découvrant ses infinies possibilités.
Six parties scandent l'ouvrage. Six exposés systématiques pour expliciter les multiples effets de cet avènement de l'homme. Un découpage qui va commander la structure en trois volumes de l'édition du Livre de Poche.
D'entrée de jeu, dans le **premier volume,** la politique est l'objet privilégié. *L'Etat considéré comme création d'art,* titre Burckhardt. L'invention d'une nouvelle philosophie du pouvoir, pourrait-on ajouter. Car c'est cela qui émerge du texte. Une vision nouvelle de l'art de gouverner, fondée dans des valeurs jusque-là ignorées, ou négligées par les puissants. Vaste éventail qui préfigure la rationalité moderne. Ainsi voit-on s'instituer dans les rapports entre les princes italiens le sens de l'équilibre des Etats, la nécessité de nouer des alliances avec des peuples étrangers pour préserver la stabilité d'une situation, le besoin de mieux connaître ses propres forces comme celles de son adversaire potentiel. Ainsi la ruse, le cynisme, la diplomatie subtile, mais aussi la raison, la reconnaissance des faits objectifs et la force d'une argumentation logique, deviennent-ils l'ordinaire dans la gestion des affaires publiques. Bref, montre Burckhardt, c'est dans l'Italie de la Renaissance que la vie politique vire au réalisme, que l'idée même de puissance trouve ses marques dans la réussite, et non plus, comme durant la féodalité, dans « des droits fondés sur des théories respectées ». C'est une thèse convergente que l'on retrouve d'ailleurs dans la seconde partie du volume, intitulée *Développement de l'individu.* A travers l'étude des notions de « gloire » ou de « raillerie », Burckhardt revient à son idée chère de la « libération de l'homme ». L'individu qui se forge dans le creuset du XVe et du XVIe est un être en rupture avec les habitudes mentales ambiantes. C'est pourquoi il accède à « cette liberté d'esprit dont témoignent la moquerie et le rire ». Révolution des têtes et révolution du regard porté sur les choses, la Renaissance présente bien l'avènement d'un homme nouveau qui a désormais le sentiment de son universalité.

JACOB BURCKHARDT

La Civilisation de la Renaissance en Italie

Tome I

TRADUCTION DE H. SCHMITT
REVUE ET CORRIGÉE PAR R. KLEIN
PRÉFACE DE ROBERT KLEIN

LE LIVRE DE POCHE

MAQUETTE DE JEANINE FRICKER

TOME 1

TOME 2

TOME 3

La traduction de *La Civilisation de la Renaissance en Italie* que nous présentons est celle de H. Schmitt (Plon, 1885), largement revue et corrigée par M. Robert Klein, telle qu'elle a été publiée en 1958 par la Librairie Plon et le Club du Meilleur Livre. M. Robert Klein a également établi l'iconographie originale de cette édition et rédigé la préface où les thèses de Burckhardt sont confrontées avec les données de l'édition moderne.

Pour nous avoir permis d'utiliser le résultat de ses recherches et de ses travaux, nous adressons à M. Robert Klein, ainsi qu'à la Librairie Plon et au Club du Meilleur Livre, nos plus vifs remerciements.

Le Livre de Poche.

Préface

LA CIVILISATION DE LA RENAISSANCE AUJOURD'HUI

Le dessein.

L'influence presque sans exemple par sa durée et par sa profondeur, qu'exerça La Civilisation de la Renaissance en Italie *sur le public et sur les historiens a été parfois expliquée par ses qualités littéraires, et notamment par la parfaite unité de sa composition. Pourtant, comme on l'a d'autre part fait remarquer à ce propos*[1]*, ce livre est un fragment. Burckhardt lui-même a nommé la plus importante des lacunes celle qui concerne l'art; elle est d'autant plus fâcheuse que toute la vie de la Renaissance, ou presque, est considérée en fonction de cette idée : l'État, les fêtes, la conversation, l'économie domestique, la guerre, l'éducation et surtout la personnalité même de l' « homme de la Renaissance » sont pour Burckhardt autant d'œuvres d'art, c'est-à-dire, comme il l'explique, des « constructions conscientes et réfléchies, élevées sur des fondements tangibles et calculés ».*

Des raisons purement extérieures avaient obligé l'auteur à retrancher de son projet cette partie qui aurait dû être centrale. Il convient donc de ne pas trop nous fier à l'impression d'unité organique qu'il a su si magistralement éveiller, et de nous demander s'il a eu raison d'affirmer dans les lignes introductives de l'ouvrage, que son « essai » est demeuré partiel et subjectif.

Plusieurs lacunes, outre l'art, frappent en effet le lecteur d'aujourd'hui : il nous semble curieux qu'on puisse écrire une histoire de la civilisation (Kulturgeschichte) *où manque à peu près complètement la technique et où il est tenu si peu de compte des institutions, de l'économie, des métiers, de la vie des classes laborieuses, Burckhardt ne semble jamais avoir songé que l'on puisse interpréter avec une assez grande vraisemblance sa « naissance de l'individualisme » en fonction de l'opposition entre le capitalisme industriel ou financier et les anciennes corporations; l'économie l'ennuyait et il ne voulait pas s'en occuper.*

On a aussi relevé, avec plus de surprise, le peu de place que tient dans son livre la philosophie; des phénomènes culturels d'importance capitale, comme le néoplatonisme florentin et son constraste avec l'aristotélisme de Padoue, ne sont cités qu'en passant et jamais analysés. Ils sont pourtant aussi caractéristiques de la civilisation italienne que la poésie, si amplement traitée.

Enfin, et ceci est peut-être la plus sérieuse des objections contre le cadre que Burckhardt s'est choisi, toute la période qu'il appelle Renaissance italienne, et qui va selon lui de la chute des Hohenstaufen jusqu'à la domination espagnole en Italie, est considérée comme un seul bloc; entre ces limites si éloignées, il croit pouvoir assigner des caractères communs à toute la poésie, à toute la vie religieuse ou à toute la politique italiennes. Autant Burckhardt s'attache, avec un génie intuitif incomparable, aux différences individuelles, autant il se montre sommaire quand il s'agit de retracer une évolution. Sa première partie par exemple contient d'admirables galeries de tyrans, de condottieri, de papes, classés en gros par siècles; mais sur le passage des communes libres aux principautés, sur la lente décadence de l'oligarchie patricienne à Florence et sur la conversion de ses bases économiques, il a peu de choses à dire. Burckhardt est, comme historien, un physionomiste; il présente la Renaissance comme il décrirait le génie d'un grand homme, et c'est pourquoi elle lui apparaît une et indivisible, presque sans racines dans le Moyen Age, sans prolongement dans le baroque, sans évolution intérieure, sans influences de l'étranger et sans une vraie pluralité de tendances.

On pourrait, en juxtaposant ces remarques critiques, donner l'impression que cet ouvrage, écrit sur un plan si bizarrement découpé, n'a qu'une unité bien artificielle. Mais ce jugement serait d'une injustice patente. La Civilisation de la Renaissance n'est pas un tableau descriptif et encore moins explicatif[2]; Burckhardt a laissé de côté des domaines dont l'exploration n'aurait pu, souvent, que lui être favorable; il a négligé l'économie et la sociologie, comme il a refusé de narrer les guerres, parce que son but n'était pas de définir des causes et des effets. Il a exagéré l'opposition avec le Moyen Age, mais de propos délibéré, comme il ressort des cours tenus dans les années mêmes où il rédigeait sa Renaissance : il y a reconnu que la chevalerie, par exemple, était dès le XIIe siècle un facteur non négligeable de l'émancipation de l'individua-

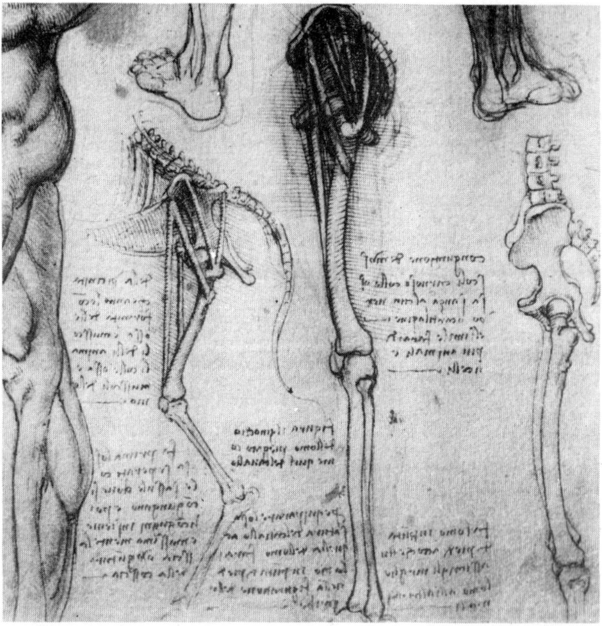

1

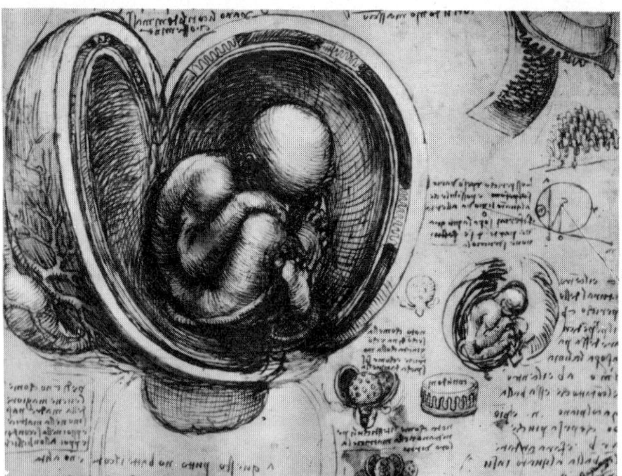

2

lité[3]. *Il n'a pas craint, lorsqu'il s'agissait d'appuyer sa thèse, des coups de pouce assez peu déguisés*[4]. *Il sacrifiait volontiers quelque chose à l'exigence du relief, non dans le domaine des faits, bien sûr, mais dans celui du jugement et des appréciations; c'était une nécessité du genre historique qu'il venait d'inventer, une condition de sa manière personnelle de concevoir la* Kulturgeschichte.

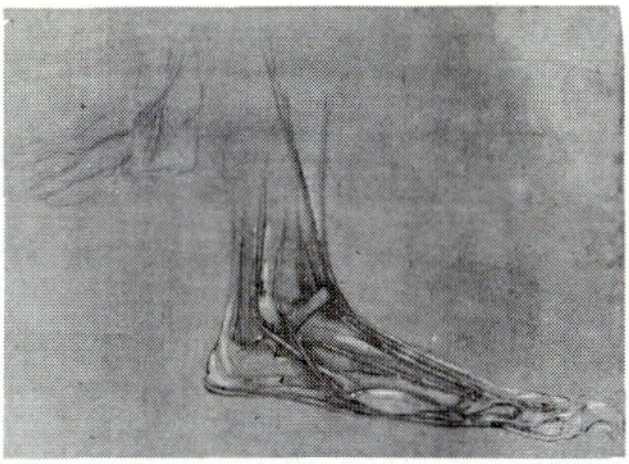
3

Personne, en effet, n'avait encore eu l'idée d'écrire en historien sur « la prédominance de l'imagination dans la morale », sur les différentes manières de compter la population dans les statistiques, sur la gloire des poètes ou sur la manie des discours publics. Burckhardt a innové pour presque toutes ses têtes de chapitre; il les a choisies, avec un bonheur inégalé, en vue d'un but précis et unique, qu'il a été le premier à prescrire à l'historien: définir l'attitude des hommes d'une certaine époque devant le monde. *Une fois qu'on a compris cela, et quand on évite de se laisser induire en erreur par l'acception courante du mot* Kulturgeschi-

Léonard de Vinci. 1. Étude d'anatomie comparée, dessin; Windsor Castle. 2. Dessin anatomique; Windsor Castle. 3. Pied d'animal imaginaire, dessin; Windsor Castle. (Photos Royal Library. Windsor).

chte, *on n'est plus gêné par les apparentes lacunes, on ne trouve plus arbitraire la distribution des accents, et, quitte à réserver son opinion sur l'hypothèse implicite du* Zeitgeist *(« l'esprit de l'époque », cette entité hégelienne qui, après avoir séduit un Taine comme un Spengler, finit maintenant ses jours dans l'ethnographie), on est en état d'examiner sans prévention les conclusions de Burckhardt.*

La thèse.

On pourrait résumer à peu près comme suit l'ensemble des idées qui nous paraissent aujourd'hui caractériser l'apport personnel et les thèses de Burckhardt :

La Renaissance n'est pas, pour l'essentiel, la résurrection de l'antiquité, mais un renouvellement plus profond et plus large de la conscience humaine et de la vie. Elle envisage la réalité physique et sociale sans préjugés d'aucune sorte; elle va à la découverte des choses avec un esprit neuf, positif, et compte garantir à l'individu l'épanouissement, dans cette tâche, de tous ses dons et capacités. L'homme de la Renaissance se sait maître d'organiser sa vie et celle de la société, et il s'y emploie avec une énergie passionnée et une raison froide. Le but à atteindre, dont l'antiquité classique lui semble offrir un modèle parfait, consiste dans la réalisation d'un maximum de beauté et d'harmonie, soit par la grandeur morale, soit par la jouissance esthétique, soit par la perfection du jeu politique.

Ce mouvement était à l'origine, selon Burckhardt, spécifiquement italien. Face aux pays du Nord « encore médiévaux », les Italiens ont pu, dès le XIV*e siècle, instaurer une Renaissance que le reste de l'Europe n'a eu ensuite qu'à imiter. Les causes et conditions de cet épanouissement ne sont pas bien définies, mais il faut sans doute y compter en premier lieu la situation politique instable et anarchique, dans laquelle ne pouvait survivre que l'individu résolu, doué, et capable de voir les choses comme elles sont; républiques et principautés devenaient ainsi des créations volontaires des grands artisans de la politique. Burckhardt n'aurait probablement pas refusé d'admettre que les conditions économiques pouvaient jouer dans ce processus d'émancipation un rôle analogue, mais il n'a pas insisté sur ce point*[5]*. – Mais la Renaissance possédait encore d'autres racines en Italie, plus profondes parce que plus constantes : le caractère national surtout, à qui l'on doit ce don incomparable d'organiser esthétiquement à la fois le décor de la vie et le mode de vie lui-même. La vivacité d'esprit, la perfection des réactions, la promptitude à applaudir tout ce qui est « bien fait », bien réussi, quelle qu'en soit la valeur morale, enfin la tendance à jouer son propre personnage comme on tient un rôle dramatique, paraissent à Burckhardt spécifiquement italiennes. – En dernier lieu la survivance de l'antiquité classique, la présence de ses vestiges, la conscience qu'avaient les Italiens d'être eux-mêmes encore et malgré tout des Romains, permit à ce pays l'essor précoce qui fascina l'Europe.*

Cette image était frappante. Elle remplaçait la

« Renaissance » par ce qu'il vaudrait mieux appeler le Réveil. On n'oublie pas facilement ce portrait d'une civilisation qui est comme une enfance – l'enfance de l'« homme moderne » selon Burckhardt –, saluant avec une confiance et une ardeur naïves le monde de beauté et de lumière qu'elle semble percevoir pour la première fois. Pétrarque sur le mont Ventoux en est comme le symbole. La sympathie du lecteur est si vivement sollicitée qu'elle s'étend souvent aux seigneurs qui pratiquent « le crime considéré comme un des beaux-arts », et qu'on a pu faire de Burckhardt, par un contresens assez grossier, l'ancêtre du sous-nietzschéisme qui se complaisait dans l'admiration pour César Borgia. Burckhardt n'avait jamais perdu de vue, en décrivant cette genèse de « l'homme moderne », que les acteurs de l'histoire dont il parle n'étaient pas des enfants dont l'inconsciente vitalité excusait tout, mais des personnalités dont le jugement fonctionnait dans les mêmes conditions que le nôtre; il prenait acte de leur conduite avec la sagesse d'un homme dont l'expérience était immense, bien qu'elle soit acquise surtout par les lectures (mais c'étaient les lectures d'un grand imaginatif), et qui ne se berçait d'aucune illusion, fût-ce celle du cynisme « réaliste ».

Les objections.

Disons tout de suite pourquoi cette image de la Renaissance comme un grand réveil n'est plus admise sans d'importantes réserves; elle suppose une double opposition, démentie par les faits, entre Moyen Age et Renaissance, et entre l'Italie du XVe *siècle, « en avance sur son époque », et les pays retardataires du reste de l'Europe. La vaine et interminable discussion sur les « origines » et les « limites chronologiques » de la Renaissance vient en grande partie du fait que l'on a découvert, sous des formes humanistes ou « modernes » du Quattrocento, des structures de pensée et des types de conduite qui ont leur racine loin dans le Moyen Age; la folie de Stefano Porcari et des autres tyrannicides de la Renaissance, – sauf peut-être le dernier, Lorenzino –, ressemble étroitement à l'enthousiasme de certains croisés et à la folie de certains vœux chevaleresques. La prétendue découverte du cadavre de Tite-Live à Padoue est une histoire de reliques, comme des centaines d'autres racontées dans les siècles précédents. L'amour idéalisé, voué toujours à des femmes mariées (en quoi Burckhardt voyait un signe d'individualisme), stylisé à l'aide d'une casuistique subtile, de rites courtois développés et de l'habitude des discours, et qui va de pair, à l'occasion, avec une joyeuse et peu délicate sensualité, est exactement, à quelques changements de convention près, celui des troubadours. Les condottieri, en qui l'imaginerie populaire issue de Burckhardt, mais regrettablement faussée, voit le type même de « l'homme de la Renaissance », n'ont pris qu'assez tard la relève des chefs étrangers des bandes ou compagnies mercenaires, qui parcouraient l'Italie du* XIVe *siècle et chez qui leurs émules italiens ont fait leurs premières armes.*

Les exemples pourraient être facilement multipliés.

Burckhardt n'en ignorait aucun, et il lui arrive de les citer lui-même; mais il ne leur accordait pas trop d'importance, parce que son attention allait toujours d'abord aux différences. A ses yeux, un monde séparait l'honneur chevaleresque de la gloire renaissante; pour beaucoup, aujourd'hui, ce sont deux aspects légèrement différents d'une même chose[6].

La discussion est toujours possible et ouverte sur ces questions de point de vue; elle ne l'est plus guère pour la deuxième objection contre la thèse de Burckhardt, au sujet du prétendu décalage entre l'Italie et les pays du Nord, notamment le domaine franco-bourguignon, au XV*e siècle. Pour l'histoire de l'art, la remarque s'impose surtout au sujet des premières générations. On ne peut pas contester le « gothisme » de Ghiberti ou de Gentile da Fabriano, ni la parenté spirituelle entre le naturalisme de Masaccio et celui des van Eyck. S'il y a priorité, elle appartient souvent au Nord : Sluter a précédé Donatello. Quant à l'art postérieur et raffiné de la Florence médicéenne, de Botticelli et de Filippino Lippi, certains n'ont pas tardé à y trouver un caractère gothique, qu'il leur suffisait d'affubler du préfixe* néo. *Le quattrocento italien devenait ainsi assez strictement parallèle au* XV*e siècle des autres pays occidentaux, et la question qui restait ouverte, s'il faut alors reculer d'un siècle la césure dans les régions transalpines, ou l'avancer d'autant pour l'Italie, se réduisait à une querelle de mots d'autant moins intéressante que, parallèlement, on tendait à enlever à la Renaissance, italienne ou non, tout caractère de vraie nou-*

veauté. Mais il y eut là des exagérations qui ont perdu aujourd'hui beaucoup de leur crédit.

Quoi qu'il en soit, il semble acquis que l'Italie du XVe *siècle n'a pas créé seule une renaissance qu'elle aurait ensuite apportée au reste de l'Europe, mais qu'elle a trouvé pour des aspirations communes à tout l'Occident des formes plus neuves et plus riches, que ses voisins ont ensuite adoptées. Et cela vaut, comme pour l'art, pour plusieurs autres aspects de la civilisation.*

Dans le domaine politique et économique, le parallélisme entre les villes d'Artois ou de Flandre et les communes italiennes, depuis le XIIIe *siècle au moins, est frappant. Les brillants travaux d'Henri Pirenne sur les communes belges ont donné à penser qu'il y a une profonde analogie entre la classe patricienne de ces villes et celle de l'Italie, et qu'il était possible d'entrevoir par là une similitude plus profonde entre les civilisations artistiques et intellectuelles qu'elle suscita dans les deux pays*[7]*. On imagine aisément la place qu'auraient reçue dans le livre de Burckhardt les Artevelde, s'ils avaient été Italiens. Rien d'essentiel ne distingue un Jacques Cœur de son cadet Cosme l'Ancien de Médicis; même le goût du mécénat leur est commun. La politique, et non seulement celle des villes commerçantes, s'inspire d'une mentalité dont on a ici les sources; si quelque chose dans le caractère et dans l'activité de Louis XI eût été impossible dans l'Italie de son temps, ce n'est certainement pas sa foi superstitieuse, mais l'envergure de ses vues : ainsi jugeait, dans un cours tardif, Burckhardt lui-même*[8]*. L'esprit nou-*

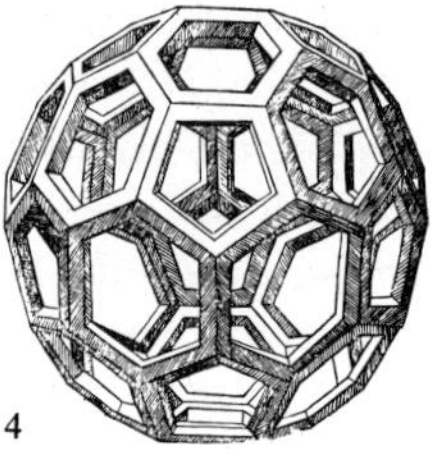

4

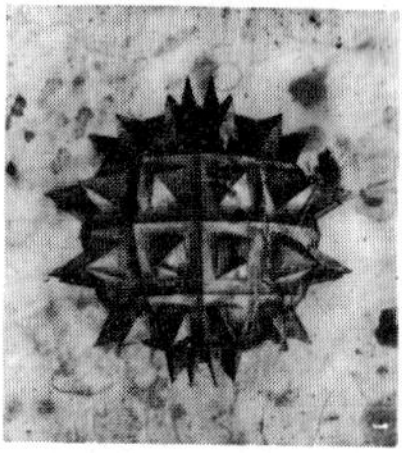

5

veau, dont La Civilisation de la Renaissance *fait un portrait si impressionnant, est en grande partie l'esprit du patriciat capitaliste à ses origines, quel que soit le pays où il se développe. Il est vrai que les hommes qui ont créé la Renaissance n'étaient pas forcément des patriciens ou des gens de leur entourage, et que la parenté des structures économiques dans les villes peut aller de pair avec de profondes différences dans la physionomie culturelle : il suffit de comparer, sans quitter l'Italie, Gênes, Florence et Venise au XV*e *siècle. Mais la conscience de l'homme d'affaires, à qui des possibilités matérielles et morales s'ouvraient comme à aucun type humain des sociétés antérieures, a incontestablement déteint sur la tournure d'esprit, si triomphalement réaliste, du quattrocento tout entier.*

Ce n'est pas seulement l'attitude réaliste qui rapproche la société italienne de celle des régions du Nord également développées. Lorsque Huizinga, dans un livre célèbre dont la méthode et le but sont très proches de ceux de Burckhardt, entreprit d'analyser le « décor de la vie » et la mentalité des hommes qui en France et en

4. Icosaèdre régulier, illustration de Luca Pacioli, De divina proportione; Venise, 1509, d'après un dessin de Léonard de Vinci, 5. Paolo Ucello, étude; Paris, Louvre. (Archives photographiques. Paris) « ... *le réalisme et le rationalisme presque agressif des hommes du* XV*e siècle.* »

6

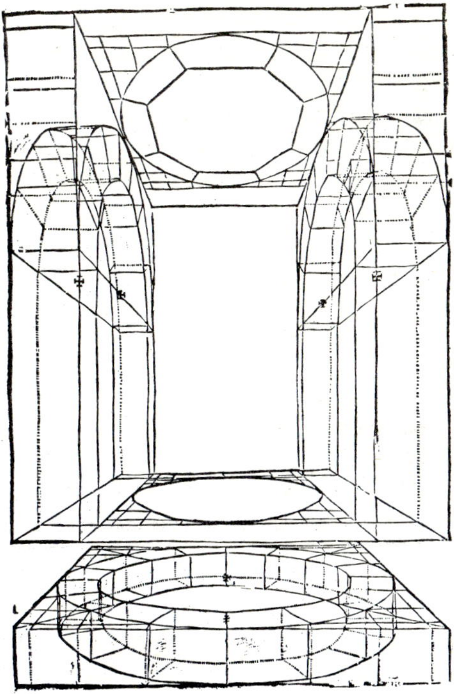

7

6. Piero della Francesca, panneau, Urbin, Palais Ducal. *« Définir avec une parfaite rigueur son point de vue. »* (Photo Anderson). 7. Sebastiano Serlio, Architettura, I. II; Venise, 1545. Illustration : *« Une seule science est traitée mathématiquement... »*

Bourgogne déterminèrent l'aspect de la culture[9], *il rencontra dans l'attitude esthétique, dans la manière de concevoir la vie comme jeu ou comme œuvre d'art, des traits qui rappellent l'Italie contemporaine. Mais il estimait, contrairement à Burckhardt, qu'il s'agissait là non d'un complément naturel du rationalisme réaliste, mais d'une évasion, et que sur ce point, l'esprit « chevaleresque », la pastorale et un certain aspect de l'humanisme se valaient*[10]. *Entre leurs créations, d'une fantaisie souvent délirante, et la réalité vécue, il y a cette stérile opposition à laquelle on reconnaît les époques de la décadence; c'est bien d'un « déclin » du Moyen Age qu'il faut parler, et non d'une Renaissance.*

Il n'était évidemment pas question pour Huizinga d'appliquer telle quelle cette doctrine pessimiste, peut-être contestable même pour l'objet propre de son analyse, au quattrocento italien; on peut pourtant en relever l'indication pour se demander dans quelle mesure la fonction esthétique était alors, chez les Italiens aussi, un besoin de chimère en même temps qu'une forme de la liberté.

Dans la partie consacrée à l'État, Burckhardt semble hésiter entre l'explication et la description des phénomènes. C'est sans doute pour pouvoir « expliquer » la Renaissance par l'histoire politique, que Burckhardt en a fixé les limites chronologiques entre deux hégémonies impériales : elle embrasse ainsi une époque marquée tour à tour par l'anarchie des particularismes, l'équilibre des grands États italiens et le combat incertain entre les deux conquérants étrangers. Dans cet interrègne, la diplomatie et l'administration devenaient une question d'astuce et de calcul autant que d'énergie. (C'est dans le sens d'artifice ou de réalisation technique qu'il faut comprendre, comme l'a fait remarquer W. Kaegi, le titre « Der Staat als Kunstwerk »). Burckhardt, sage pessimiste, n'éprouvait aucune admiration d'esthète pour les César Borgia; sa vision des choses italiennes a plutôt quelque analogie avec la lutte pour la vie que Darwin venait justement de décrire, ou avec l'état de l'économie américaine de son temps; à une différence près, qui est essentielle : l'anarchie de la Renaissance est bien une sélection naturelle, mais elle est aussi créatrice de valeurs. Burckhardt s'efforce parfois de la considérer en homme de science « qui ne juge pas » (l'introduction de la VIe partie), sans parvenir cependant à maîtriser une imagination qui, là où les sources le permettent, va d'instinct vers le dramatique, voire le mythique. Il est catégoriquement séparé de tout darwinisme social par le fait qu'il s'efforce de tirer de la lutte pour le pouvoir un but qui la dépasse, le service de la culture. Mais aucun schéma théorique valable ne semble l'y aider, et la description reprend ses droits sur l'explication. On aurait attendu au moins un chapitre, que le programme et la méthode de Burckhardt exigeaient, sur la nature et la signification des mots d'ordre idéologique, guelfe, gibelin, « justice et liberté », républicanisme, césarisme. Ces questions, qui suscitent aujourd'hui beaucoup d'intérêt, auraient permis d'étudier l'insertion des forces spirituelles dans ce combat sans loi. Mais en matière de politique, Burckhardt était si fasciné par le côté humain concret, et d'autre part si attaché à sa conception de l'État comme création *rationnelle, qu'il se borna, pour ces questions, à une page sur le patriotisme italien.*

Notons toutefois qu'une des dernières théories sur la politique du quattrocento et sur ses relations avec la culture est étrangement proche de Burckhardt : selon Hans Baron[11]*, la résistance victorieuse de Florence contre l'expansion milanaise dans les premières années du* XV*e siècle, fit échouer pour toujours les tentatives d'unification italienne sous la puissance d'un tyran, et fixa les traits d'une nouvelle idéologie, celle de l'humanisme républicain, réconcilié maintenant avec le pouvoir civil et avec la culture du peuple, la poésie en langue vulgaire. Voilà donc reconnus, comme chez Burckhardt, l'origine politique de la civilisation renaissante, l'effet bienfaisant du morcellement de l'Italie, et l'accord de la culture humaniste avec l'esprit national. Mais il convient de garder quelque réserve en face de la construction historique de Baron.*

Le « développement de l'individu » est peut-être la clef de voûte du système, ou du moins la notion qui en relie tous les aspects. Chez Burckhardt dont le véritable objet est l'étude d'une conscience *des choses, rien ne sortirait d'un dénombrement des originaux bizarres ou des personnalités fortes; mais bien plutôt des autobiographies et des signatures d'artistes. Deux choses importent : que la singularité d'un homme, – la « socratité » de Socrate, comme disaient les scotistes –, compte avant l'appartenance à un groupe ou à un type, et qu'elle puisse être éventuellement considérée comme une valeur : ici la notion de gloire, par laquelle l'individu donne à ce qui le différencie des autres une existence en quelque sorte objective dans l'approbation extérieure, se distingue en effet de l'honneur médiéval, qui est un certificat de conduite en tout point conforme à certaines exigences impersonnelles, auxquelles, dans la même situation, tous les membres d'une classe auraient dû également satisfaire.*

A l'arrière-plan, on trouve encore l'idée de libération. Pour voir le monde et la société avec des yeux neufs, il faut rompre avec les habitudes mentales inculquées par les nombreux groupes auxquels on appartient; et il suffit de s'être détaché pour être « soi ». C'est pourquoi l'individualisme de la Renaissance n'a rien à voir avec l'affectation de singularité, mais débouche sur l'universalité d'un Alberti ou d'un Léonard (la réalisation, comme on l'a dit, des puissances de l'homme), et engendre cette liberté d'esprit dont témoignent la moquerie et le rire[12].

On a fait à ces pages de Burckhardt les objections habituelles sur la localisation chronologique et géographique du renouveau, on a critiqué l'emploi, peu heureux en effet, de l'expression « naissance de l'homme moderne », et les formules célèbres, mais évidemment trop générales, qui dans les premières pages de cette section posent comme une thèse ou comme une conclusion anticipée ce qui n'est en réalité que le cadre de la recherche. La mise au point de W. Dilthey, en pleine actualité scientifique de La Civilisation de la Renaissance, *a été sur ce point utile. Mais personne n'a jamais contesté qu'avec cette idée centrale de son étude, Burckhardt a « vu quelque chose » qu'il était indispensable de voir.*

8

9

10

11

La découverte de l'homme et du monde, – expression de Michelet que Burckhardt a rendue fameuse –, est l'évidente contrepartie de l'émancipation de l'individu; ce sont, plus exactement parlant, deux faces d'un même phénomène.

Cette découverte est, comme on nous le laisse entendre sans l'expliquer, le fait de curieux, amateurs, voyageurs et observateurs plutôt que de scientifiques au sens actuel du mot. Les historiens anglo-saxons des sciences, Lynn Thorndike et George Sarton, parlent de la Renaissance italienne avec un certain mépris; partout où l'humanisme triomphe, la recherche exacte est en recul. Les intuitions des derniers scolastiques dans ces domaines sont ensevelies pour longtemps : leur mathématique et leur physique doivent attendre le XVII*e siècle, leur logique le* XX*e. Léonard, que l'on invoque souvent quand il est question des progrès scientifiques de l'époque (Burckhardt ne pouvait pas en tirer suffisamment parti, faute de publications des manuscrits) est*

« Des dieux antiques, parfois bien étranges dans leur préciosité ou dans leur allégorisme saugrenu. »
8. Botticelli, Flore. Détail de la Primavera; Florence, Offices. (Photo Alinari-Giraudon). 9, 10, 11. Cartari, Imagini de i dei dei gentili; Venise, 1571. Illustrations.

souvent leur débiteur, et plus d'une fois décevant dans la théorie. Sa science était surtout visuelle; les lois qu'il cherchait n'étaient pas numériques, mais qualitatives, – ce que Goethe appelait des Urphänomene, *les archétypes du fonctionnement de la nature. Il pratiquait l'anatomie en intuitif, montrant l'analogie des squelettes humains et animaux, suggérant par le seul dessin le caractère végétal de la croissance des embryons, découvrant la ressemblance des grimaces expressives chez l'homme, le cheval et le lion; il représentait les montagnes comme les plis d'une draperie, la chevelure comme un cours d'eau. Il ne voulait pas établir des relations entre grandeurs mesurées, mais, comme il l'a dit,* trasmutarsi nella mente di natura, *se mettre à la place de la nature pour savoir comment elle procède; il lui arrive ainsi d'inventer, semble-t-il, comme on inventerait une machine, un nouveau modèle de pied.*

L'éloge des mathématiques, si on le formule à cette époque, vise soit les techniques pures (l'essor de l'algèbre dans l'Italie du XVI*e siècle est dû aux problèmes posés par des artisans, armuriers, constructeurs de navires, etc. et non par des physiciens), soit l'«harmonie» pythagoricienne qui régit la beauté « musicale » du monde. La jonction entre les sciences naturelles, restées vitalistes, magiques, « curieuses », et les mathématiques pures n'est pas opérée; une seule science est traitée mathématiquement, la perspective. Mais c'est parce qu'elle fait appel à une discipline visuelle, la géométrie, et qu'elle a comme objet le visuel. Bien plus, elle est un symbole de la nouvelle attitude de l'homme « en face » du monde : apprendre à créer l'espace scénique dans* *l'image, c'est du même coup se situer « devant » elle, « prendre sa distance », et définir avec une rigueur parfaite son « point de vue ». Nulle part le réalisme et le rationalisme presque agressif des hommes du* XVe *siècle n'éclatent aussi fort que dans certains dessins qui sont à la fois de la géométrie dans l'espace et de la perspective*[13].

Les deux parties du livre où l'absence de chapitres sur l'art se fait le plus durement sentir sont la IIIe*, sur l'antiquité, et la V*^e^ *sur la sociabilité et les fêtes. Burckhardt a été le premier à avoir attribué à l'antiquité son rôle principal, celui d'un modèle et d'un cadre de vie. Mais il faut se rappeler, plus peut-être qu'il ne l'a fait, le caractère protéiforme de ce modèle. Les dieux antiques, que l'on s'efforce de reconstituer, reçoivent des formes parfois bien étranges dans leur préciosité ou dans leur allégorisme saugrenu*[14]*, qui n'a rien à voir avec ce à quoi nous ont habitués des siècles de classicisme académique. On croyait de même ressusciter un genre antique lorsqu'on inventa l'opéra. Les faux antiques, pour lesquels Padoue était l'officine principale, comprenaient souvent, naïvement reproduits, des fragments empruntés à des maîtres contemporains. La part du pastiche y était réduite au strict minimum, – le gonflement circulaire d'un voile par exemple –, et quelquefois, comme pour le fameux Cupidon enfant de Michel-Ange, on se contentait d'éroder la surface d'une œuvre moderne. Jusque vers 1540, on voyait l'antiquité à l'image du présent plutôt que le contraire.*

Burckhardt a curieusement négligé une des principales sources psychologiques de l'anticomanie dans la

Renaissance, le pathétique du « retour aux sources »[15]. *La besogne des humanistes paraissait sacrée, parce qu'elle avait pour but de réincarner la grandeur antique dans l'Italie « re-naissante ». L'imitation des anciens n'était qu'un des signes, et des moins probants, de cette conscience. Les peintres que l'on appelait « second Apelle » n'imitaient pas, et pour cause, les œuvres du premier; Florence, la « seconde république romaine » n'a adopté aucune des institutions de son prétendu modèle. La Renaissance n'était ou ne se concevait elle-même que comme un processus de guérison : après la décadence des âges de barbarie, il fallait remonter le courant et retrouver la splendeur ancienne. En politique, c'était le rêve de Machiavel, peu débiteur des humanistes; en art, celui de Brunelleschi, plus proche de l'architecture paléo-chrétienne ou même romane que de l'antiquité. Parallèlement, c'était, en matière religieuse, le désir des croyants sincères, préoccupés du sort de l'Église : revenir à la foi primitive, remonter, là aussi aux sources, soit en appliquant la philologie et sa critique à la tradition et à l'Écriture, soit en prêchant la simplicité évangélique dans les mœurs. Finalement, le mot d'ordre de la Renaissance religieuse est devenu, non par hasard, une des idées-forces de Luther.*

Cette mystique à la fois humaniste et religieuse du « retour » apparaît avec une netteté presque naïve dans le néo-platonisme de Marsile Ficin. Il refait toute la théologie chrétienne sur la base de Platon, et rejoint en la creusant la religion occulte des « anciens sages » légendaires. Orphée et Zoroastre contiennent l'essence de l'Évangile éternel. C'est comme phénomène religieux que Burckhardt a choisi de classer la « théologie platonicienne », mais il aurait pu aussi bien en parler comme d'une résurrection de l'antiquité, tant ces deux choses se tiennent.

Les pages sur la religion sont parmi les plus justes et les plus vivantes de son livre. Elles réagissaient contre la tradition séculaire qui avait présenté la Renaissance comme une période d'incrédulité, un peu à la manière du siècle des lumières. Après Burckhardt, et parfois sous couleur de le corriger, on renchérissait sur sa position; il y eut la mode franciscaine (Thode), qui fit de toutes les acquisitions importantes de la Renaissance des fruits de l'action spirituelle de saint François et des franciscains; il y eut ensuite la mode des sources mystiques, déjà indiquées d'ailleurs dans la dernière phrase de La Civilisation de la Renaissance; *et alors qu'Hauser et Renaudet découvrirent la dette de la Réforme protestante et surtout française à l'égard des humanistes transalpins, on essayait d'autre part de prouver que leurs confrères italiens avaient été les défenseurs de l'orthodoxie catholique contre l'incrédulité « philosophique » des averroïstes (Toffanin). La discussion sur la foi des humanistes continue d'être menée, de part et d'autre, avec quelque prévention, et il y a peu de livres qui puissent aussi bien que Burckhardt faire sentir comment et pourquoi ce vaste mouvement, où il y a de tout, et toujours organiquement motivé – athéisme, paganisme, « lumières », superstition, « préréforme », orthodoxie, théisme et mystique –, a pu alimenter tant de controverses.*

L'art.

Toute la vie de la Renaissance en Italie, selon Burckhardt, gravite autour de l'art comme centre caché. Il faut comprendre cela dans le sens que la création artistique est le modèle idéal du comportement et que l'homme est avant tout homo artifex, quelle que soit son activité.

Comment intégrer dans ces conditions l'art dans la « Kulturgeschichte »? Tout d'abord, bien entendu, en le montrant comme cadre de la vie. Un admirable article sur les collectionneurs, fragment de la partie non écrite du livre, indique comment Burckhardt s'y serait pris[16] : étudiant moins les témoignages écrits que la manière dont la fonction échue à l'œuvre d'art dans la vie quotidienne influe sur les formats, le sujet, le style. C'est une méthode bien burckhardtienne : il fait parler l'art lui-même, comme il avait fait parler les chroniques et les poèmes.

Rares sont aujourd'hui ceux qui partageraient le goût artistique de Burckhardt, classique assez intransigeant pour se méfier de Michel-Ange et pour détester le naturalisme censé vulgaire de Donatello. C'était assez exactement le goût « de Weimar », l'attitude du vieux Goethe : très aristocratique, très « connaisseur » (et par là classicisant), mais aussi très curieux des valeurs humaines et de la réalité historique dont l'œuvre est l'expression; d'où l'accueil fait au gothique, à Rubens. Burckhardt n'a finalement horreur que de ce qui lui paraît vide, théâtral, virtuose ou affecté; sa bête noire est le Bernin.

Décompte fait de l'énorme différence des appréciations critiques (comment, pensons-nous, Burckhardt n'a-t-il pas vu ce qu'il y avait de théâtral chez son ami Boecklin, de vide dans certains antiques qu'il aimait?), l'orientation de ce goethéen demeure actuelle; en réaction contre un certain formalisme, dont l'un des maîtres était d'ailleurs son élève Wölfflin, on aime de nouveau « lire » et non seulement regarder l'œuvre d'art.

Les nouvelles méthodes de cette «lecture»[17] *eussent ravi l'auteur de* La Civilisation de la Renaissance. *La connaissance exacte d'un faisceau de facteurs historiques (concernant l'artiste, son milieu, la destination de l'œuvre, les circonstances de la commande) et de traditions (habitudes iconographiques, symbolisme religieux ou profane) doit aider non seulement à déchiffrer une image, mais à la* situer *dans l'histoire des idées. Les résultats de cette méthode, appliquée à la Renaissance, ont été surprenants. On ne sait pas seulement mesurer l'influence artistique du néo-platonisme ou du pythagorisme, mais on entrevoit toute une politique précise et compréhensive chez les mécènes, les papes ou les Médicis; les anciens traités ou manuels du peintre relient l'art aux sciences et à la philosophie et on s'aperçoit qu'il est reconnu comme une activité fondamentale de l'esprit, peut-être le type même de toute activité intellectuelle (c'est là une confirmation inattendue pour Burckhardt); on a pu trouver notamment dans la pensée de Marsile Ficin l'image complète, cohérente, à peine transposée et mythisée, d'une philosophie de l'art*[18]. *Et le cercle se clôt quand on réussit, ce qui est souvent le cas dans*

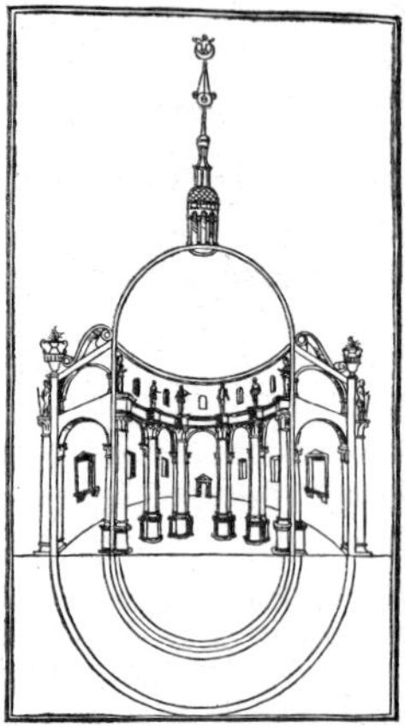

12

la Renaissance, à montrer que les formes et le style de l'œuvre répondent à sa place dans le mouvement des idées. On a fait ainsi admettre que les églises à plan circulaire ou central, créées autour de 1500 dans le milieu toscan et lombard, et dont le plus magnifique exemple aurait dû être Saint-Pierre de Rome, ont quelque relation avec une philosophie platonico-pythagoricienne (« vertus » du cercle, de la sphère, du cube), avec une cosmologie « musicale » (l'église étant l'image du monde et reflétant son harmonie), et avec l'idée du christianisme catholique comme synthèse et couronnement de toute sagesse.

Une circonstance favorable explique le succès particulièrement frappant des nouvelles méthodes dans le cas de la Renaissance : la tendance générale de cette époque à identifier pensée et image. D'innombrables fois, les théoriciens de l'art ont dit que dessiner, c'est écrire : l'intérêt pour la pictographie, pour les hiéro-

13

14

15

Les églises à plan central sont comme le manifeste de la géométrie « philosophique » des architectes.
12. Temple allégorique, illustration de Francesco Colonna, Hypnerotomachia Poliphili; Venise 1499. 13. Raphaël, Sposalizio. Détail : le Temple; Milan, Brera (Photo Alinari). 14. Bramante, « Tempietto » de San Pietro in Montorio; Rome. (Photo Alinari). 15. Bramante ou Cola di Caprarola, Église Santa Maria della Consolazione; Todi. (Photo G. F. N. Rome).

glyphes (que l'on prenait pour des images parlantes), pour les emblèmes et pour l'allégorie souvent extravagante envahissait l'art et la littérature. On possède des « programmes » pour fresques ou décors de fête d'une complication fantastique. Derrière ces écarts, il y a l'archétype de Socrate peintre, le rêve ancien d'un mode de pensée idéal, non discursif, l'intuition intellectuelle. L'humanité a toujours cru le réaliser dans l'art.

Une dernière remarque, au sujet de cette sociologie de l'art qu'ébauche la Ve partie du livre de Burckhardt. *Pour être vraiment un « décor » de la vie, l'œuvre doit renoncer à se présenter isolément. Le tableau de chevalet, dont l'ère avait commencé avec le naturalisme naissant, perd sa primauté absolue en faveur de ces grands ensembles synthétiques que sont les résidences seigneuriales, les places publiques, les fêtes et les processions. Leur floraison commence avec le* XVIe *siècle, avec le Vatican de Bramante, la Farnésine; plus tard la place Saint-Marc de Sansovino; l'habitude fut prise de confier la direction artistique des grands complexes à un seul maître, directeur à la fois des maçons, des sculpteurs et des peintres; souvent, un thème minutieusement élaboré assure aussi l'unité du décor sur le plan iconographique. Mais la Renaissance classique n'est ici qu'un début; l'œuvre d'art isolée reste à ses yeux trop semblable à un cosmos pour se subordonner sans heurt à l'ensemble. On aimait seulement « harmoniser » l'œuvre et l'entourage : la lumière peinte dans un tableau s'accordait presque toujours avec l'éclairage de la place à laquelle il était destiné, et souvent le choix du point de vue perspectif tenait compte de l'endroit d'où la peinture était vue. Pourtant le trompe-l'œil dans le décor ne devint la règle que plus tard, ainsi que l'hypertrophie de l'encadrement, à la fois illusionniste et destiné à enlever toute présence réelle aux figures représentées dans un grouillement confus; sur une tapisserie d'après Bronzino, de l'époque post-classique (appelée aujourd'hui maniériste) les personnages vivants ont la même consistance que ceux qui sont sculptés dans le mobilier, peints sur le plafond ou insérés dans le cadre ornemental de la scène. A force d'être « plastique » et de mettre des accents partout, l'art redevenait décoratif, et l'œuvre se fondait dans la nouvelle orchestration du faste.*

Réalisation et chimère.

Il y a incontestablement une certaine opposition entre les deux orientations de la Renaissance que Burckhardt, très goethéen sur ce point, pensait pouvoir déduire d'une même racine, l'esprit positif et ouvert (« la découverte de l'homme et du monde ») et les fictions et les décors nouveaux dont on entoure la vie : l'anticomanie, l'idée de gloire, l'ésotérisme platonicien. Il est facile de relever les égarements innombrables d'une donquichotterie humaniste, pour les mettre en parallèle avec les folies d'un Charles le Téméraire, ou de comparer l'apparition de l'hermétiste Giovanni Mercurio da Corregio avec les extra-

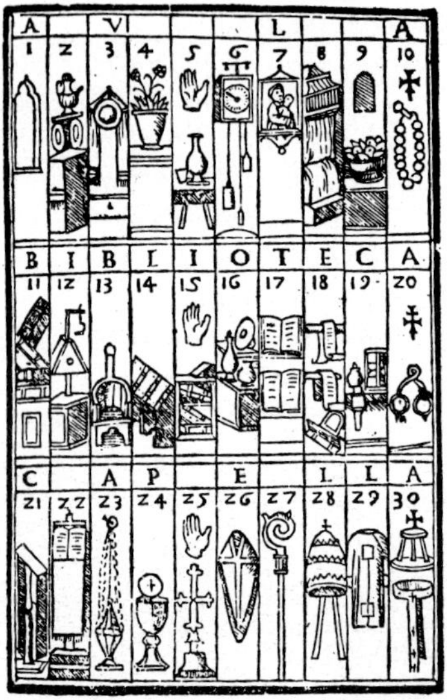

16

17

vagances du minnesänger Ulrich von Lichtenstein[19]*; au-delà des exemples pittoresques, il reste à souligner le fait que les schèmes et conventions qui présidaient à l'organisation esthétique de la vie étaient sujets à déclencher une sorte de délire schizoïde dont les divagations étaient sanctionnées par l'assentiment des cercles cultivés : le « style de vie » n'était donc pas toujours l'achèvement d'un triomphe sur le réel, mais souvent l'instrument d'une évasion.*

On a bien étudié dans les dernières années les rapports changeants et complexes de l'humanisme avec la vie des cités. Les services rendus par les chan-

« Le rêve ancien d'un mode de pensée idéal. »
16. Romberch, Congestorium artificiosae memoriae, manuel de mnémotechnie; Venise, 1520. 17. Francesco Colonna Hypnerotomachia Poliphili; Venise, 1499. Inscription « hiéroglyphique. » 18. Léonard de Vinci, petit dictionnaire pictographique, dessin; Windsor Castle. (Photo Royal Library. Windsor).

18

19. A. Bocchi, Symbolicae quaestiones; Bologne, 1555. Illustration : Socrate peintre. *Inspiré par son bon démon, tenant dans sa main libre les attributs de l'architecte, Socrate formule par la peinture le dernier mot de la sagesse. Sur le panneau, son propre portrait, symbole du conseil delphique : connais-toi toi-même.*

celiers humanistes à la ville de Florence étaient, autour de 1400, d'un poids réel, que Filippo Maria Visconti, le premier adversaire de la République, n'hésitait pas à reconnaître. Se mêlant ainsi à la « guerre psychologique » de l'époque, les érudits étaient conséquents avec eux-mêmes, car ils s'étaient faits alors les protagonistes d'un grand mouvement de réaction contre la pauvreté franciscaine et le désintéressement philosophique des choses de ce monde[20]*. Leur historiographie et leur rhétorique, si creuses en apparence si on les compare aux chroniqueurs, étaient efficaces au point de susciter des conjurations et des tyrannicides; l'humanisme était alors en effet une aile marchante de la prise de possession intellectuelle du réel.*

Mais cette situation était précaire. Dans la seconde moitié du siècle, et à Florence dès l'établissement des Médicis, l'humanisme devint « contemplatif », esthétique, mystique. Son influence reste capitale, et on n'a pas encore fini de dire tout ce que la Renaissance doit, même politiquement, à l'Académie néo-platonicienne. Mais son attitude était maintenant plus détachée; l'antiquité apparaissait pour la première fois comme un monde de rêve. L'essai de la revivre pouvait tourner à la comédie. Le cicéronianisme littéraire ou la politique et l'historiographie classicisantes contre lesquelles réagira Machiavel, l'éloquence latine et l'admiration pour les anciens deviennent des conventions, et Burckhardt a décrit leur décadence et l'échec précoce des humanistes purs. Ce que la nouvelle spéculation idéaliste avait conservé comme esprit de découverte était tourné vers l'intérieur; rien

20

20. Tapisserie florentine du XVIe siècle : Joseph et la femme de Putiphar; Florence, Palais Vecchio. (Photo Alinari). 21. École de Jules Romain, détail du décor du Palais Spada; Rome. (Photo Alinari).

22

23

22. *« Le réel et le fantastique, également forts et inséparables dans leur opposition ».* Mantegna, Minerve chassant les vices. Détail : nuages anthropomorphes; Paris, Louvre. (Archives photographiques). 23. Mantegna, Saint Sébastien, détail; Paris, Louvre. (Archives photographiques).

de plus facile désormais que le glissement vers les bizarreries occultistes et le clinquant « pythagoricien » d'un Francesco Giorgi.

Ce processus est typique : le solide naturalisme du premier quattrocento n'est pas toute la Renaissance. Dans l'art, dans la littérature, dans la conduite sociale comme dans l'humanisme, la forme qui doit organiser le réel tend à devenir convention, puis à se compliquer en renchérissant sur elle-même, emportée vers la chimère. Chez Mantegna, vers la fin du siècle, voisinent encore, également forts et inséparables dans leur opposition, le réel et le fantastique; et il est plus surprenant lorsqu'il joue, comme les surréalistes, sur des rapprochements de formes minutieusement rendues, que lorsqu'il montre dans les nuages des profils qui s'affrontent. Chez son contemporain plus jeune, Filippino Lippi, la « reconstitution » d'un autel antique dévie, au mépris de l'archéologie cultivée jadis avec tant de ferveur, vers l'irréalité; les architectures dessinées, les projets délirants d'un Filarete, montrent où va l'esprit quand aucune exigence pratique ne le retient. Le même plaisir de la « construction » imaginaire, de l'agglutination indéfinie, engendre aussi les monstres dans la peinture, de Piero di Cosimo à Ulisse Aldrovandi. Finalement la découverte dans les ruines antiques de ce décor mural que l'on appela « grotesque » libéra la fantaisie; on apprit à enchaîner les éléments selon des considérations purement formelles, où les fragments de réalité intervenaient, épars, au même titre que dans les collages des cubistes les matériaux étrangers appliqués sur la toile. Le décor grotesque n'est ni un simple coq-à-l'âne, ni du surréalisme avant la lettre, mais un exercice d'abstraction et aussi, accessoirement, d'humour.

Partout, le fantastique de la Renaissance est ainsi le résultat d'une activité de l'esprit travaillant à vide. Dans le naturalisme d'après 1400, la découverte et son organisation formelle étaient allées ensemble; mais le fait qu'elles ont pu se séparer si tôt et si bien, semble indiquer, encore une fois, que la situation de la Renaissance n'était pas radicalement différente de ce que Huizinga avait appelé le déclin du Moyen Age.

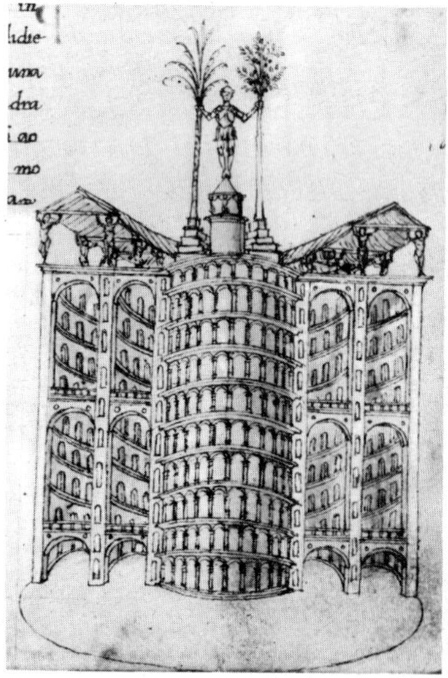

24

24. Filarete, traité d'architecture. Illustration : la tour des Vices et des Vertus. Manuscrit; Florence, Bibliothèque Nationale. (Photo Pineider, Florence). *En architecture, le fantastique est une création de l'esprit travaillant à vide.* 25. Filippino Lippi, Saint Philippe chassant le Démon. Détail : l'autel païen; Florence, Santa Maria Novella.

25

L'homme de la Renaissance.

Depuis le livre d'Ernst Cassirer qui, il y a trente ans, fournissait une clef nouvelle à la philosophie de la Renaissance[21], *on a beaucoup écrit et discuté avec fruit sur ce domaine à peu près négligé par Burckhardt; il est d'autant plus étonnant que ses remarques incidentes se trouvent généralement validées par les nouvelles perspectives.*

Burckhardt avait saisi avec une admirable intuition que le thème central de cette philosophie, et en même temps son point de contact avec l'humanisme, est la méditation des puissances de l'homme. Il a mis en relief, à la fin de son livre IV, le texte frappant de Pic de la Mirandole dans lequel elle culmine. On a appris depuis, que les origines de cet éloge de l'homme se trouvent chez les Pères de l'Église (Eug. Garin); mais on n'en est pas moins convaincu de la signification profonde de sa reprise fréquente depuis le début du XVe siècle, avec des accents nouveaux, dont celui de Pic est le plus original. (Le rapprochement avec l'existentialisme actuel s'impose irrésistiblement : Pic dit sans équivoque, à sa façon, que l'homme est de tous les êtres le seul chez qui l'existence précède l'essence).

La Renaissance italienne ne connaissait pas une philosophie confinée aux chaires des Universités; quelque chose répond, dans la civilisation commune, à tout courant profond de sa spéculation. C'est pourquoi Burckhardt pouvait, sans jamais considérer les systèmes et les écoles, donner dans son livre une image à peu près complète de l'anthropologie des deux siècles.

26. Abstraction, humour et « objets collés ». École florentine vers 1580. Décor d'un plafond; Florence, Offices. (Photo Alinari).

L'averroïsme padouan par exemple n'est en soi que le prolongement de courants médiévaux que Thomas d'Aquin avait déjà combattus. Mais il contenait une pensée vivante : l'essai de considérer l'homme comme un « produit de la nature » pareil aux autres, soumis au déterminisme universel, et dont l'âme individuelle pas plus que le corps n'échappe à la destruction. Cela s'insérait dans la conception renaissante de la nature, cette confiance presque panthéiste dans la vie du cosmos; et si Burckhardt ne parle que peu du philosophe de profession qui représenta ce mouvement, Pietro Pomponazzi, la place qu'il lui donne suffit pour prouver qu'il a vu le lien entre ces théories et les phénomènes qu'il étudiait : l'incroyance des érudits, la superstition astrologico-magique (qui suppose une théorie de l'univers comme « grand animal » où tout se tient, où tout est dans tout et où rien n'a d'existence isolée), et une science vitaliste. Du point de vue d'une histoire des systèmes philosophiques, il peut paraître superficiel de faire voisiner le déterminisme naturaliste ou magique, aux sources aristotéliciennes et médiévales, avec le fatalisme antique et l'épicurisme critique des humanistes, sous prétexte que ces deux attitudes sont anti-religieuses et nient la liberté humaine; en fait, ce rapprochement est une trouvaille : il laisse voir chez un Pomponazzi et un Valla, deux types d'érudits que tout un monde sépare, une même décision franche et radicale de reconduire l'homme à la raison et de ramener la raison à la nature.

En face de ces esprits diversement positifs, tout le

27. Tapisserie florentine du XVIe siècle. Grotesques, d'après Bachiacca; Florence, Palais Pitti. (Photo Alinari).

courant spiritualiste florentin se présente comme une grande apologie de ce qui est au-delà de la nature, l'âme, les Idées, Dieu. Personne avant Sartre n'a eu aussi fortement que Pic le sentiment d'une opposition totale entre l'être de la nature et l'âme vue comme connaissance, liberté, possibilité de dégagement. Mais l'image du monde se complète chez les néo-platoniciens par une ordonnance plus vaste où le naturel et le surnaturel se complètent, et où l'homme, composé de toutes les puissances matérielles et spirituelles, trouve une place centrale et une fonction. Burckhardt ne discute, de cet ensemble imposant, que les « petits côtés », – universalisme religieux, démonologie, théorie idéaliste de l'amour; ce sont pourtant des indications justes, bien qu'assez pauvres, du rôle de ferment joué par le néo-platonisme dans la civilisation de la Renaissance.

*Entre l'homme de Pomponazzi et celui de Ficin se situe l'*homo faber, *l'artisan de la nouvelle époque. Il n'est ni assimilé à la nature au point de s'y confondre, ni libre en dehors d'elle; il se singularise comme centre d'action dans le cosmos, et modifie la réalité qu'il rencontre. Cet être prométhéen, – mais sans la révolte – nous le voyons sous les traits de Brunelleschi et d'Alberti, de Sigismondo Malatesta, Francesco Sforza et Jules II, de Laurent de Médicis et Federigo da Montefeltro. Léonard et Machiavel, entre autres, en ont donné la définition.*

Tout le livre de Burckhardt a été évidemment écrit en vue de ces figures. Ceux qui trouvent facile et mythologique la réduction d'une période de l'histoire *à un « type » dominant, penseront que c'est un tort. Mais si on renonce à l'objection de principe, si on s'abandonne à ses impressions devant les œuvres des poètes et des artistes ou devant l'humanité pittoresque et fascinante que dessinent tant de témoignages, on sent qu'il y a une vérité dans cette vision de l'homme qui se réveille pour se rendre compte qu'il sait voir et qu'il sait faire. Nous ne saurions dire quelle est cette vérité, car des contestations, toujours partielles, toujours assorties de réserves, et souvent contradictoires, se sont accumulées et nous embarrassent; mais nous ne saurions encore moins rejeter ce livre, si riche et si souple qu'il a toujours fallu le simplifier et le fausser pour le combattre. Nous ne sommes pas en possession d'une vérité historique, et même pas d'un système de référence assez certain pour qu'on puisse transposer la doctrine de Burckhardt en termes susceptibles de vérité et d'erreur; le livre conserve le mérite de « donner à voir » une civilisation, avec une intensité et une force de suggestion qui ne sont pas encore en voie d'épuisement; il a aussi ce prix indéfinissable que Burckhardt lui-même trouvait à l'*Histoire florentine *de Machiavel: « ... même si chaque ligne des* Storie fiorentine *pouvait être contestée, leur grande, leur unique valeur dans l'ensemble resterait intacte ».*

ROBERT KLEIN.

La Civilisation de la Renaissance en Italie

Tome 1

L'État considéré comme création d'art
Développement de l'individu

Première partie

L'ÉTAT CONSIDÉRÉ COMME CRÉATION D'ART

Introduction.

Cet ouvrage n'est qu'un essai dans le sens le plus strict du mot; l'auteur est conscient d'avoir entrepris une tâche ardue avec des moyens limités. Cependant, si ses recherches avaient été plus approfondies, il ne serait pas pour autant moins sévèrement jugé par les connaisseurs. C'est que l'appréciation d'une civilisation donnée et de son esprit, présente un aspect différent pour chaque regard; et surtout lorsqu'il s'agit d'une civilisation qui est la mère de la nôtre, qui représente toujours une force vivante parmi nous, il est alors inévitable que les jugements et les sentiments personnels ne s'entremêlent chez l'auteur comme chez le lecteur. Ce vaste océan où nous nous aventurons, nous offre des itinéraires et des directions variées; de sorte que les mêmes études qui ont servi pour cet ouvrage pourraient conduire un autre, non seulement à une utilisation et une application différentes, mais également à une tout autre conclusion. L'importance du sujet est telle qu'il exige sans cesse de nouvelles recherches et que celles-ci peuvent être entreprises de points de vue les plus variés. Néanmoins nous serions satisfaits si on nous accordait une attention indulgente et si le livre était jugé en sa totalité. Notre plus grande difficulté dans la présentation de l'histoire de la civilisation est qu'un grand processus intellectuel doit être morcelé et souvent d'une manière arbitraire. Nous avions primitivement l'intention de combler une lacune de ce livre par un ouvrage spécial consacré à l'Art de la Renaissance, ce qui n'a pu être fait qu'en partie.

La lutte entre les papes et les Hohenstaufen avait laissé l'Italie dans une situation politique qui différait essentiellement de celle du reste de l'Occident. Si en France, en Espagne et en Angleterre le système féodal était tel qu'il devait naturellement aboutir à l'unité monarchique; si en Allemagne il aidait à maintenir au moins l'unité extérieure de l'Empire, l'Italie avait presque entièrement rompu avec lui. Les empereurs du XIVe siècle étaient accueillis et considérés tout au plus comme des chefs et des soutiens possibles de puissances déjà formées, et non plus comme des seigneurs suzerains; quant à la papauté, avec ses créatures et ses points d'appui, elle était juste assez forte pour empêcher toute unité dans l'avenir, sans toutefois pouvoir en créer une elle-même[1]. Entre l'Empire et le Saint-Siège il y avait une foule de corps politiques, villes et souverains despotiques, soit anciens déjà, soit récents, dont l'existence appartenait à l'ordre des faits purement matériels[2]. C'est là que l'esprit politique moderne apparaît pour la première fois, livré sans contrainte à ses propres instincts; ces États ne montrent que trop souvent le déchaînement de l'égoïsme sous ses traits les plus horribles, de l'égoïsme qui foule aux pieds tous les droits et qui étouffe dans son germe toute saine culture; mais quand cette funeste tendance est neutralisée par une cause quelconque, on voit surgir une nouvelle forme vivante dans le domaine de l'histoire; c'est l'État apparaissant comme une création calculée, voulue, comme une machine savante. Dans les villes érigées en républiques, comme dans les États despotiques, cette vie se manifeste de cent façons différentes et détermine leur forme intérieure, aussi bien que leur politique extérieure. Nous nous bornerons à examiner le caractère avec lequel elle se montre dans les États despotiques, parce que c'est là que nous le trouverons plus complet et mieux accusé.

La situation intérieure des territoires obéissant à des souverains despotiques rappelait un modèle célèbre, celui de l'État normand de l'Italie du Sud et de la Sicile, tel que l'avait transformé l'empereur Frédéric II. Ce prince, qui, dans le voisinage des Sarrasins, avait grandi au milieu des trahisons et des dangers de toutes sortes, s'était habitué de bonne heure à juger et à traiter les choses d'une manière tout objective : il est le premier homme moderne sur le trône. Ajoutez à cela la connaissance exacte et approfondie de l'intérieur des États sarrasins et de leur administration, et cette guerre avec les papes dans laquelle les deux partis jouaient leur existence, et qui les forçait tous deux à faire appel à tous les moyens et à toutes les ressources imaginables. Les mesures prises par Frédéric (surtout depuis 1231) tendent à l'établissement d'une autorité royale toute-puissante, au complet anéantissement de l'État féodal, à la transformation du peuple en une multitude inerte, désarmée, capable seulement de payer le plus d'impôts pos-

1

sible. Il centralisa tout le pouvoir judiciaire et l'administration, d'une manière jusqu'alors inconnue dans l'Occident. Il défendit de nommer aux emplois par la voie élective; les villes qui se permettraient de recourir aux élections populaires étaient menacées de la dévastation, et leurs habitants devaient perdre leur condition d'hommes libres. Les contributions, basées sur un cadastre et sur la routine musulmane,

1. Castel del Monte. Château de Frédéric II. (Photo Alinari).

furent exigées avec cette rigueur, avec cette cruauté sans laquelle on ne peut obtenir de l'argent des Orientaux. Ici l'on ne voit plus un peuple, mais une foule de sujets sévèrement contrôlés et tenus, qui, par exemple, n'obtenaient le droit de formariage qu'en vertu d'une permission spéciale, et à qui il était absolument interdit d'aller faire leurs études hors de chez eux. L'Université de Naples, que Frédéric favorisait par tous les moyens possibles, donna le premier exemple en matière de contrainte scolaire, tandis que l'Orient laissait, du moins, la jeunesse libre sous ce rapport. Par contre, Frédéric restait entièrement dans la tradition musulmane, en trafiquant, pour son propre compte, avec tous les ports de la Méditerranée, en se réservant le monopole d'une foule de produits, et en privant ainsi tous ses sujets de la liberté commerciale. Les kalifes fatimides, d'une secrète liberté d'esprit, avaient été, du moins au commencement, tolérants à l'égard des croyances de leurs sujets; Frédéric, au contraire, couronne son système de gouvernement par une inquisition contre les hérétiques, qui paraît d'autant plus condamnable si l'on admet qu'il ait persécuté dans les hérétiques les représentants des idées libérales dans les villes. Il choisit, pour composer sa police et pour former le noyau de son armée, les Sarrasins de Sicile qu'il avait transplantés à Lucérie et à Nocera, exécuteurs impitoyables des volontés du maître et indifférents aux foudres de l'Église. Les sujets, qui avaient perdu l'habitude de porter les armes, assistèrent plus tard à la chute de Manfred et à l'usurpation de Charles d'Anjou, sans rien faire pour s'y opposer; quant au prince français, il hérita de ce mécanisme gouvernemental et s'en servit pour son propre compte.

A côté de l'empereur centralisateur surgit un usurpateur d'une espèce toute particulière : c'est son vicaire et son beau-fils, Ezzelino da Romano. Il ne représente pas un système de gouvernement et d'administration, attendu que toute son activité se dépense en luttes qui ont pour objet de lui assurer la domination dans la partie orientale de l'Italie du Nord; mais, comme exemple politique, il a son importance aussi bien que son protecteur impérial. Jusqu'alors toutes les conquêtes et toutes les usurpations du Moyen Age avaient eu pour prétexte un droit d'hérédité réel ou prétendu, ou bien d'autres droits, ou elles avaient été la suite de luttes entreprises contre les infidèles et les excommuniés. Ezzelino, au contraire, est le premier qui essaye de fonder un trône par des massacres généraux et par des cruautés sans fin, c'est-à-dire par l'emploi de tous les moyens, sans autre considération que celle du but à atteindre. Aucun des imitateurs d'Ezzelino n'a égalé ce dernier, sous le rapport de l'énormité des crimes commis; César Borgia lui-même lui est resté inférieur à cet égard. Mais l'exemple était donné, et la chute d'Ezzelino ne fut ni le signal du rétablissement de la justice pour les peuples, ni un avertissement pour les criminels de l'avenir.

C'est en vain qu'à cette époque saint Thomas d'Aquin, né sujet de Frédéric, tout en proclamant la royauté la meilleure forme de gouvernement et la plus régulière, établit la théorie d'une monarchie constitutionnelle, où le prince s'appuie sur une Chambre haute nommée par lui et sur des représentants choisis par le peuple. Ces théories ne franchissaient pas l'enceinte des salles où elles étaient exposées, et Frédéric, ainsi qu'Ezzelino, continuaient d'être pour l'Italie les plus grandes figures politiques du XIIIe siècle. Leur image, déjà reproduite sous des traits à moitié fabuleux, se détache des *Cent Vieilles Nouvelles,* dont la rédaction primitive date certainement de ce siècle[3]. Ezzelino y est nommé et représenté avec ce respect mêlé de terreur qui est la marque la plus sûre d'une imagination vivement frappée. Sa personne devint le centre de toute une littérature qui commence à la chronique des témoins oculaires et qui va jusqu'à la tragédie à moitié mythologique[4].

2

La tyrannie au XIVe siècle.

Les agissements des grands et des petits tyrans du XIVe siècle montrent assez que des impressions de ce genre devaient porter leurs fruits. Leurs méfaits étaient monstrueux, et l'histoire les a enregistrés en détail; mais, quand on examine le mécanisme politique de leurs États, on ne peut s'empêcher de reconnaître que cette étude présente un intérêt supérieur.

Le calcul raisonné de tous les moyens, calcul dont pas un prince étranger à l'Italie n'avait alors l'idée, et le pouvoir presque absolu que les souverains de la Péninsule exerçaient dans l'intérieur de leurs États, produisirent des hommes et des situations comme on n'en voyait pas ailleurs[1]. Pour les plus avisés parmi les tyrans, le principal secret de la domination consistait à laisser, autant que possible, les impôts tels qu'ils les avaient trouvés ou organisés à l'origine : c'est-à-dire un impôt foncier basé sur un cadastre, des impôts déterminés sur la consommation et des droits sur l'importation et sur l'exportation. A cela venaient s'ajouter les revenus particuliers de la maison régnante; la seule possibilité d'élever le chiffre de l'impôt tenait à l'augmentation du bien-être général et à l'extension des relations commerciales. Il n'était pas question d'emprunts, comme on en voyait se faire dans les villes; plutôt que d'emprunter, on se permettait de temps à autre un coup de force bien combiné, qui était supposé devoir laisser intact l'ensemble de l'édifice politique, comme, par exemple, la destitution et la spoliation des employés supérieurs des finances, qui rappelait les procédés des sultans[2].

Au moyen de ces ressources, le prince cherchait à faire face à toutes les dépenses, c'est-à-dire à entretenir sa petite cour, sa garde person-

2

nelle, l'armée qu'il soudoyait, les constructions, et à payer les bouffons aussi bien que les gens de talent qui faisaient partie de son entourage. L'illégitimité, entourée de dangers permanents, isole le souverain; les relations les plus honorables qu'il puisse nouer sont celles qu'il entretient avec des hommes doués de grandes qualités intellectuelles, quelle que soit d'ailleurs leur origine. Au XIIIe siècle, la libéralité des souverains du Nord s'était bornée aux chevaliers, aux serviteurs et aux trouvères de noble extraction. Il n'en est pas de même du tyran italien, qui rêve de beaux monuments, qui a la passion de la gloire, et qui, par suite, a besoin de s'entourer d'hommes de talent. Vivant au milieu des poètes ou des savants, il se sent sur un terrain nouveau, il est presque en possession d'une nouvelle légitimité.

Tout le monde connaît sous ce rapport le tyran de Vérone, Can Grande della Scala, qui entrete-

2. Statue équestre de Cangrande Ier della Scala; Vérone. (Photo Alinari).

nait toute une Italie dans la personne des illustres réfugiés qui peuplaient sa cour. Les écrivains étaient reconnaissants; Pétrarque, dont les visites à ces cours ont été blâmées si sévèrement, a fait le portrait idéal d'un prince du XIVe siècle[3]. Il demande au seigneur de Padoue, auquel il s'adresse, beaucoup et de grandes choses, mais en termes qui font supposer qu'il le croit capable de répondre à son attente: « Tu dois être, non le maître de tes sujets, mais leur père; tu dois les aimer comme tes enfants, que dis-je! comme toi-même[4]. Tu dois aussi leur inspirer de l'affection pour toi, non de la crainte, car la crainte engendre la haine. Tes armes, tes satellites, tes soudards, tu peux les tourner contre l'ennemi; contre tes sujets, tu ne peux rien avec une garde du corps; ce n'est que par la bienveillance que tu peux les gagner. Sans doute, je ne parle que des citoyens qui désirent la conservation de l'État, car celui qui ne rêve sans cesse que des changements est un rebelle et un ennemi de la chose publique. » Puis, entrant dans les détails, il expose la fiction toute moderne de la toute-puissance de l'État: le prince doit être libre, indépendant des courtisans; mais, avec cela, il doit régner sans faste et sans bruit, pourvoir à tous les besoins: créer et entretenir des églises et des édifices publics, veiller à la police des rues[5], dessécher les marais, favoriser la production du vin et des céréales, faire rendre partout une exacte justice, fixer et répartir les impôts de telle sorte que le peuple en reconnaisse la nécessité et qu'il voie que le prince puise à regret dans la bourse d'autrui, travailler au soulagement des pauvres et des malades, enfin protéger les savants distingués, et vivre avec eux, dans l'intérêt de sa gloire future.

Mais, quels qu'aient été les côtés lumineux de ces princes en général et les mérites de quelques-uns d'entre eux, le XIVe siècle n'en reconnaissait ou n'en pressentait pas moins la fragilité de la plupart de ces tyrannies et leur propre sentiment d'insécurité. Les constitutions politiques, comme celles dont nous parlons, ont naturellement des chances de durée en rapport avec l'étendue des États; aussi, les autocraties les plus puissantes tendaient-elles toujours à absorber les plus faibles. Quelle hécatombe de petits princes a été sacrifiée en ce temps-là aux seuls Visconti! Mais à ce danger extérieur correspondait presque toujours une fermentation intérieure, et le contrecoup de cette situation sur le caractère du souverain devait nécessairement, dans la plupart des cas, être funeste au dernier point. La fausse toute-puissance, la soif de jouir et l'égoïsme sous toutes ses faces, d'une part, les ennemis et les conspirateurs de l'autre, faisaient de lui, presque inévitablement, un tyran dans la mauvaise acception du mot.

Si, du moins, les princes avaient pu se fier à leurs plus proches parents! Mais dans des situations où tout était illégitime, il ne pouvait s'établir un sérieux droit d'hérédité, soit pour la succession au pouvoir, soit pour le partage des biens; aussi, dans les moments de crise, un cousin ou un oncle résolu écartait, dans l'intérêt de la maison elle-même, le fils mineur ou incapable du prince qui n'était plus. De même il y avait des discussions continuelles à propos de l'exclusion ou de la reconnaissance des bâtards. Il arriva ainsi qu'un grand nombre de ces familles comptaient dans leur sein des membres mécontents, qu'on voyait assez souvent recourir à la trahison ouverte et se venger en tuant leurs proches. D'autres, vivant dans l'exil, se résignent à leur sort et considèrent leur situation sous un point de vue tout objectif, comme, par

3

exemple, ce Visconti qui pêchait au filet dans le lac de Garde[6]. Le messager de son rival lui ayant demandé comment et quand il comptait revenir à Milan, il lui répondit : « Par le même chemin par lequel j'en suis sorti, mais pas avant que les crimes de mon ennemi aient dépassé mes propres méfaits. »

3. La concorde des citoyens. Détail de l'Allégorie du Bon Gouvernement, A. et P. Lorenzetti; Sienne, Palais Communal. (Photo Alinari).

Parfois aussi, les parents du souverain immolent ce dernier à la morale publique, violée d'une manière par trop scandaleuse, afin de sauver ainsi la maison elle-même[7]. Dans certains États l'autorité réside dans l'ensemble de la famille, de telle sorte que le prince régnant est tenu de s'éclairer des conseils des siens; dans ce cas aussi le partage du pouvoir ou de l'influence provoquait facilement les plus sanglantes querelles.

Chez les auteurs florentins du temps, on rencontre l'expression de la haine profonde que cet état de choses avait excitée. Les pompeux cortèges, les costumes magnifiques par lesquels les tyrans voulaient peut-être moins satisfaire leur vanité que frapper l'imagination du peuple, suffisent pour provoquer leurs sarcasmes les plus amers. Malheur au parvenu qui tombe entre leurs mains, comme ce doge de fraîche date, Agnello de Pise (1364), qui avait l'habitude de sortir à cheval avec le sceptre d'or et qui, rentré dans son palais, se montrait à la fenêtre « ainsi qu'on montre des reliques », appuyé sur des tapis et des coussins de brocart d'or; il fallait le servir à genoux et lui parler comme à un pape ou un empereur[8]. Mais souvent ces vieux Florentins parlent d'un ton grave et élevé. Dante[9] reconnaît et désigne à merveille ce qu'il y a de bas et d'inintelligent dans l'avidité et l'ambition des princes de nouvelle création : « Que disent leurs trompettes, leurs grelots, leurs cors et leurs flûtes, sinon : A nous, bourreaux! à nous, oiseaux de proie! » On se représente le château du tyran sur une hauteur isolée de toute autre habitation, plein de cachots et d'oreilles de Denys[10], comme le repaire de la méchanceté, comme l'antre de la misère[11]. D'autres prédisent toutes sortes de malheurs à ceux qui entreront au service des tyrans, et finissent par plaindre le tyran lui-même, qui est inévitablement l'ennemi de tous les hommes bons et intelligents, qui ne peut se fier à personne et qui peut lire sur le front de ses sujets l'espérance de sa chute. « De même que les tyrannies s'élèvent, grandissent et se consolident, de même grandit en silence dans leur sein le germe fatal d'où sortiront pour elles le trouble et la ruine[12]. » Les auteurs ne font pas assez ressortir un contraste plus frappant : en ce temps-là Florence était occupée du développement le plus large des individualités, pendant que les tyrans n'admettaient d'autre individualité que la leur et celle de leurs plus proches serviteurs. Déjà le contrôle le plus minutieux s'exerçait sur chaque citoyen, et entraînait l'organisation du système des passeports[13].

Cette existence inquiète et maudite prenait une couleur particulière dans l'imagination des contemporains, par suite des superstitions astrologiques ou de l'incrédulité de certains souverains. Lorsque le dernier Carrara (1405), prisonnier dans sa ville de Padoue que la peste avait changée en désert, ne pouvait plus garnir de soldats les murs et les portes, tandis que les Vénitiens enveloppaient la place, ses gardes du corps l'entendirent souvent la nuit invoquer le diable et lui crier de venir lui donner la mort.

Le développement le plus complet et le plus instructif de cette tyrannie du XIVe siècle se trouve incontestablement chez les Visconti de Milan, à partir de la mort de l'archevêque Giovanni (1354). Tout d'abord on reconnaît à ne pouvoir s'y méprendre dans Bernabo un air de famille avec les plus cruels des empereurs romains[14]. La principale affaire d'État, c'est la chasse au sanglier; celui qui ose empiéter sur les droits de l'auguste chasseur périt dans les plus affreux supplices; le peuple tremblant est obligé de nourrir pour lui cinq mille chiens de chasse, et des comptes sévères sont exigés de leurs gardiens. Il fait rentrer les impôts par tous les moyens de contrainte imaginables, il donne à chacune de ses filles une dot de cent mille florins d'or, et amasse un trésor énorme. A la mort de sa femme, il adressa une notification « à ses sujets »; ils devaient, disait-il, partager sa douleur comme ils partageaient ordinairement ses joies, et porter le deuil pendant un an. – Ce qui est caractéristique au plus haut point, c'est le coup de main par lequel son neveu Giangaleazzo s'empara de sa personne (1385); c'est un de ces complots heureux dont le récit fait encore battre le cœur des historiens d'un autre siècle[15].

Chez Giangaleazzo se montre dans toute sa force le goût des tyrans pour les choses colossales. Il a dépensé 300 000 florins d'or à faire construire des digues gigantesques, qui lui auraient permis de détourner le Mincio de Mantoue et la Brenta de Padoue, et priver ces villes de tout moyen de défense[16]; il serait même possible qu'il eût songé à dessécher les lagunes de Venise. Il fonda[17] « le plus merveilleux de tous les couvents », la chartreuse de Pavie, et le dôme de Milan, « qui surpasse en grandeur et en magnificence toutes les églises de la chrétienté »; peut-être le palais de Pavie, que son père Galéas avait commencé et qu'il acheva, était-il de beaucoup la plus splendide résidence princière de l'Europe d'alors. C'est là qu'il transporta sa bibliothèque et la grande collection de reliques qu'il avait réunies et pour lesquelles il avait une vénération toute particulière.

Il serait extraordinaire qu'un prince de ce caractère n'eût pas, dans le domaine politique, recherché les plus belles couronnes. Le roi Wenceslas lui conféra le titre de duc (1395); mais il ne rêvait rien moins que la couronne de roi d'Italie[18] ou la couronne impériale, lorsqu'il tomba malade et mourut (1402). On prétend qu'outre les contributions régulières, qui s'élevaient à 1 200 000 florins d'or, ses différents États lui ont encore payé, en une seule année, 800 000 florins d'or à titre de subsides extraordinaires. Après sa mort, l'empire qu'il avait fondé au moyen de toutes sortes de violences, tomba en ruine, et, en attendant, ses héritiers purent à peine en conserver les éléments primitifs. Qui sait ce que seraient devenus ses fils Jean-Marie († 1412) et Philippe-Marie († 1447), s'ils avaient vécu dans un autre pays et sans connaître la maison d'où ils sortaient? Mais, issus d'une telle race, ils héritèrent aussi l'immense capital de cruauté et de lâcheté qui, de génération en génération, s'était accumulé dans cette famille.

Jean-Marie est, lui aussi, célèbre par ses chiens; mais ce ne sont plus des chiens de chasse qu'il a, ce sont des bêtes dressées à mettre des hommes en pièces, et dont les noms nous ont été conservés comme ceux des ours de l'empereur Valentinien Ier [19]. Lorsque au mois de mai 1409, pendant que la guerre durait encore, le peuple affamé lui fit entendre un jour dans la rue le cri de: *Pace! pace!* il fit charger la foule par ses soudards, qui tuèrent deux cents personnes. A la suite de l'événement, il fut défendu, sous peine du gibet, de prononcer les mots de *pace* et de *guerra;* même les prêtres reçurent l'ordre de dire désormais: *Dona nobis tranquillitatem,* au lieu de *pacem.* Enfin quelques conjurés saisirent le moment où Facino Cane, le grand condottiere de ce fou couronné, était mourant à Pavie, pour assassiner Jean-Marie à Milan, près de l'église de Saint-Gothard; mais, le même jour, Facino fit jurer à ses officiers de soutenir le frère du duc, Philippe-Marie, et demanda lui-même que sa femme se mariât avec ce prince, quand il ne serait plus[20]. C'est ce qui ne tarda guère à arriver: Béatrice de Tende épousa l'héritier de Jean-Marie. Nous aurons occasion de reparler de Philippe-Marie.

Et c'est à une pareille époque que Nicolas de Rienzi rêvait de fonder un nouvel empire d'Italie sur le fragile enthousiasme des fils dégénérés de la Rome d'autrefois! A côté de princes comme ceux-là, qui appliquent une sauvage énergie à poursuivre,

4. Ambrogio Lorenzetti. Vue d'une ville; Sienne, Pinacothèque. (Photo Alinari). ▶

non pas des chimères, mais des réalités, et qui arrivent à leur but parce qu'ils se servent de tous les moyens, même les plus condamnables, il est impuissant, lui, le rêveur mystique, qui souille la pureté idéale de ses aspirations par des cruautés dont l'atrocité même accuse sa faiblesse, et il disparaît misérablement de la scène où il avait si fièrement débuté[21].

3

La tyrannie au XVe siècle.

La tyrannie au XVe siècle présente un tout autre caractère. Un grand nombre de petits tyrans, et même quelques-uns des plus considérables, tels que les Scala et les Carrara, ont cessé d'exister; les puissants se sont arrondis et ont donné à leurs États une organisation plus savante; sous la main de la nouvelle dynastie aragonaise, Naples obéit à une direction plus énergique. Mais ce qui caractérise surtout ce siècle, ce sont les efforts des condottieri pour arriver à la souveraineté indépendante, et même à la couronne : c'est un nouveau pas dans le sens du réalisme politique et en outre une prime élevée, qui peut tenter le talent aussi bien que la scélératesse. Pour se ménager un appui, les petits tyrans entrent volontiers au service des États puissants et deviennent leurs condottieri, ce qui leur procure un peu d'argent et, d'autre part, leur assure l'impunité de plus d'un méfait, peut-être même l'agrandissement de leur territoire. En somme, grands et petits sont désormais obligés de se donner plus de peine, de joindre l'intelligence et le calcul à la force, et de s'abstenir de cruautés inutiles; ils ne peuvent plus commettre d'autres méfaits que ceux qui leur permettent d'arriver à leur but; ceux-là, les juges désintéressés dans la question les leur pardonnent. Ici l'on ne trouve point de trace de cet amour, de ce respect dont bénéficiaient les princes légitimes de l'Occident; le souverain italien a, tout au plus, une sorte de popularité qui se borne à sa capitale; ce qu'il lui faut pour réussir, c'est le talent, la prudence, le calcul. Un caractère comme celui de Charles le Téméraire, qui se lance avec une passion furieuse dans des entreprises qui n'ont aucun caractère pratique, était pour les Italiens une véritable énigme. « Mais les Suisses ne sont que des paysans, et, quand même on les tuerait tous, leur mort ne constituerait pas une réparation pour tous les seigneurs bourguignons qui pourraient périr dans la lutte! Lors même que le duc posséderait la Suisse sans avoir à la conquérir, il n'y gagnerait pas cinq mille ducats de revenu annuel[1]. » Ce qui, dans Charles le Téméraire, rappelait le Moyen Age, c'est-à-dire ses fantaisies ou ses idées chevaleresques, l'Italie depuis longtemps ne le comprenait plus[2]. Le prince qui allait jusqu'à donner des soufflets à ses lieutenants, et qui pourtant les gardait à son service; le prince qui maltraitait ses troupes pour les punir d'un échec subi, et qu'on voyait ensuite blâmer ses conseillers intimes en présence des soldats, devait être, pour les diplomates du Sud, un homme condamné. Quant à Louis XI, cet habile politique qui, en matière d'astuce, en aurait remontré aux princes italiens, et qui se posait en grand admirateur de François Sforza, sa nature vulgaire le place, sous le rapport de la culture de l'esprit, bien au-dessous de ses modèles.

Dans les différents États italiens du xve siècle, le bien et le mal se trouvent mélangés dans une bien singulière proportion. La personnalité des princes devient si remarquable, souvent si imposante, si caractéristique[3] pour la situation qu'ils ont et pour le rôle qu'ils doivent remplir, que le jugement moral risque d'y perdre ses droits.

L'illégitimité est le vice originel dont le pouvoir des princes est entaché; il s'y attache une sorte de malédiction contre laquelle rien ne peut prévaloir. Leur reconnaissance ou leur investiture par l'Empereur n'y peut rien, parce que le peuple ne tient nul compte du morceau de parchemin que les souverains sont allés chercher dans quelque pays lointain ou qu'ils ont acheté à un étranger de passage dans leurs États[4]. Si les Empereurs avaient été bons à quelque chose, ils auraient empêché l'avènement des tyrans; voilà ce que disait la logique du simple bon sens. Depuis le voyage de Charles IV à Rome, les Empereurs n'ont plus fait que *sanctionner* en Italie l'État violent qui s'était formé sans eux, sans toutefois pouvoir le *garantir* autrement que par des chartes sans valeur. La conduite tenue par Charles en Italie, les deux fois qu'il y a séjourné, est une des plus honteuses comédies politiques qu'on ait jamais vues. On peut lire dans Matteo Villani[5] comment les Visconti l'ont promené sur leur territoire et l'en ont fait sortir finalement, l'escortant toujours et partout; comme il se démène, vrai marchand forain, pour se faire payer sa marchandise, c'est-à-dire les privilèges qu'il vend à ses clients; quelle pitoyable figure il fait à Rome, et comment il repasse enfin les Alpes avec son escarcelle pleine, sans avoir donné un coup d'épée[6]!

Du moins, lors de son premier voyage (1414), Sigismond avait la bonne intention de chercher à intéresser le pape Jean XXIII à son concile; ce fut dans cette circonstance que, l'Empereur et le Pape étant sur la grande tour de Crémone pour admirer le panorama de la Lombardie, le tyran local Gabrino Fondolo, leur hôte, eut envie de les jeter tous deux en bas. La seconde fois, Sigismond apparut tout à fait en aventurier; pendant plus de six mois il resta à Sienne comme dans une prison pour dettes, et ensuite il ne put qu'à grand-peine arriver à se faire couronner à Rome.

Que faut-il enfin penser de Frédéric III? Ses visites en Italie ont le caractère de voyages de vacances ou de parties de plaisir effectuées aux dépens de princes qui voulaient avoir leurs droits confirmés par lui, ou qui étaient fiers de recevoir somptueusement un Empereur. Tel fut le cas d'Alphonse de Naples, à qui la visite impériale coûta jusqu'à 150 000 florins d'or[7]. Lors de son deuxième retour de Rome (1469), Frédéric passa une journée entière dans sa chambre, à Ferrare[8], occupé à distribuer et à contresigner des promotions. Il alla jusqu'au chiffre de quatre-vingts : il nomma des *cavalieri,* des *dottori,* des *conti,* des notaires; il créa des *conti* de différentes nuances, par exemple : un *conte palatino,* un *conte* avec le droit de nommer des *dottori* jusqu'à concurrence de cinq; un *conte* avec le droit de légitimer des bâtards, de créer des notaires, de réhabiliter des notaires déclarés indignes, etc. Seulement son chancelier demanda, pour l'expédition des brevets dont il s'agit, des honoraires qui furent trouvés un peu exagérés à Ferrare[9]. On ne parle pas des réflexions auxquelles se livra le seigneur Borso, qui se fit nommer, à cette occasion, duc de Modène et de Reggio, moyennant une redevance annuelle de quatre mille florins d'or, lorsqu'il vit son protecteur impérial signer des brevets avec un tel entrain, et toute sa petite cour se pourvoir de titres. Les humanistes, dont la parole faisait autorité à cette époque, étaient divisés selon leurs intérêts. Tandis que les uns[10] célèbrent l'Empereur avec l'enthousiasme conventionnel des poètes de la Rome impériale, le Pogge[11] ne sait plus du tout ce que signifie le couronnement; chez les anciens, dit-il, on ne couronnait qu'un général victorieux, et c'était une couronne de laurier qu'on lui posait sur la tête.

Avec Maximilien Ier commence une nouvelle politique impériale à l'égard de l'Italie, une politique qui se rattache à l'intervention de peuples étrangers. Son début, l'investiture de Ludovic le More avec suppression de son malheureux neveu, n'était pas de ceux qui portent de bons fruits. D'après la théorie moderne de l'intervention, quand deux compétiteurs se disputent un pays, un troisième peut venir prendre sa part du butin, et c'est ainsi que l'Empire pouvait aussi demander sa part. Mais il ne fallait plus parler de droit et d'autres considérations de ce genre. Lorsqu'en 1502 on attendait Louis XII à Gênes, qu'on détruisait la grande salle du palais des doges, et que partout on peignait des fleurs de lys, l'historien Senarega[12] allait demandant de tous côtés ce que signifiait cette aigle qu'on avait toujours épargnée au milieu de tant de révolutions, et quels droits l'Empire avait sur Gênes. Personne ne savait lui répondre autre chose que la phrase sacramentelle : Gênes est une *camera imperii.* En général, personne en Italie n'était capable de répondre pertinemment à de pareilles questions. Ce n'est que lorsque Charles Quint fut à la fois maître de l'Espagne et de l'Empire qu'il put, avec les ressources que lui fournissait l'Espagne, faire prévaloir aussi ses droits d'Empereur. Mais ce qu'il gagna ainsi profita, comme on le sait, non pas à l'Empire, mais à la puissance espagnole.

A l'illégitimité politique des princes du xve siècle se rattachait l'indifférence à l'égard de la légitimité de la naissance, indifférence qui choquait tant les étrangers, Commines, par exemple. L'une était en quelque sorte la conséquence naturelle de l'autre. Pendant que dans le Nord, notamment dans la mai-

NVS PHLIPPVS HISPANVS DESCOLARIS
RELATO TORIE THEVCRO

son de Bourgogne, on attribuait aux bâtards des apanages particuliers, nettement délimités, des évêchés, etc., pendant que dans le Portugal une ligne bâtarde ne se maintenait sur le trône qu'au prix des plus grands efforts, il n'y avait plus en Italie une seule maison princière qui n'eût eu et qui n'eût supporté tranquillement dans la ligne principale quelque descendance illégitime. Les Aragonais de Naples étaient la branche bâtarde de la maison, car ce fut le frère d'Alphonse Ier qui hérita de l'Aragon lui-même. Peut-être le grand Frédéric d'Urbin n'était-il pas un vrai Montefeltro. Lorsque Pie II se rendit au Congrès de Mantoue (1459), huit bâtards de la maison d'Este vinrent à sa rencontre[13], et parmi eux se trouvaient Borso, le duc régnant lui-même, et deux fils illégitimes de son frère et prédécesseur Leonello, également illégitime. Il y a plus : ce dernier avait eu une épouse légitime; c'était une fille illégitime d'Alphonse Ier et d'une Africaine[14]. Souvent aussi l'on reconnaissait des droits aux bâtards, notamment quand les fils légitimes étaient mineurs et que la vacance du trône créait de sérieux dangers; on admettait une sorte de droit d'aînesse, sans examiner si la naissance du prince qui prenait la couronne était légitime ou non. Partout, en Italie, l'intérêt direct de l'État, la valeur de l'individu et la mesure de son talent sont plus puissants que les lois et les coutumes du reste de l'Occident. N'était-ce pas le temps où les fils des papes se taillaient des principautés dans la Péninsule?

Au XVIe siècle, grâce à l'influence des étran-

5. Andrea del Castagno, le Capitaine Pippo Spano; Florence, Sant' Apollonia. (Photo Alinari).

gers et de la réaction politique qui commençait à se faire sentir, la question de la légitimité fut traitée moins légèrement; Varchi trouve que la succession des fils légitimes est « commandée par la raison et qu'elle a été, de toute éternité, conforme à la volonté du ciel[15] ». Le cardinal Hippolyte Médicis fondait son droit à régner sur Florence sur le fait qu'il était issu d'une union peut-être légitime, ou du moins qu'il était fils d'une femme noble et non d'une servante[16] (comme le duc Alexandre). A cette époque commencent aussi les mariages de sentiment ou mariages morganatiques, qui, pour des raisons morales et politiques, n'auraient guère eu de sens au XVe siècle.

La plus haute expression, la forme la plus admirée de l'illégitimité au XVe siècle, c'est le condottiere, qui devient prince souverain, quelle que soit d'ailleurs son origine. Au fond, la prise de possession de l'Italie du Sud par les Normands au XIe siècle n'avait pas été autre chose; mais, à l'époque dont

6. Donatello, Statue du condottiere Gattamelata, détail; Padoue. (Photo Alinari).

nous parlons, des projets de ce genre commençaient à entretenir la Péninsule dans un état d'agitation qui allait devenir permanent.

Un condottiere pouvait s'élever au rang de souverain même sans usurpation, quand, par exemple, celui qui le payait lui donnait des terres à défaut d'argent et d'hommes[17]; du reste, même quand un chef de mercenaires renvoyait momentanément la plupart de ses soldats, il avait besoin d'un lieu sûr où il pût prendre ses quartiers d'hiver et cacher les provisions indispensables. Le premier exemple d'un chef de bande indemnisé de la sorte, c'est John Hawkwood, qui reçut du pape Grégoire IX les villes de Bagnacavallo et de Cotignola. Mais quand avec Albéric da Barbiano des armées italiennes et des chefs italiens entrèrent en scène, il devint bien plus facile de gagner des principautés, ou, si le condottiere était déjà souverain quelque part, d'agrandir ses possessions. L'ambition effrénée des condottieri éclata pour la première fois dans le duché de Milan, après la mort de Jean Galéas (1402); les deux fils de ce prince passèrent presque tout leur règne à combattre ces tyrans guerriers; aussi le plus grand d'entre eux, Facino Cane, léguat-il en mourant à la maison régnante sa veuve future, un grand nombre de villes et quatre cent mille florins d'or; de plus, Béatrice de Tende entraîna à sa suite les soldats de son premier mari[18]. C'est de cette époque que datent ces rapports, immoraux au-delà de toute mesure, entre les gouvernements et leurs condottieri, qui donnent au xvᵉ siècle un caractère si étrange. Une vieille anecdote[19], une de ces anecdotes qui sont vraies partout et nulle part, peint ces rapports à peu près de la manière suivante : les citoyens d'une ville (c'est de Sienne qu'il s'agit probablement) avaient un général qui les avait délivrés d'une incursion ennemie; tous les jours ils se demandaient quelle récompense on devait lui décerner; ils finirent par déclarer qu'ils ne pourraient jamais le récompenser assez, même s'ils l'investissaient de l'autorité suprême. Alors l'un d'eux prit la parole et dit : Tuons-le, ensuite nous l'adorerons comme un patron de la ville. Et il fut traité peu après comme le sénat de Rome traita Romulus. En effet, les condottieri avaient surtout à se défier de ceux qu'ils servaient; quand ils combattaient avec succès, ils devenaient dangereux, et on les faisait disparaître comme Robert Malatesta, qui fut dépêché dans l'autre monde aussitôt après la victoire qu'il avait remportée pour le compte de Sixte IV (1482); mais parfois, au premier revers, on les punissait comme les Vénitiens avaient puni Carmagnola (1432)[20]. Ce qui caractérise la situation au point de vue moral, c'est que souvent les condottieri étaient obligés de livrer comme otages leurs femmes et leurs enfants, et que, malgré cela, ils n'inspiraient ni ne ressentaient la confiance. Il aurait fallu qu'ils fussent des héros d'abnégation, des caractères comme Bélisaire, pour ne pas amasser dans leur cœur des trésors de haine; il aurait fallu qu'ils fussent foncièrement bons pour ne pas devenir de francs scélérats. Et c'est sous cet aspect

7. Andrea del Verrochio, Statue du condottiere Colleoni, détail; Venise. (Photo G. F. N., Rome).

que nous apprenons à connaître beaucoup d'entre eux; nous trouvons chez eux le mépris le plus profond des choses les plus sacrées, la cruauté et la trahison poussées à leurs dernières limites; ils sont presque tous gens à mourir en se riant des foudres de l'Église. Mais en même temps, chez plus d'un, la personnalité, le talent se développent à un degré merveilleux, et leurs soldats reconnaissent et admirent cette supériorité. On trouve ainsi les premières armées des temps modernes où la valeur personnelle du chef, indépendamment de toute autre considération, est le principal, le tout-puissant ressort. La vie de François Sforza[21] est une preuve éclatante de ce fait; il n'y a pas de préjugé de caste qui eût pu l'empêcher de devenir l'idole de chacun et de se servir de cette popularité dans les moments difficiles. On a vu parfois les ennemis déposer les armes à son aspect, se découvrir et le saluer respectueusement, parce que chacun le regardait comme le « père commun des soldats ».

Cette famille Sforza est surtout intéressante parce qu'on croit la voir, dès l'origine, s'acheminer vers le trône[22]. C'est sa grande fécondité qui fut la cause première de sa brillante fortune : le père de François, Jacques Sforza, qui était déjà très célèbre, avait vingt frères et sœurs, qui tous avaient été élevés à la dure dans la ville de Cotignola près de Faenza, et qui avaient grandi sous l'impression d'une de ces éternelles vendettas romagnoles qui armait leur famille contre les Pasolini. Toute la maison n'était qu'un arsenal et qu'un corps de garde;

la mère et les filles elles-mêmes étaient de véritables guerrières. Jacques n'avait que treize ans lorsqu'il partit secrètement à cheval pour aller rejoindre, tout près de Panicale, le condottiere pontifical Boldrino. C'était celui qui, tout mort qu'il était, commandait encore jusqu'à ce qu'il trouvât un successeur digne de lui; en effet, le mot d'ordre sortait d'une tente toute garnie de drapeaux, dans laquelle on conservait le corps embaumé de l'illustre chef. Lorsque, grâce à ses exploits de condottiere, Jacques fut arrivé à une haute situation, il associa les membres de sa famille à sa fortune et s'assura ainsi les avantages que vaut à un prince une nombreuse dynastie. Ce sont ses parents qui empêchent l'armée de se disperser, pendant qu'il est enfermé dans le Castel Nuovo à Naples, et c'est sa sœur en personne qui s'empare des négociateurs du roi et qui, en détenant ces otages, le sauve de la mort.

Ce qui prouve que Jacques Sforza se croyait assuré d'un avenir sérieux et durable, c'est qu'en matière pécuniaire il respectait scrupuleusement les engagements qu'il avait pris, ce qui lui faisait trouver du crédit chez les banquiers, même après la défaite; c'est que partout il protégeait les paysans contre la licence des soldats, et qu'il ne permettait pas de détruire les villes conquises; mais ce qui le montre mieux que tout le reste, c'est qu'il maria son excellente concubine (Lucie, mère de François) à un autre, afin de rester libre de s'allier à une famille princière. Le mariage de ses proches était subordonné à des calculs du même genre. Il ne donna jamais dans l'impiété ni dans la vie désordonnée des autres condottieri; les trois maximes qu'il recommanda à son fils François lorsqu'il le lança dans le monde, étaient celles-ci : Ne touche jamais à la femme d'autrui; ne frappe aucun de tes gens, ou, si cela t'arrive, envoie-le bien loin; enfin, ne monte jamais un cheval ayant la bouche dure ou sujet à perdre ses fers. Mais avant tout il avait pour lui la personnalité, sinon d'un grand capitaine, du moins d'un grand soldat, un corps robuste, rompu à tous les exercices, une figure de paysan bien populaire, une mémoire remarquable grâce à laquelle il connaissait et retenait ce qui avait rapport à tous ses soldats, à tous leurs chevaux, à tous les

détails de sa comptabilité. Le cercle de ses connaissances ne s'étendait pas au-delà de l'Italie; mais il consacrait tous ses loisirs à l'étude de l'histoire et faisait traduire pour son usage des auteurs grecs et latins.

François, son fils, qui surpassa encore la gloire de son père, a travaillé dès l'origine à fonder une grande domination; aussi a-t-il gagné le puissant duché de Milan, grâce à l'éclat avec lequel il a conduit ses armées et à sa mauvaise foi, qui ne connaissait point de scrupules (1447-1450).

Son exemple fut contagieux. Æneas Sylvius[23] écrivait à cette époque : « Dans notre Italie amoureuse de changements, où rien n'est solide et où il

◄8 9

n'y a pas une puissance séculaire, les valets peuvent facilement devenir rois. » Un individu, qui se nommait lui-même « l'homme de la fortune », occupait alors plus qu'aucun autre l'imagination de tout le pays : c'était Giacomo Piccinino, le fils de Nicolo. Tout le monde se posait cette question brûlante, si lui aussi réussirait ou non à fonder une principauté.

8. Léonard de Vinci. Étude pour le monument de Francesco Sforza; Windsor Castle. (Photo Royal Library, Windsor). 9. Médaille du condottiere Nicolo Piccinino. (Photo Alinari).

Les États considérables avaient un intérêt évident à l'empêcher, et François Sforza trouvait aussi qu'il y avait avantage pour lui à clore la liste des condottieri devenus souverains. Mais les troupes et les chefs qu'on envoya contre lui, lorsqu'il avait voulu, par exemple, s'emparer de Sienne, reconnurent que leur intérêt était de le soutenir[24]. « S'il tombait, se disaient-ils, il nous faudrait retourner à la charrue. » Tout en le tenant enfermé dans Orbitello, ils lui firent passer des provisions, et il parvint à sortir avec honneur de ce mauvais pas. Mais il ne put toujours échapper à son destin. Toute l'Italie était attentive à ce qu'il allait faire lorsqu'en 1465, revenant de voir Sforza à Milan, il se rendit à Naples, auprès du roi Ferrante. Malgré toutes les garanties, malgré les engagements les plus solennels, ce prince le fit assassiner dans le Castel Nuovo[25]. Même les condottieri qui possédaient des Etats obtenus par voie de succession ne se sentaient jamais en sûreté; lorsque Robert Malatesta et Frédéric d'Urbin moururent le même jour, l'un à Rome, l'autre à Bologne (1482), il se trouva que chacun en mourant faisait recommander ses États à l'autre[26]. Tout semblait permis contre une classe de gens qui se permettaient tant de choses. Tout jeune encore, François Sforza avait été marié à une riche héritière de Calabre, Polyxène Ruffa, comtesse de Montalto, qui lui donna une fille; une tante empoisonna la femme et l'enfant, et s'empara de la succession[27].

A partir de la mort de Piccinino, la formation de nouveaux États de condottieri fut manifestement considérée comme un scandale qu'on ne devait plus tolérer; les quatre « grands États » de Naples, de Milan, les États de l'Église et Venise semblèrent organiser un système d'équilibre qui ne comportait plus ces corps politiques irréguliers. Dans les États de l'Église où fourmillaient de petits tyrans qui avaient été condottieri ou qui l'étaient encore, les princes neveux s'arrogèrent, à partir de Sixte IV, le droit exclusif de se livrer à de telles entreprises. Mais à la moindre perturbation les condottieri reparaissaient. Sous le triste règne d'Innocent VIII, un certain capitaine Boccalino, qui avait été autrefois au service de la Bourgogne, fut sur le point de se donner aux Turcs avec la ville d'Osimo, dont il s'était emparé[28]; on fut trop heureux de pouvoir se débarrasser de lui en lui donnant une grosse somme d'argent, que lui fit accepter Laurent le Magnifique. En 1495, lors de la perturbation générale qui suivit la campagne de Charles VIII, un condottiere du nom de Vidovero de Brescia[29] essaya de se rendre souverain; déjà antérieurement il s'était emparé de la ville de Césène, en mettant à mort un grand nombre de seigneurs et de bourgeois; mais le château tint bon, et il dut renoncer à son dessein; en revanche, suivi d'une bande que lui avait cédée un autre sacripant, Pandolphe Malatesta de Rimini, fils de ce Robert dont il a été question plus haut et condottiere au service de Venise, il enleva la ville de Castelnuovo à l'archevêque de Ravenne. Les Vénitiens, qui craignaient pis et qui d'ailleurs étaient pressés par le Pape, ordonnèrent à Pandolphe, « dans une bonne intention », de se saisir de son bon ami à l'occasion; celui-ci s'empara en effet de sa personne, « bien qu'avec douleur »; il reçut l'ordre de le faire mourir au gibet. Pandolphe eut la délicatesse de le faire étrangler d'abord dans sa prison et de le montrer ensuite au peuple. – Le dernier exemple remarquable d'usurpations de ce genre est fourni par le célèbre Castellan de Musso, qui, lors des désordres qui éclatèrent dans le Milanais après la bataille de Pavie (1525), se tailla une principauté sur les bords du lac de Côme.

4

Les petits tyrans.

En général, on peut dire, à propos des tyrans du XVe siècle, que le désordre était à son comble surtout dans les principautés de moindre importance. Là, dans de nombreuses familles dont tous les membres voulaient tenir leur rang, s'élevaient notamment de fréquentes querelles de succession : Bernard Varano de Camerino fit disparaître (1434) deux de ses frères[1], parce que ses fils avaient envie de leur héritage. Quand un simple tyran local se distingue par un gouvernement sage, mesuré, exempt de violence, en même temps que par son zèle pour la culture intellectuelle, c'est, en général, quelque rejeton d'une grande maison ou quelque individu entraîné dans la politique d'un État considérable.

Tel était, par exemple, Alexandre Sforza[2], prince de Pesaro, frère du grand François et beau-père de Frédéric d'Urbin († 1473). Bon administrateur, prince juste et abordable à tous, il jouit, après une longue carrière militaire, d'un règne paisible et tranquille, réunit une magnifique bibliothèque et passa ses loisirs à s'entretenir de questions scientifiques et de sujets de piété. On peut en dire autant de Jean II Bentivoglio de Bologne (1462-1506), dont la politique était subordonnée à celle des maisons d'Este et de Sforza. Par contre, quels sanglants désordres, quelles cruautés ne trouvons-nous pas chez les Varanni de Camerino, les Malatesta de Rimini, les Manfreddi de Faenza, et surtout chez les Baglioni de Pérouse! Nous sommes admirablement renseignés sur l'histoire de cette dernière famille vers la fin du XVe siècle, par les chroniques de Graziani et de Matarazzo[3], qui sont des sources précieuses.

Les Baglioni, dont on disait qu'ils naissaient l'épée au côté, étaient une de ces familles dont la puissance n'avait pas revêtu le caractère d'une véritable principauté, mais reposait plutôt sur une prééminence locale, sur de grandes richesses et sur une influence souveraine dans la nomination aux emplois. On reconnaissait un membre de la famille comme chef de tous les autres; mais une haine profonde et cachée divisait les membres des différentes branches. Les Baglioni avaient contre eux une autre faction de nobles, avec les Oddi; tout ce monde ne sortait qu'armé (vers 1487), et toutes les maisons des grands étaient pleines de bravi; tous les jours il y avait des scènes de violence; à l'occasion des funérailles d'un étudiant allemand assassiné, deux collèges prirent les armes l'un contre l'autre; quelquefois même les bravi de différentes maisons se livraient des batailles en pleine place publique. Les marchands et les ouvriers avaient beau gémir, les gouverneurs et les neveux pontificaux gardaient le silence ou s'éclipsaient. Enfin les Oddi sont obligés de quitter Pérouse; à partir de ce moment la ville devient une citadelle assiégée, sous l'autorité absolue des Baglioni, qui convertissent le dôme lui-même en caserne. Les complots et les coups de main donnent lieu à de terribles représailles: en 1491, cent trente individus qui avaient pénétré dans la ville furent sabrés et ensuite pendus aux portes du palais Baglioni; en revanche, on érigea trente-cinq autels sur la grande place, et pendant trois jours on dit des messes et l'on fit des processions pour purifier l'endroit où avait eu lieu le massacre. Un neveu d'Innocent VIII fut poignardé en plein jour dans la rue; un neveu d'Alexandre VI, qui avait été envoyé pour réconcilier les deux partis, ne recueillit que des insultes. Par contre, les deux chefs de la maison régnante, Guido et Ridolfo, avaient de fréquentes entrevues avec une nonne dominicaine, qui passait pour sainte et qui faisait des miracles, la Sœur Colomba de Rieti: celle-ci les engageait, naturellement en vain, à faire la paix, en les menaçant des plus grands malheurs s'ils ne l'écoutaient pas. A ce propos, le chroniqueur fait remarquer les sentiments de piété que professaient, dans ces années terribles, les Pérugins honnêtes et éclairés. Pendant que Charles VIII approchait, les Baglioni et les proscrits campés dans la ville d'Assise et aux environs se firent une guerre telle, que dans la vallée toutes les maisons furent rasées, que les champs restèrent sans culture, que les paysans ruinés durent se faire brigands et assassins, et que des cerfs et des loups peuplèrent les broussailles dont la campagne s'était couverte et où ils se régalaient des cadavres des victimes, de « chair de chrétien ». Lorsque Alexandre VI s'enfuit dans l'Ombrie pour échapper à Charles VIII qui revenait de Naples (1495), l'idée lui vint à Pérouse qu'il pourrait se débarrasser pour toujours des Baglioni : il proposa à Guido une fête quelconque, un tournoi ou quelque chose de semblable, afin de pouvoir les prendre tous d'un seul coup de filet; mais Guido fut d'avis que le plus beau de tous les spectacles serait de voir réunis tous les hommes armés que Pérouse comptait dans ses murs; là-dessus le Pape renonça à son projet. Bientôt après les proscrits tentèrent un nouveau coup de main, et cette fois les Baglioni ne durent la victoire qu'à leur intrépidité personnelle. C'est dans cette circonstance que Simonetto Baglione, âgé de dix-huit ans seulement, se défendit sur la place avec une poignée d'hommes contre plusieurs centaines d'ennemis; il tomba frappé de plus de vingt blessures, mais se releva quand Astorre Baglione vint à son secours, se remit en selle avec son armure en fer doré et son casque orné d'un faucon : « il s'élança dans la mêlée, beau, fier et irrésistible comme Mars lui-même ».

En ce temps-là, Raphaël, âgé de douze ans, étudiait la peinture sous la direction de Pierre Pérugin. Peut-être a-t-il immortalisé des souvenirs de cette époque dans les petits tableaux, œuvres de sa jeunesse, où il a représenté saint Georges et saint Michel; peut-être en reste-t-il une trace impérissable dans le grand tableau de saint Michel, et si Astorre Baglione a trouvé sa transfiguration quelque part, c'est certainement sous les traits de l'envoyé céleste dans la fresque d'Héliodore.

Les adversaires des Baglioni avaient succombé ou s'étaient enfuis sous l'impression d'une terreur panique, et ils étaient désormais hors d'état de renouveler une attaque de ce genre. Après quelque temps il y eut une réconciliation partielle, et un certain nombre d'entre eux purent rentrer dans leurs foyers. Mais Pérouse n'en devint ni plus tranquille, ni plus sûre; la désunion qui régnait parmi les membres de la famille régnante ne tarda pas à éclater, et une série d'épouvantables forfaits commença. En face de Guido, de Ridolfo et de leurs fils Jean-Paul, Simonetto, Astorre, Sigismond, Gentile, Marc-Antoine, etc., s'éleva un parti dirigé par deux petits-neveux, Grifon et Charles Barciglia; ce dernier était à la fois neveu du prince Varano de Camerino et beau-frère d'un des proscrits d'autrefois, Jérôme dalla Penna. En vain Simonetto, qui avait de sinistres pressentiments, demanda-t-il en grâce à son oncle la permission de tuer Penna :

10. Raphaël. Saint Georges et le Dragon, Paris, Louvre. *Dans cette œuvre de la jeunesse du peintre, Burckhardt croit trouver l'écho de l'impression que firent sur lui les gestes héroïques et sanglants des princes de la famille Baglioni.* (Photo Giraudon).

Guido la lui refusa. Le complot mûrit et éclata tout à coup, au milieu de l'été de 1500, lors du mariage d'Astorre avec Lavinia Colonna. La fête commence et se prolonge pendant quelques jours au milieu de lugubres présages qui deviennent toujours plus nombreux et plus menaçants, présages que Matarazzo rappelle dans un admirable tableau. Varano, qui était présent, fit éclater l'orage; avec une astuce diabolique, il présenta à Grifon l'appât du pouvoir suprême, et lui fit croire qu'il existait des relations coupables entre sa femme Zénobie et Jean-Paul; enfin, il désigna à chaque conjuré la victime qu'il devait frapper. (Les Baglioni avaient tous des demeures séparées qui occupaient, pour la plupart, l'emplacement du château actuel.) On donna quinze hommes à chacun des bravi qu'on avait sous la main; le reste fut chargé de monter la garde. Dans la nuit du 15 juillet, les portes furent forcées, et Guido, Astorre, Simonetto et Sigismond tombèrent sous les coups des assassins; les autres purent s'échapper.

Lorsque le corps d'Astorre fut trouvé gisant dans la rue avec celui de Simonetto, les spectateurs, « et surtout les étudiants étrangers », le comparèrent à celui d'un ancien Romain, tant les traits de la victime avaient de grandeur et de noblesse; ils retrouvaient encore chez Simonetto cet air d'audace et de fierté qu'il avait eu pendant sa vie, comme si la mort elle-même n'avait pu le dompter. Les vainqueurs se présentèrent chez les amis de la famille, mais ils trouvèrent tout le monde en larmes et faisant des préparatifs de départ pour la campagne. Cependant les Baglioni échappés au fer des assassins réunirent des soldats, et le lendemain, conduits par Jean-Paul, ils pénétrèrent dans la ville, où d'autres de leurs partisans, menacés de mort par Barciglia, se joignirent à eux. Lorsque Grifon tomba, près de San-Ercolano, entre les mains de Jean-Paul, celui-ci laissa à ses gens le soin de le tuer; Barciglia et Penna parvinrent à se réfugier à Camerino, auprès de Varano, l'auteur de tout le mal. En un clin d'œil Jean-Paul fut maître de la ville, presque sans avoir perdu de monde.

Atalante, la mère jeune et belle de Grifon, qui s'était retirée la veille à la campagne avec sa belle-fille Zénobie et deux des enfants de Jean-Paul, et qui, à plusieurs reprises, avait repoussé en le maudissant son fils qui voulait la faire revenir, arriva avec sa bru et chercha son fils mourant. Tout le monde s'écarta devant ces deux femmes; personne ne voulait passer pour le meurtrier de Grifon, afin de ne pas encourir la malédiction de sa mère. Mais on se trompait; elle-même conjura son fils de pardonner à ceux qui lui avaient porté les coups mortels, et il expira en emportant sa bénédiction. Le peuple s'inclina avec respect devant les deux femmes lorsqu'elles traversèrent la place avec leurs habits tout ensanglantés. C'est cette Atalante pour laquelle Raphaël a peint plus tard la célèbre *Mise au tombeau.* C'est ainsi qu'elle mit sa propre douleur aux pieds de Celle dont la douleur maternelle a été la plus sublime et la plus sacrée.

Le dôme près duquel s'étaient passés la plupart de ces tragiques événements fut lavé avec du vin et béni de nouveau. L'arc de triomphe élevé à l'occasion du mariage était encore debout, avec les peintures qui retraçaient les hauts faits d'Astorre et les vers élogieux du bon Matarazzo, qui nous raconte tous ces détails.

Il se forma au sujet des Baglioni toute une légende, qui n'est que le reflet de ces horreurs. On prétendit que de tout temps les membres de cette famille avaient péri de mort violente; que vingt-sept d'entre eux avaient succombé le même jour; qu'une fois déjà leurs maisons avaient été rasées, et qu'on avait pavé les rues avec les tuiles qui les avaient couvertes, etc. Sous Paul III, leurs palais devaient être en effet rasés.

En attendant, ils paraissent avoir conçu de sages projets, mis à la raison leurs propres partisans et protégé les fonctionnaires contre les crimes des nobles. Mais plus tard, la malédiction qui pesait sur eux éclata de nouveau, comme un incendie étouffé seulement en apparence. Sous Léon X, Jean-Paul fut attiré à Rome et décapité (1520); l'un de ses fils, Horace, qui ne posséda Pérouse que temporairement, dans un moment de trouble et d'extrême confusion, c'est-à-dire comme partisan du duc d'Urbin, qui était également menacé par les papes, souilla encore une fois sa propre maison par les plus atroces cruautés. Un de ses oncles et trois de ses cousins furent tués; sur quoi le duc lui fit dire de s'en tenir là[4]. Son frère, Malatesta Baglione, est le général florentin qui s'est immortalisé par la trahison qu'il a commise en 1530, et dont le fils Rodolphe est le dernier rejeton de la famille; c'est celui qui a signalé son règne aussi court que cruel par le meurtre du légat et des fonctionnaires de Pérouse (1534).

Nous retrouverons encore de temps en temps les tyrans de Rimini. On a vu rarement la scélératesse, l'impiété, le talent militaire et la culture intellectuelle réunis au même degré que dans Sigismond Malatesta († 1467). Mais quand les méfaits s'accu-

11. Piero della Francesca, Sigismondo Malatesta, accompagné de son chien, rend hommage à saint Pierre; Rimini, « Temple Malastestien », fresque, détail. (Photo Alinari).

mulent comme dans cette maison, ils finissent par emporter la balance et par entraîner les tyrans dans l'abîme. Pandolfe, le petit-fils de Sigismond, dont nous avons déjà parlé, ne se maintenait plus que parce que Venise ne voulait pas laisser tomber ses condottieri, malgré tous leurs crimes; lorsqu'en 1497 ses sujets, qui avaient des raisons suffisantes pour cela[5], le bombardèrent dans son château fort de Rimini et le laissèrent ensuite s'échapper, un commissaire vénitien ramena ce scélérat souillé du sang de son frère et de tant d'autres. Au bout de trente ans, les Malatesta étaient de misérables exilés. L'époque de 1527 fut, comme celle de César Borgia, funeste à ces petites dynasties; un très petit nombre d'entre elles vécurent au-delà; encore celles qui survécurent n'en furent-elles pas plus heureuses pour cela. A Mirandole, où régnaient de petits princes de la maison de Pic, vivait en 1533 un pauvre savant, Lilio Gregorio Giraldi, qui avait fui la dévastation de Rome pour venir s'abriter au foyer hospitalier du vieux François Pic (neveu du célèbre Jean); le résultat de leurs entretiens au sujet du tombeau que le prince voulait se faire élever, fut un traité dont la dédicace est datée du mois d'avril de cette année-là[6]. Mais quel triste *post-scriptum* se lit à la fin de l'ouvrage : « Au mois d'octobre de la même année, le malheureux prince a été assassiné pendant la nuit; son neveu lui a ravi à la fois la vie et la couronne, et moi-même j'ai pu à grand-peine conserver une existence désormais vouée à la plus profonde misère ! »

Une demi-tyrannie sans caractère, comme celle que Pandolphe Petrucci exerça, à partir de 1490, dans la ville de Sienne alors déchirée par les factions, ne mérite guère d'être étudiée. Aussi nul que méchant, Pandolphe gouverna avec le secours d'un professeur de droit et d'un astrologue, et sema de temps à autre la terreur parmi ses sujets en en faisant tuer quelques-uns. En été, son plaisir était de rouler des blocs de pierre du haut du mont Amiata, sans se préoccuper de savoir qui et quoi ils écrasaient. Après avoir réussi là où les plus rusés ont échoué, c'est-à-dire à échapper aux pièges de César Borgia, il n'en mourut pas moins abandonné et méprisé. Mais ses fils purent exercer longtemps une sorte de demi-pouvoir.

5

Les grandes maisons régnantes.

Parmi les dynasties importantes, celle de la maison d'Aragon mérite d'être étudiée à part. Le système féodal, qui subsiste ici depuis les Normands sous la forme de baronnies indépendantes, donne à l'État un caractère particulier, pendant que dans le reste de l'Italie, sauf la partie méridionale des États de l'Église et quelques autres régions, la propriété foncière pure et simple est seule admise, et que l'État a supprimé les privilèges héréditaires. Alphonse le Grand, qui règne à Naples à partir de

1435 († 1458), est loin de ressembler à ses descendants réels ou supposés. Grand et magnifique en toutes choses, tranquille au milieu d'un peuple qui l'aimait, généreux envers ses ennemis, modeste malgré le sang royal qui coulait dans ses veines, aimable et distingué dans la vie ordinaire[1], sachant se faire admirer jusque dans la passion tardive qu'il éprouva pour Lucrèce d'Alagna, il eut un seul défaut, défaut qui souvent sert à faire valoir des qualités brillantes, la prodigalité avec toutes les conséquences qu'elle entraîne fatalement. On vit des employés aux finances devenir tout-puissants, malgré leurs malversations, jusqu'au moment où le Roi fut poussé par la banqueroute à s'emparer de leur fortune; on prêcha une croisade afin d'avoir un prétexte pour imposer le clergé; à la suite d'un grand tremblement de terre qui désola les Abruzzes, les survivants furent obligés de continuer à payer l'impôt pour ceux qui avaient péri. Alphonse était d'ailleurs l'hôte le plus magnifique de son temps, quand il avait à recevoir des visiteurs illustres ou les ambassadeurs de princes étrangers; il était heureux de donner toujours, de donner à tous, même à des ennemis; enfin, sa libéralité n'avait plus de mesure quand il s'agissait de récompenser les travaux littéraires.

Ferrante (Fernand)[2], qui lui succéda, passait pour son bâtard; on disait qu'il l'avait eu d'une dame espagnole; mais il était peut-être le fils d'un marrane de Valence. Était-ce le sang dont il était issu ou bien les complots tramés par les barons

12

contre son existence qui le rendirent sombre et cruel? toujours est-il qu'il se signale entre tous les princes d'alors par son épouvantable tyrannie. D'une activité infatigable, reconnu comme une des plus fortes têtes politiques, réglé dans sa vie, il applique toutes ses forces, la sûreté d'une mémoire implacable et la profondeur d'une dissimulation sans exemple à la destruction de ses ennemis. Blessé, autant qu'un prince peut l'être, de la conduite des chefs et des barons, qui étaient ses parents par alliance et qui n'en étaient pas moins ligués avec tous ses ennemis extérieurs, il se fit une habitude du pire comme chose normale. Pour se procurer les moyens de soutenir cette lutte et de subvenir aux frais de ses guerres extérieures, il recourut au système tout mahométan qu'avait employé Frédéric II. Le gouvernement seul faisait le commerce de l'huile et des blés; Ferrante avait centralisé le commerce en général entre les mains d'un grand

12. Ferrante Ier, roi de Naples, marbre peint, atelier napolitain du XVe siècle; Paris, Louvre. (Archives photographiques, Paris).

marchand, nommé François Coppola, qui partageait les profits avec lui et qui imposait ses volontés à tous les armateurs; les emprunts forcés, les exécutions et les confiscations, la simonie, les contributions extraordinaires prélevées sur les corporations religieuses étaient les autres ressources. Outre la chasse, où il ne ménageait rien ni personne, il se livrait à deux genres de plaisirs : il aimait à avoir dans son voisinage ses ennemis soit vivants et enfermés dans des cages bien solides, soit morts et embaumés, avec le costume qu'ils portaient de leur vivant[3]. Il ricanait quand il parlait des prisonniers à ses confidents; quant à sa collection de momies, il n'en faisait même pas mystère. Ses victimes étaient presque toutes des hommes dont il s'était emparé par trahison, souvent même à sa table royale. Il déploya une méchanceté vraiment infernale à l'égard de son premier ministre, Antonello Petrucci, qui avait blanchi dans le service et qui était affaibli par la maladie : Ferrante continua d'accepter les présents de ce vieillard qui de jour en jour tremblait davantage pour sa vie, jusqu'à ce qu'enfin un semblant de participation à la dernière conjuration des barons fournît à son maître un prétexte pour le faire arrêter et exécuter, ainsi que Coppola. La manière dont tous ces faits ont été racontés par Caracciolo et par Porzio fait dresser les cheveux sur la tête.

Dans la suite, le fils aîné de Ferrante, Alphonse, duc de Calabre, fut associé par son père au gouvernement de l'État. C'était « l'homme le plus cruel, le plus pervers, le plus vicieux et le plus commun qu'on eût jamais vu », un débauché sanguinaire, qui avait sur son père l'avantage d'être moins dissimulé et qui ne craignait pas non plus d'étaler au grand jour son mépris pour la religion et pour ses pratiques. Ce n'est pas chez ces princes qu'il faut chercher le caractère altier et vivant de la tyrannie d'alors; ce qu'ils empruntent à l'art et à la culture de leur temps, c'est le luxe ou l'apparence de la civilisation. Les vrais Espagnols eux-mêmes se montrent, en Italie, presque toujours dégénérés; mais c'est surtout la fin de cette maison de marranes (1494 et 1503) qui prouve chez ses membres un manque total de race. Ferrante meurt torturé par l'inquiétude et par le remords; Alphonse soupçonne de trahison son propre frère, Frédéric, le seul honnête homme de toute la famille, et l'offense de la manière la plus indigne; enfin il perd la tête et s'enfuit en Italie, lui qui avait passé jusqu'alors pour un des meilleurs capitaines de la Péninsule, laissant son fils, le jeune Ferrante, livré sans défense à la vengeance des Français et à la trahison de tous. Une dynastie qui avait régné comme celle-là aurait dû au moins vendre chèrement sa vie, si elle avait voulu rendre possible une restauration dans l'avenir. Mais « jamais homme cruel ne fut hardi », ainsi que Comines l'a dit à ce propos, dans un sens un peu étroit, il est vrai, mais non sans justesse.

Le régime princier apparaît avec le caractère vraiment italien, dans le sens du XVe siècle, chez les ducs de Milan, dont la domination se montre, dès

Jean Galéas, sous les traits d'une monarchie absolue. Le dernier Visconti, Philippe-Marie (1412-1447), est surtout remarquable au plus haut point; c'est, de plus, une figure admirablement retracée par les historiens du temps[4]. Ce que la crainte peut faire d'un homme richement doué, et placé dans une haute situation, se trouve, pour ainsi dire, mathématiquement complet chez lui : l'État n'a qu'un but, la sécurité du prince, et tous les moyens dont il dispose tendent à ce but unique; seulement, l'égoïsme féroce de ce souverain ne dégénéra pas en cruauté. Il habite le château de Milan, dans l'enceinte duquel on voyait les jardins, les allées et les manèges les plus magnifiques; il n'en sort guère, et reste de longues années sans mettre le pied dans la ville; ses excursions ont pour but les communes sujettes, où s'élèvent ses superbes châteaux; la flottille de barques, que traînent des chevaux rapides et qui le promène sur des canaux spécialement creusés à cet effet, est organisée en vue de toutes les exigences de l'étiquette. Toute personne qui venait au château était l'objet d'une surveillance minutieuse; défense de stationner près d'une fenêtre, afin qu'on ne pût correspondre par signes avec le dehors. Ceux qui devaient faire partie de l'entourage immédiat du prince étaient soumis à toute une série d'épreuves savamment calculées; quand ils les avaient subies avec succès, il leur confiait les plus hautes fonctions diplomatiques ou en faisait des laquais, car l'un était aussi honorable que l'autre. Et c'est cet homme qui a soutenu des guerres longues et difficiles, et qui a traité constamment de grandes affaires politiques, c'est-à-dire qui a dû sans cesse envoyer dans toutes les directions des hommes munis des pouvoirs les plus étendus. Ce qui faisait sa sécurité, c'est que tous ces gens-là se défiaient les uns des autres, c'est que les condottieri étaient surveillés par des espions, c'est que les négociateurs et les hauts fonctionnaires ne savaient à quoi s'en tenir et ne pouvaient jamais s'entendre, parce que le prince semait habilement la division entre eux, et surtout parce qu'il avait soin d'accoupler chaque fois un honnête homme et un coquin. Même dans son for intérieur, Philippe-Marie prend ses assurances à la fois dans deux philosophies opposées : il croit aux astres et à une aveugle fatalité, et en même temps il invoque la protection de toute une légion de saints; il lit des auteurs anciens, et se fait lire des romans de chevalerie français. Enfin, ce même homme, qui ne voulait jamais entendre parler de la mort[5] et qui faisait disparaître du château jusqu'à ses favoris mourants, afin que le trépas de personne ne vînt attrister un séjour voué à la joie, ce même homme a hâté volontairement sa fin en laissant se fermer une plaie et en refusant de se laisser pratiquer une saignée, et il est mort avec noblesse et dignité.

Son beau-fils et enfin son héritier, l'heureux condottiere François Sforza (1450-1466), était peut-être de tous les Italiens l'homme tel que le XVe siècle les préférait. Jamais on n'avait vu un triomphe plus éclatant du génie et de la force individuelle; même

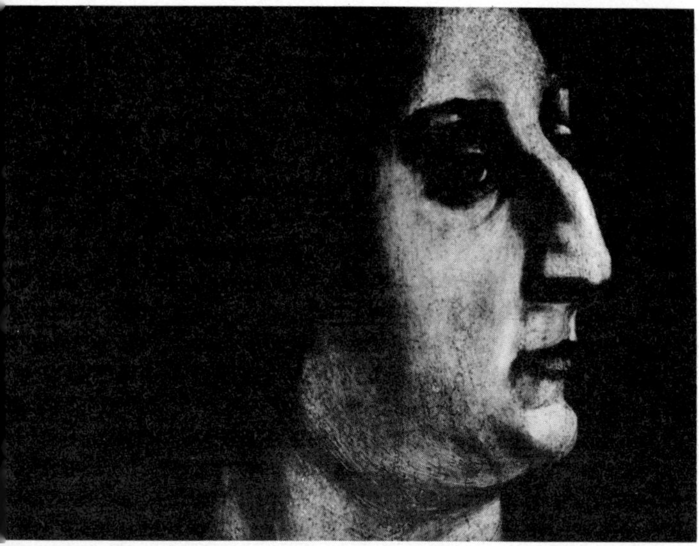

13

ceux qui n'étaient pas disposés à lui reconnaître ces qualités ne pouvaient s'empêcher d'admirer en lui un favori de la fortune. Milan était flattée d'avoir à sa tête un prince aussi célèbre; lorsqu'il était entré dans sa capitale, le peuple l'avait porté à cheval dans la cathédrale, sans souffrir qu'il mît pied à terre[6]. Voyons le bilan de sa vie, tel que l'a dressé le pape Pie II[7], qui se connaissait en pareille matière. « En 1459, lorsque le duc vint à Mantoue pour assister au congrès des princes, il était âgé de soixante ans (ou plutôt cinquante-huit); à che-

13. Antonio del Pollaiolo, portrait de Marie Galéas Sforza; Florence, Offices. (Photo Alinari).

val, on l'aurait pris pour un jeune homme; il était de stature imposante, sérieux, calme et affable; une distinction souveraine éclatait dans toute sa personne; il offrait la réunion la plus complète des avantages extérieurs et des dons de l'esprit; jamais il ne connut la défaite : tel était l'homme qui d'une humble condition s'éleva jusqu'au trône. Sa femme était belle et vertueuse, ses enfants étaient gracieux comme les anges du ciel; il était rarement malade; le succès couronna ses vœux les plus chers. Pourtant il paya son tribut à la mauvaise fortune : sa femme tua par jalousie la maîtresse qu'il aimait; deux amis, anciens compagnons d'armes, le quittèrent pour servir le roi Alphonse; il lui fallut en faire pendre un autre, Ciarpollone, qui s'était rendu coupable de trahison; son frère Alexandre excita les Français contre lui; un de ses fils se laissa entraîner dans un complot et fut arrêté; il perdit par une défaite la marche d'Ancône, qu'une victoire lui avait donnée. Personne ne jouit jamais d'un bonheur absolument sans mélange. Celui-là seul est heureux qui n'a pas trop à souffrir des atteintes de la fortune. » C'est par cette définition négative que le savant pontife termine son portrait. S'il avait pu entrevoir l'avenir ou voulu examiner les conséquences du pouvoir absolu en général, il aurait été certainement frappé du danger résultant de l'absence de garanties que présentait la famille du duc. Ces enfants beaux comme des anges, qui, de plus, avaient reçu l'éducation la plus complète et la plus soignée, une fois parvenus à l'âge d'homme, dégénérèrent entièrement sous l'influence d'un égoïsme sans bornes.

Marie Galéas (1466-1476), prince remarquable par des qualités tout extérieures, était fier de sa belle main, des grandes sommes qu'il payait à ses serviteurs, du crédit dont il jouissait, des deux millions de florins d'or que son trésor contenait, de son brillant entourage, de l'armée qu'il entretenait, de sa belle fauconnerie. Il aimait à s'entendre parler parce qu'il parlait bien, et jamais peut-être sa parole n'était plus abondante que lorsqu'il pouvait dire à un ambassadeur vénitien des choses blessantes[8]. Mais parfois il lui prenait de singulières fantaisies : c'est ainsi qu'il voulut dans une seule nuit, faire peindre toute une salle à fresque. Il eut aussi d'horribles accès de cruauté, frappa quelques-uns de ses

14 

15 ▸

14. Ludovic le More et sa famille, retable Sforza de B. dei Conti; Milan, Brera. 15. Détail de 14. (Photos Alinari).

propres parents et se livra à de monstrueux excès. Quelques exaltés trouvèrent qu'il avait tous les défauts d'un tyran; ils le tuèrent et livrèrent ainsi l'État aux mains de ses frères, dont l'un, Ludovic le More, s'empara de toute l'autorité, sans tenir compte de son neveu, qu'il oublia dans un cachot. C'est à cette usurpation que se rattachent l'intervention des Français et le malheur de toute l'Italie.

Comme prince, le More est la figure la plus caractéristique du temps et nous apparaît ainsi comme le produit naturel de son époque; à ce titre, nous ne saurions le condamner d'une manière absolue. Les moyens dont il se sert attestent l'immoralité la plus profonde, mais il les emploie avec une parfaite naïveté; on l'aurait probablement fort étonné si l'on avait voulu lui faire comprendre qu'il existe une responsabilité morale portant non seulement sur le but, mais encore sur les moyens; peut-être même se serait-il fait un mérite tout particulier d'avoir évité autant que possible les exécutions sanglantes. A ses yeux, l'incroyable respect que les Italiens professaient pour sa force politique, était un tribut légitime[9]; il disait encore en 1496 que le pape Alexandre était son chapelain, l'empereur Maximilien son condottiere, Venise son chambellan, le roi de France son courrier, qui était obligé d'aller et de venir au gré de sa fantaisie[10]. Même réduit à la dernière extrémité (1499), il calcule encore avec un sang-froid parfait les chances qui lui restent d'échapper au danger, et la bonté naturelle au cœur humain lui inspire une confiance qui l'honore. Il décline l'offre du cardinal Ascanio, son frère, qui lui propose de défendre jusqu'au bout le château de Milan, parce qu'ils ont eu autrefois de graves démêlés ensemble. « Monsignor, lui dit-il, pardonnez-moi si je n'ai pas confiance en vous, bien que vous soyez mon frère »; déjà il avait choisi pour commander le château, cette « garantie de son retour », un homme auquel il avait toujours fait du bien et jamais de mal[11]; celui-ci n'en livra pas moins le château.

A l'intérieur, le More s'efforça de régner en s'inspirant des intérêts de ses sujets; aussi croyait-il pouvoir compter, à Milan et en dernier lieu à Côme, sur l'affection dont il était l'objet. Cependant, depuis l'année 1496, il avait imposé le pays outre mesure, et à Crémone, par exemple, il avait fait étrangler secrètement, par mesure politique, un citoyen notable qui s'était plaint des nouveaux impôts; aussi depuis ce moment tenait-il à distance ceux qui venaient lui présenter des requêtes; il était séparé d'eux par une barre[12], ce qui obligeait les gens à parler très haut pour se faire entendre. – Mais à sa cour, qui était la plus brillante de toute l'Europe depuis que la cour de Bourgogne n'existait plus, on voyait régner l'immoralité la plus profonde : le père livrait sa fille, le mari sa femme, le frère sa sœur[13]. Le prince du moins resta toujours actif, et, comme fils de ses œuvres, il se trouva tout naturellement rapproché de ceux qui devaient également leur situation à leurs hautes facultés intellectuelles, tels que les savants, les poètes, les musiciens et les

16. Guerre civile à Milan; Gravure extraite de : Lorenzo dalla Rota, « Lamento del duca Galeazzo »; Florence, 1505. ▶

artistes. L'académie fondée par lui[14] a pour mission de servir le prince et non de former des jeunes gens; aussi a-t-il besoin, non de la gloire des membres qui la composent, mais seulement de leurs lumières et de leurs travaux. Il est certain qu'au début Bramante fut maigrement rétribué[15]; cependant Léonard de Vinci reçut régulièrement jusqu'en 1496 un traitement considérable; d'ailleurs qu'est-ce qui aurait pu le retenir à cette cour s'il n'avait pas voulu y rester? Le monde lui était ouvert comme peut-être à n'importe lequel des artistes d'alors, et si quelque chose prouve que Ludovic le More était une nature supérieure, c'est précisément le long séjour de ce grand maître à la cour de Milan. Si plus tard Léonard de Vinci a servi César Borgia et François Ier, c'est qu'il a peut-être été séduit aussi par le caractère extraordinaire de ces deux hommes.

Ludovic le More laissait des fils qui avaient été élevés par des étrangers. L'aîné, Maximilien, ne lui ressemble plus du tout; le plus jeune, François, n'était du moins pas incapable de s'élever à une certaine hauteur. Milan, qui à cette époque changea si souvent de maître et qui souffrit cruellement de ces fluctuations politiques, chercha du moins à se garantir contre les réactions; en 1512, lorsque les Français se retiraient devant l'armée de la sainte Ligue et de Maximilien Ier, ils accordèrent aux Milanais des lettres reversales aux termes desquelles ceux-ci n'avaient pris aucune part à leur expulsion, et pouvaient, sans commettre le crime de rébellion, se donner à un nouveau vainqueur[16]. Leur attitude politique découle parfois du fait que, lorsque des changements de cette nature se produisaient, la malheureuse ville devenait ordinairement la proie de quelques bandes de malfaiteurs (appartenant quelquefois aux premiers rangs de la société), et subissait ainsi le même sort que Naples, par exemple, lorsque les princes d'Aragon furent obligés de s'enfuir.

Dans la seconde moitié du XVe siècle, nous trouvons deux principautés particulièrement remarquables par la sagesse et par le talent des souverains qui les gouvernent : ce sont celles des Gonzague de Mantoue et des Montefeltro. La famille des Gonzague était assez unie; depuis longtemps elle n'avait pas été ensanglantée par le meurtre, et elle pouvait montrer ses morts. Malgré certaines traces de légèreté de mœurs, le marquis François de Gonzague[17] et sa femme Isabelle d'Este ont été, en somme, un couple respectable et uni; ils ont élevé des fils remarquables en un temps où leur État, important malgré sa petitesse, courait souvent les plus grands dangers. Ni l'Empereur, ni les rois de France, ni Venise n'auraient eu l'idée de s'attendre à ce que François suivît, comme prince et comme condottiere, une politique tout à fait honnête et loyale; mais du moins, depuis la bataille du Taro (1495), il sentit en lui le patriotisme italien et sut communiquer ses sentiments à son épouse. A partir de ce moment, tout acte de fidélité héroïque, tel que la défense de Faenza contre César Borgia, par exemple, apparaît à cette femme remarquable comme une réhabili-

17. Mantegna, fresques du Palais Ducal de Mantoue. Détail : le marquis Ludovic II Gonzague et sa famille. (Photo Anderson-Giraudon). ▶

18

19

tation de l'Italie. Nous n'avons pas besoin d'appuyer notre jugement sur l'autorité des écrivains et des artistes, qui payaient largement la protection de la belle princesse; ses lettres nous prouvent assez qu'elle se possédait en toute circonstance, qu'elle avait un véritable talent d'observation, et qu'elle était d'une amabilité sans égale. Bembo, Bandello, l'Arioste et Bernardo Tasso envoyaient leurs travaux à cette cour, bien qu'elle fût petite et sans

20

20. Mantegna, Vierge de la Victoire. Détail : François Gonzague, général des alliés, remercie la Vierge pour la prétendue victoire de Fornoue sur Charles VIII. Louvre. (Archives photographiques).

influence, et que souvent la caisse fût vide. Depuis que l'ancienne cour d'Urbin n'existait plus, on ne retrouvait nulle part une société plus élégante que celle-là; même la cour de Ferrare était éclipsée par elle en un point capital, la liberté des allures. Isabelle se connaissait très bien en œuvres d'art; aussi

18. Piero della Francesca, portrait de Federigo da Montefeltro, duc d'Urbin, Florence, Offices. (Photo Alinari). 19. Piero della Francesca. Triomphe de Federigo de Montefeltro d'Urbin. Revers de son portrait; Florence, Offices. *Le Paysage symbolise la prospérité du pays sous le gouvernement du sage souverain.* (Photo Anderson-Giraudon).

pas un amateur ne lira-t-il sans un vif intérêt le catalogue de sa petite, mais précieuse collection.

Urbin possédait un prince des plus remarquables dans la personne du grand Frédéric (1444-1482); peu importe d'ailleurs qu'il soit un vrai Montefeltro ou non. Comme condottiere, – et il l'est resté encore trente ans après avoir obtenu la couronne, servant tour à tour les rois et les papes, – il avait la moralité politique de ses pareils, ce dont ils ne sont qu'à moitié responsables; comme souverain d'un petit pays, il n'avait d'autre politique que de dépenser dans son duché la solde qu'il avait gagnée à l'étranger, et d'imposer ses sujets aussi peu que possible. C'est de lui et de ses deux successeurs, Guidobaldo et François-Marie, qu'on disait : « Ils bâtirent de beaux édifices, favorisèrent la culture du sol, vécurent dans le pays même et payèrent une foule de serviteurs; le peuple les aimait[18]. » Ce n'était pas seulement l'État, mais encore la cour qui présentait, à tous les égards, le spectacle d'un mécanisme régulier et savant. Frédéric entretenait cinq cents serviteurs; les dignitaires de la cour étaient aussi nombreux que ceux qui entouraient les souverains les plus puissants; mais on ne gaspillait rien, tout avait son but, toutes les dépenses étaient exactement contrôlées. A Urbin, on ne jouait pas; on n'y entendait ni blasphèmes, ni rodomontades; c'est que la cour devait être en même temps une école d'éducation militaire pour les fils d'autres grands seigneurs, et le succès de cet établissement était une question d'honneur pour le duc. Il y avait des palais plus beaux que celui qu'il se fit construire; mais, au point de vue de la disposition, il n'y en avait pas de plus classique : c'est là qu'il réunit sa célèbre bibliothèque, le plus précieux de ses trésors. Comme il se sentait en parfaite sécurité dans un pays où tout le monde trouvait, grâce à lui, de l'argent à gagner et où personne ne mendiait, il sortait toujours sans armes et presque sans escorte; aucun autre prince n'aurait pu, comme lui, se promener dans des jardins sans clôture, prendre son frugal repas dans une salle ouverte à tous les regards, pendant qu'on lui lisait des pages de Tite-Live (ou, pendant le carême, des ouvrages de piété). Dans le même après-midi, il écoutait la lecture d'un auteur ancien, et allait ensuite au couvent des Clarisses pour s'entretenir, à travers la grille du parloir, de sujets religieux avec la supérieure. Le soir, il aimait à diriger les exercices corporels des jeunes gens de sa cour dans la prairie voisine de San-Francesco, d'où l'on découvrait une vue splendide, et s'occupait à développer chez eux la vigueur et l'agilité. Il prenait à tâche d'être affable envers chacun et abordable pour tous; il allait voir dans leurs ateliers les ouvriers qui travaillaient pour lui, donnait continuellement des audiences et faisait droit dans la journée, si c'était possible, aux requêtes des solliciteurs. Aussi, quand il passait dans les rues, le peuple se jetait à genoux devant lui et criait : *Dio ti mantenga, signore!* Le monde éclairé l'appelait la lumière de l'Italie[19].

Son fils, Guidobaldo, qui possédait de grandes

qualités, mais qui eut à lutter constamment contre la maladie et le malheur, finit cependant par remettre son État entre des mains sûres (1508); il laissa le pouvoir à son neveu, François-Marie, qui était en même temps neveu du pape Jules II, et ce prince empêcha du moins le duché de tomber sous une domination étrangère. Ce qui est remarquable, c'est l'habileté avec laquelle ces deux princes savent se dérober successivement aux coups de César Borgia et de Léon X; ils ont la certitude que leur retour sera d'autant plus facile et que leurs sujets le désireront d'autant plus que le pays aura moins souffert par suite d'une inutile résistance.

Si Ludovic le More faisait les mêmes calculs, il oubliait, par contre, tous les autres motifs de haine qui rendaient son retour difficile. – La cour de Guidobaldo a été immortalisée comme l'école de la suprême élégance par Balthazar Castiglione, qui a composé l'églogue de *Tircis* (1506) en l'honneur de cette société brillante, et qui plus tard (1518) a choisi les personnages de son *Courtisan* dans le cercle de la savante et spirituelle duchesse (Élisabeth de Gonzague).

Le gouvernement de la maison d'Este se distingue par un singulier mélange de despotisme et de popularité[20]. Dans l'intérieur du palais se passent des scènes épouvantables : une princesse, soupçonnée d'avoir commis le crime d'adultère avec un fils né d'un autre lit, est décapitée (1425); des princes, légitimes aussi bien qu'illégitimes, s'enfuient de la cour et sont menacés, même à l'étranger, par les

A 21 B

coups des assassins envoyés à leur poursuite (1471); qu'on ajoute à cela des complots continuels tramés au-dehors : le bâtard d'un bâtard veut détrôner le seul héritier légitime (Hercule Ier); plus tard (1493), ce dernier empoisonna, dit-on, sa femme, après avoir découvert qu'elle voulait l'empoisonner lui-même; elle était, à ce qu'on prétend, poussée à ce crime par son frère Ferrante, de Naples. La dernière de ces tragédies, c'est le complot ourdi par deux bâtards contre leurs frères, le duc régnant Alphonse Ier et le cardinal Hippolyte (1506), complot qui fut découvert à temps et puni de la réclusion perpétuelle. D'autre part, le système fiscal est très sévère, nécessairement dans ce duché, parce qu'il est le plus menacé de tous les États grands et moyens de l'Italie, et qu'il a besoin d'armements considérables et de nombreuses places fortes. Sans doute le bien-être du pays dut s'accroître à mesure que le chiffre des impôts s'éleva; aussi le marquis Nicolo

21. Médaille de Lionello d'Este, par Pisanello. Au revers, la Prudence aux trois visages : passé, présent, avenir. (Photo Alinari).

(† 1441) exprimait-il le vœu formel que ses sujets devinssent plus riches que les autres peuples. Si l'accroissement de la population prouve l'accroissement réel de la richesse publique, il faut, en effet, considérer comme un fait important qu'en 1497, malgré l'agrandissement considérable de la capitale, on ne trouvait plus de maisons à louer[21]. Ferrare est la première ville moderne de l'Europe; c'est là qu'on voit pour la première fois, sur un signe du prince, s'élever des quartiers immenses et réguliers; c'est là que se forme une population d'élite, grâce à la concentration d'un monde de fonctionnaires sur un même point et à la présence de nombreux industriels attirés par toutes sortes de privilèges; de riches exilés, surtout des Florentins, viennent demander l'hospitalité à Ferrare et y construisent des palais. Mais, d'autre part, les impôts indirects étaient écrasants. Il est vrai que le souverain montrait une certaine sollicitude pour son peuple, à l'exemple d'autres princes italiens, de Marie-Galéas Sforza, entre autres : en cas de disette, il faisait venir des blés étrangers[22] et les distribuait gratuitement, à ce qu'il paraît; mais en temps ordinaire il se dédommageait par le monopole, sinon du blé, du moins de beaucoup d'autres denrées alimentaires, telles que les viandes salées et le poisson; il se réservait aussi le droit de vendre seul les fruits et les légumes, qu'il faisait cultiver avec soin sur les remparts et sur les glacis de Ferrare. La source la plus importante de ses revenus était la vente des charges publiques, dont les titulaires étaient renouvelés tous les ans; c'était un usage répandu dans toute l'Italie; seulement c'est sur Ferrare que nous avons les renseignements les plus exacts. A propos du commencement de l'année 1502, par exemple, on dit : La plupart des charges ont été achetées à des prix salés *(salati)*. On cite des fonctionnaires de différents ordres, des receveurs des douanes, des administrateurs des domaines *(massari)*, des notaires, des podestats, des juges et même des capitaines, c'est-à-dire des gouverneurs des villes de province. Au nombre de ces « mangeurs de gens » qui ont payé cher leur charge et que le peuple déteste « plus que le diable », on nomme Tito Strozza, qui n'est pas, nous voulons bien le croire, le célèbre poète latin. A la même époque, les ducs avaient l'habitude de faire en personne un tour dans Ferrare, ce qu'on appelait *andar per ventura,* pour se faire donner des présents, au moins par les gens aisés. Toutefois ce genre de contribution était payé, non en argent, mais en nature.

Le duc était fier[23] de se dire que dans toute l'Italie on savait qu'à Ferrare les soldats touchaient régulièrement leur solde, que les professeurs des universités étaient toujours payés à jour fixe, qu'il était rigoureusement interdit aux soldats de rançonner les bourgeois et les paysans, que Ferrare était imprenable et que le château renfermait une somme énorme d'argent monnayé. Il n'était pas question de caisses séparées; le ministre des finances était en même temps ministre du palais. Les constructions exécutées par Borso (1430-1471), Her-

22

23

cule Ier (jusqu'en 1505) et Alphonse Ier (jusqu'en 1534) étaient très nombreuses, mais généralement peu considérables; le fait s'explique par les habitudes d'une maison qui, malgré son amour du luxe (Borso ne se montrait jamais que vêtu de brocart d'or et couvert de bijoux), ne veut pas s'engager

22. Dosso Dossi, portrait d'Hercule Ier d'Este; Modène, Galerie. (Photo Anderson). 23. Ferrare, Palais Communal. (Photo Anderson).

dans des dépenses illimitées. Du reste, Alphonse savait par expérience que ses élégantes petites villas, le Belvédère avec ses jardins ombreux, Montana avec ses belles fresques et ses beaux jets d'eau, étaient soumises aux vicissitudes des événements.

Il est certain que les dangers perpétuels au milieu desquels ils vivaient développèrent chez ces princes une grande valeur personnelle; dans une situation aussi difficile il fallait être de première force pour assurer son existence, et chacun était obligé de prouver par des faits qu'il était digne de commander. Leurs caractères ont tous des côtés peu favorables, mais on retrouve dans chacun quelques éléments de ce qui constituait l'idéal des Italiens. Quel prince de l'Europe a travaillé autant qu'Alphonse Ier, par exemple, à orner son esprit? Son voyage en Angleterre, en France et dans les Pays-Bas a été, à vrai dire, un voyage d'études dont il revint avec une connaissance approfondie du commerce et de l'industrie de ces pays[24]. Il est insensé de lui reprocher son goût pour les travaux de tourneur auxquels il se livrait pendant ses heures de récréation, attendu qu'il était aussi très expert dans l'art de fondre des canons et qu'il aimait à s'entourer de toutes sortes de maîtres. Les princes italiens ne sont pas réduits, comme leurs contemporains du Nord, à vivre avec une noblesse qui se considère comme la seule classe importante de la société et qui arrive à imposer ce préjugé au prince lui-même; ici le souverain peut et doit connaître et employer tout le monde; de même la noblesse, bien qu'isolée de la foule par la naissance, ne fait attention, dans les relations sociales, qu'à la personne et non à la caste, comme nous le verrons plus bas.

Les sentiments des Ferrarais à l'égard de la famille d'Este offrent un singulier mélange de terteur secrète, d'affection extériorisée et de loyalisme moderne; l'admiration de l'individu fait place à un sentiment tout nouveau, celui du devoir. En 1451, la ville de Ferrare érigea sur la grande place au duc Nicolo, mort en 1441, une statue équestre en bronze; Borso ne craignit pas (1454) de placer dans le voisinage sa propre statue en bronze, qui le représentait assis; de plus, dès le commencement de son règne, la ville décréta qu'on lui élèverait une « colonne triomphale en marbre ». Un Ferrarais qui avait dit publiquement du mal de Borso à l'étranger, à Venise, est dénoncé à son retour et condamné par le tribunal au bannissement et à la confiscation de ses biens; peu s'en faut même qu'il ne soit tué par un honnête citoyen à la porte du tribunal : la corde au cou, il se rend chez le duc et obtient à force de supplications la remise de sa peine.

En général, ce duché est pourvu de nombreux espions, et le duc en personne examine tous les jours la liste des étrangers, que les hôteliers sont rigoureusement tenus de présenter au palais. Chez Borso[25], ce n'est que l'effet de son humeur hospitalière, qui ne veut laisser partir aucun voyageur de distinction sans le traiter avec honneur; par contre, Hercule Ier [26] ne faisait cette vérification que par mesure de précaution. A Bologne aussi, sous Jean II Bentivoglio, il fallait à cette époque que chaque étranger de passage prît un bulletin d'entrée pour avoir le droit de sortir de la ville[27]. – Le prince devient populaire au plus haut degré quand tout à coup il frappe sans pitié un fonctionnaire qui a abusé de son pouvoir, quand Borso en personne arrête ses premiers, ses plus intimes conseillers, quand Hercule Ier destitue ignominieusement un percepteur qui, pendant de longues années, s'est gorgé de l'argent des contribuables; dans ces cas-là le peuple allume des feux de joie et sonne les cloches. Une fois cependant Hercule permit à l'un de ses fonctionnaires d'aller trop loin; il s'agit de son préfet de police *(capitaneo di giustizia),* Gregorio Zampante de Lucques (car il eût été impossible de confier à un indigène des fonctions de ce genre). Même les fils et les frères du duc tremblaient devant cet agent; les amendes qu'il infligeait n'allaient jamais à moins de quelques centaines ou quelques milliers de ducats, et il faisait mettre les accusés à la torture même avant de les avoir entendus. Il se laissait corrompre par les plus grands criminels et, à force de mensonges, leur obtenait la grâce du duc. Le peuple aurait volontiers payé au prince 10 000 ducats et même davantage s'il avait destitué cet ennemi de Dieu et des hommes; mais Hercule en avait fait son compère et l'avait nommé cavalier. Zampante faisait bon an mal an 2 000 ducats d'économies; il est vrai qu'il ne mangeait plus que des pigeons élevés chez lui et ne s'aventurait plus dans les rues sans une nombreuse escorte d'arbalétriers et de sbires.

Il était temps de le faire disparaître; aussi deux étudiants et un Juif baptisé, qu'il avait cruellement offensés, le tuèrent dans sa maison pendant qu'il faisait la sieste, et, sautant sur des chevaux tout prêts, ils traversèrent la ville au galop, en criant : « Sortez de vos maisons, bonnes gens, courez; nous avons tué Zampante. » Les hommes envoyés à la poursuite des meurtriers ne purent les rejoindre : déjà ils avaient franchi la frontière voisine. A la suite de l'événement, il y eut naturellement un déluge de pamphlets sous forme de sonnets ou de chansons.

Ce qui, d'autre part, est tout à fait conforme à l'esprit de cette maison, c'est que le souverain impose à la cour et à la population la considération dont il honore des serviteurs utiles. Lors de la mort de Ludovic Casella, conseiller intime de Borso en matière littéraire (1469), les tribunaux, les boutiques, les salles de l'Université furent fermés pendant vingt-quatre heures à l'occasion des funérailles; chacun fut obligé d'accompagner le corps jusqu'à San-Domenico, parce que le prince devait suivre le convoi. On vit en effet « le premier prince de la maison d'Este qui eût assisté à l'enterrement d'un sujet », vêtu de noir, suivre en pleurant le cercueil; derrière lui venaient les parents de Casella, conduits par des seigneurs de la cour; des gentilshommes portèrent le corps du roturier de l'église dans le cloître, où il fut enseveli. En général, c'est dans ces États italiens qu'on trouve le premier exemple de ces manifestations officielles d'un peuple s'associant par ordre aux sentiments de ses princes[28]. Respectables en principe, ces démonstrations sont généralement équivoques, surtout chez les poètes. Une des poésies de jeunesse de l'Arioste[29], composée à l'occasion de la mort de Léonore d'Aragon, femme d'Hercule Ier, contient déjà, outre les inévitables fleurs de rhétorique que tous les siècles prodiguent en pareil cas, quelques traits tout à fait modernes : « Cette mort a porté à Ferrare un coup dont elle ne se relèvera pas de sitôt; la bienfaitrice de la ville sur la terre intercède maintenant pour elle dans le ciel, car ce monde n'était pas digne de la posséder. La mort ne s'est pas approchée d'elle avec cette faux sanglante dont elle menace les vulgaires humains; elle est venue décente *(onesta)* et souriante, de manière à n'avoir plus rien de terrible. » Parfois nous rencontrons l'expression de sentiments d'une tout autre nature : des nouvellistes qui ne vivaient que de la faveur de certaines maisons princières nous racontent les amours des princes, quelquefois de leur vivant[30], et cela d'une manière qui a paru aux siècles postérieurs le comble de l'indiscrétion, mais qui passait alors pour un innocent témoignage de reconnaissance. Des poètes lyriques allaient jusqu'à chanter les passions extra-conjugales de leurs nobles protecteurs; c'est ainsi qu'Ange Politien célébra les amours adultères de Laurent le Magnifique, et Gioviano Pontano celles d'Alphonse de Calabre. Ce dernier poète met involontairement à nu l'âme basse et cruelle du prince aragonais[31]; il faut que, même sur ce terrain, il soit le plus heureux; sans cela, malheur à ceux qui seraient plus heureux que lui! – Les plus grands peintres, Léonard de Vinci par exemple, faisaient les portraits des maîtresses des princes; c'est un fait qui n'a rien que de naturel.

Quant aux princes de la maison d'Este, ils n'attendaient pas que d'autres leur décernassent l'immortalité, ils se la décernaient eux-mêmes. Borso se fit représenter dans le palais Schifanoja, traversant les diverses phases de sa vie de souverain, et Hercule célébra (pour la première fois en 1472) l'anniversaire de son avènement par une procession que les auteurs du temps comparèrent à celle de la Fête-Dieu; toutes les boutiques étaient fermées comme un dimanche; au milieu du cortège marchaient tous les princes de la maison d'Este, même les bâtards, vêtus de brocart d'or. L'idée que toute puissance, que toute dignité émane du prince, qu'elle est de sa part une distinction personnelle, était depuis longtemps symbolisée à cette cour[32] par un ordre de l'Eperon d'or, qui n'avait plus rien de commun avec la chevalerie du Moyen Age. A l'éperon Hercule Ier ajouta encore une épée, un manteau brodé d'or et une dotation; tout cela entraînait certainement l'obligation de rendre au prince des hommages réguliers.

La protection accordée au mérite, qui a fait la gloire de cette cour, s'étendait à l'Université, qui était une des plus complètes de l'Italie, et aux serviteurs de la cour et de l'État; elle entraînait à peine pour le prince des sacrifices particuliers.

Comme riche gentilhomme campagnard et comme haut fonctionnaire, Bojardo appartenait de droit à cette dernière classe; lorsque l'Arioste commença à percer, il n'y avait plus, du moins dans le véritable sens du mot, de cour de Milan et de Florence; celle d'Urbin allait disparaître, sans parler de celle de Naples; il se contenta d'une place à côté des musiciens et des histrions du cardinal Hippolyte, jusqu'au moment où Alphonse le prit à son service. Plus tard il en fut tout autrement de Torquato Tasso, que la cour était vraiment jalouse de posséder et de garder.

6

Les adversaires de la tyrannie.

En présence de cette centralisation du pouvoir souverain, toute résistance intérieure était inutile et impuissante. Les éléments de la constitution d'une cité républicaine avaient disparu; les idées de puissance absolue étaient seules à l'ordre du jour. La noblesse, privée de tout droit politique malgré les possessions féodales qu'elle pouvait avoir encore, avait beau se diviser et se costumer, elle et ses bravi, en Guelfes et en Gibelins, faire porter à la valetaille de telle ou telle façon la plume de la toque ou les bouffants du haut-de-chausses[1], les penseurs tels que Machiavel[2] n'en savaient pas moins que Milan et Naples étaient des villes trop « corrompues » pour pouvoir former des républiques. On trouve chez eux de singulières appréciations sur ces deux prétendus partis, qui depuis longtemps n'étaient plus que le prétexte désuet de vieilles haines de famille soigneusement entretenues à l'ombre du pouvoir absolu. Un prince italien, auquel Agrippa de Nettesheim[3] conseillait d'en finir avec ces divisions, répondit : « Mais leurs querelles me rapportent par an jusqu'à douze mille ducats d'amende ! » – Et lorsqu'en 1500, par exemple, après le retour du More dans ses États, les Guelfes de Tortone appelèrent dans la ville une partie de l'armée française qui se trouvait dans le voisinage, afin de donner le coup de grâce aux Gibelins, les Français commencèrent par piller et par ruiner ces derniers, mais ensuite ils en firent autant aux Guelfes eux-mêmes, jusqu'à ce que Tortone fût entièrement dévastée[4]. – Dans la Romagne aussi, dans ce pays où les passions et les haines étaient éternelles, ces deux noms avaient entièrement perdu leur signification politique. Par un effet des aberrations politiques du temps, les Guelfes se croyaient parfois obligés d'affirmer leur sympathie pour la France, et les Gibelins de se tourner vers l'Espagne. Je ne vois pas que ceux qui exploitaient cette singulière erreur en aient beaucoup profité. La France a toujours été contrainte d'évacuer l'Italie à la suite de chaque intervention, et ce que l'Espagne est devenue après avoir tué l'Italie, on ne le sait que trop.

Mais revenons à l'autocratie italienne telle qu'elle existe à l'époque de la Renaissance. Une âme absolument pure aurait peut-être admis, même à cette époque, que toute puissance émane de Dieu et que les princes italiens seraient *nécessairement* devenus bons avec le temps et auraient oublié leur origine violente, à condition de trouver chez tous leurs sujets un concours loyal et dévoué. Mais c'est ce qu'on ne peut pas demander à des imaginations ardentes et à des esprits exaltés. Ainsi que les mauvais médecins, ceux-ci ne voyaient la fin du mal que dans la suppression du symptôme, et s'imaginaient qu'il suffisait d'assassiner le prince pour s'assurer aussitôt la liberté, ou bien leur pensée n'allait pas même aussi loin, et ils voulaient simplement donner satisfaction à la haine générale, venger une famille plongée dans le malheur ou punir une offense personnelle. De même que la domination du souverain est absolue et placée au-dessus des lois, de même le moyen dont se servent ses adversaires n'est subordonné à aucune considération morale. Boccace le dit ouvertement[5] : « Dois-je donner au despote le nom de prince ou de roi et lui obéir comme à un supérieur? Non, car il est l'ennemi commun. Contre lui je puis employer les armes, les conspirations, les espions, le guet-apens, la ruse; car il s'agit d'une œuvre sacrée, nécessaire. Il n'y a pas de sacrifice plus agréable que le sang des tyrans. » Ici nous ne pouvons pas nous arrêter aux détails; disons seulement que, dans un chapitre célèbre de ses *Discours*[6], Machiavel a traité la question des conjurations antiques et modernes à partir de l'époque des tyrans grecs de

24. Le tyrannicide manqué de Mucius Scaevola, art florentin, vers 1480; Francfort, Institut Staedel. (Bildarchiv Foto Marburg). ▶

l'antiquité, et qu'il les a jugées froidement, d'après les plans suivis par leurs auteurs et leurs chances de succès. Qu'on nous permette seulement deux observations, l'une portant sur les meurtres accomplis pendant le service divin, l'autre sur l'influence de l'antiquité.

Il était presque impossible d'atteindre le tyran au milieu de ses gardes et de le frapper, sinon quand il se rendait solennellement à l'église; dans aucune

25

autre circonstance, on ne pouvait trouver réunie toute une famille princière. C'est ainsi que les habitants de Fabriano[7] tuèrent (1435) leurs tyrans, les Chiavelli, pendant une grand-messe; il avait été convenu que le massacre commencerait quand le prêtre prononcerait ces mots du *Credo : Et incarnatus est*. A Milan, le duc Jean-Marie Visconti fut assassiné à l'entrée de l'église de Saint-Gothard

25. Bertoldo, médaille commémorative de la conjuration des Pazzi. A droite, Laurent; inscription : Salut public. (Photo Alinari).

(1412), le duc Galéas Marie Sforza dans l'église de Saint-Étienne (1476), et Ludovic le More n'échappa en 1484 aux poignards des partisans de la duchesse Bonne, veuve du duc de Milan, qu'en entrant dans l'église de Saint-Ambroise par une autre porte que celle où l'attendaient les sicaires. Ce n'étaient pas là des impiétés préméditées; les meurtriers de Galéas, avant de frapper ce prince, prièrent le saint auquel l'église était dédiée, et assistèrent à la première messe dans le temple même qu'ils devaient ensanglanter. Cependant, lors de la conjuration tramée par les Pazzi contre Laurent et Julien de Médicis (1478), une cause de l'avortement partiel du complot fut que le capitaine Jean-Baptiste de Montesecco refusa de frapper dans le dôme de Florence les victimes désignées, attendu qu'il s'était engagé à les tuer au milieu d'un festin; deux prêtres, « qui avaient l'habitude des lieux sacrés et qui n'avaient pas peur d'ensanglanter une église », s'entendirent pour prendre sa place.

En ce qui concerne l'antiquité, dont nous rappellerons encore plus d'une fois l'influence dans les questions morales, et particulièrement dans les questions politiques, les princes eux-mêmes donnaient l'exemple, attendu que, dans l'idée qu'ils se faisaient de l'État aussi bien que dans leur conduite, ils prenaient souvent pour type l'Empire romain d'autrefois. De même leurs adversaires s'inspiraient de l'exemple des tyrannicides antiques, dès qu'ils raisonnaient leurs attentats. Sans doute il est difficile de prouver la contagion de ces exemples en ce qui concerne la chose principale, c'est-à-dire la résolution d'agir; mais il n'en est pas moins vrai qu'en invoquant l'antiquité, ils songeaient à autre chose qu'à faire des phrases sonores et des déclamations pompeuses. Nous possédons les renseignements les plus curieux sur les meurtriers de Galéas Sforza, Lampugnani, Olgiati et Visconti[8]. Ils avaient tous les trois des motifs tout personnels pour se débarrasser du tyran, et pourtant la résolution de le frapper est venue peut-être d'une raison plus générale. Cola de' Montani, humaniste et professeur d'éloquence, avait fait naître dans le cœur des jeunes nobles milanais qui suivaient ses cours un désir confus de gloire et un vague besoin de faire de grandes choses pour la patrie, et il avait fini par parler à Lampugnani et à Olgiati de la nécessité de délivrer Milan de la tyrannie. Bientôt il devint suspect, fut banni, et dut laisser les jeunes gens à leur fanatisme sans pouvoir le diriger. Environ dix jours avant d'agir, ils jurèrent solennellement, dans le couvent de Saint-Ambroise, de frapper Galéas; « puis, dit Olgiati, j'allai devant une image de saint Ambroise, dans une chapelle écartée, je levai les yeux vers le saint et le suppliai de nous assister, nous et tout *son* peuple ». Le céleste patron de la ville doit protéger le complot, ainsi que saint Étienne, dans l'église duquel il sera mis à exécution. Ils mirent encore beaucoup d'autres personnes à moitié dans le secret, tinrent leurs conciliabules nocturnes dans la maison de Lampugnani, et s'exercèrent à frapper avec des gaines de poignard. Le

26. Donatello, Judith. *Symbole de la liberté florentine, érigé solennellement devant le Palais de la Seigneurie après la révolution antimédicéenne de 1494.* (Photo Alinari).

complot réussit; mais Lampugnani fut immédiatement tué par l'escorte du duc, et les autres furent arrêtés. Visconti témoigna du repentir; quant à Olgiati, malgré les tortures, il persista à dire que son action avait été un sacrifice agréable à Dieu, et, pendant que le bourreau lui écrasait la poitrine, il répétait encore : « Courage, Girolamo! Ton souvenir vivra longtemps; la mort est douloureuse, mais la gloire est immortelle! »

Malgré le caractère idéal des projets formés et des résolutions prises, on trouve dans la manière de mener la conjuration le souvenir du plus criminel de tous les conspirateurs, de celui qui n'a absolument rien de commun avec la liberté, de Catilina. Les annales de Sienne disent formellement que les conjurés avaient étudié Salluste, et le fait ressort indirectement de l'aveu même d'Olgiati[9]. Nous retrouverons encore plus loin ce nom terrible. Cependant, à ne considérer que le but, il n'y avait pas pour les complots secrets de modèle aussi séduisant que celui-là.

Chez les Florentins, chaque fois qu'ils se débarrassèrent ou voulurent se débarrasser des Médicis, le tyrannicide était un idéal ouvertement proclamé. Après la fuite des Médicis (1494), on enleva de leur palais le groupe en bronze de Donatello[10], représentant Judith et sa victime Holopherne, et on le plaça devant le palais de seigneurs, à l'endroit où l'on vit plus tard le *David* de Michel-Ange, avec cette inscription : *Exemplum salutis publicæ cives posuere,* 1495. On invoquait surtout l'exemple de

Brutus le jeune, que Dante[11] met encore avec Cassius et Judas Ischarioth au plus profond de l'enfer, parce qu'il a trahi l'Empire. Pierre-Paul Boscoli, qui échoua dans sa conspiration contre Julien, Jean et Jules de Médicis (1513), avait professé l'admiration la plus fanatique pour Brutus et avait promis solennellement de l'imiter s'il trouvait un Cassius; en effet, Augustin Capponi se chargea de le seconder. Les dernières paroles qu'il prononça en prison[12] sont un des documents les plus précieux que nous ayons sur les idées religieuses d'alors; elles montrent quels efforts il avait faits pour chasser ses idées païennes et mourir en chrétien. Il faut qu'un ami et que son confesseur lui affirment que saint Thomas d'Aquin condamne les conspirations en général; mais plus tard, le même confesseur a avoué à l'ami en question que saint Thomas faisait une distinction, et qu'il permettait de conspirer contre un tyran qui s'était imposé au peuple.

Lorsque Lorenzino de Médicis eut assassiné le duc Alexandre (1537) et se fut mis en lieu sûr, il parut une apologie du meurtre[13], apologie probablement authentique, ou du moins inspirée par lui, dans laquelle il vante le tyrannicide en lui-même comme l'œuvre la plus méritoire; il se compare sans hésiter à Timoléon, le fratricide par patriotisme, dans le cas où Alexandre aurait appartenu réellement à la famille des Médicis et aurait ainsi été son parent (même éloigné). D'autres l'ont comparé à Brutus, et Michel-Ange lui-même avait encore bien longtemps après des idées de ce genre;

c'est ce qu'il est permis de conclure de son buste de Brutus (dans le musée du Bargello). Il a laissé ce buste inachevé, comme presque toutes ses œuvres; mais ce n'est certainement pas parce qu'il a trop détesté le meurtre de César, comme le prétend le distique gravé sur le marbre.

On chercherait en vain dans les principautés de la Renaissance un radicalisme démocratique comme celui qui s'est développé en face des monarchies modernes. Sans doute chaque individu protestait dans son for intérieur contre le pouvoir d'un seul, mais il cherchait bien plus à s'accommoder de ce régime ou même à en profiter qu'à se réunir à d'autres pour l'attaquer. Il fallait que les choses fussent poussées à l'extrême, comme à Camerino, à Fabriano, à Rimini (chap. IV, *in fine*), pour qu'une population entreprît de tuer ou de chasser ses princes Du reste, on savait bien dans la plupart des cas qu'on ne ferait que changer de maître. L'étoile des républiques était visiblement en train de pâlir.

7

Les Républiques : Venise et Florence.

Jadis les villes italiennes avaient développé au plus haut point cette force qui fait de la ville un État. Il ne leur manquait plus que de s'unir pour devenir une vaste fédération, idée qui revient toujours en Italie, sous une forme ou sous une autre.

Les luttes du XIIe et du XIIIe siècle amenèrent la formation de grandes et puissantes ligues de villes, et Sismondi (II, 174) croit que le moment des derniers armements de la Ligue lombarde contre Barberousse (à partir de 1168) aurait été favorable à la fédération des villes italiennes. Mais déjà les villes considérables avaient pris des habitudes qui rendaient une pareille fédération impossible : sous le rapport de la concurrence commerciale, elles employaient tous les moyens les unes contre les autres et écrasaient leurs voisines plus faibles de toute leur puissance; aussi finirent-elles par croire qu'elles pouvaient subsister sans chercher la force dans l'union, et préparèrent-elles les voies au despotisme. Le despotisme vint à la suite des luttes intestines, quand le besoin d'un gouvernement fort se fit sentir dans les cités où les troupes mercenaires vendaient leur appui au plus offrant, et où les partis au pouvoir avaient depuis longtemps déclaré impraticable l'armement de tous les citoyens[1]. La tyrannie dévora la liberté dans la plupart des villes; de temps à autre les tyrans étaient renversés, mais ils se relevaient toujours, et la tyrannie reparaissait plus vivace que jamais, parce que la situation intérieure la favorisait et qu'il n'y avait plus de forces vives pour la combattre.

Parmi les villes qui conservèrent leur indépendance, il en est deux dont l'existence forme, dans l'histoire de l'humanité, un chapitre des plus intéressants : Florence, la ville du mouvement, qui nous a légué le souvenir de toutes les idées, de toutes les aspirations individuelles ou générales qui, pendant trois siècles, se sont fait jour dans ce centre intellectuel, et Venise, la ville de l'immobilité apparente et du silence politique. Elles présentent les plus forts contrastes que l'on puisse imaginer, tout en étant chacune unique dans son genre.

Venise se proclamait une création extraordinaire et mystérieuse; elle prétendait devoir sa grandeur à d'autres causes que l'industrie de l'homme. Il circulait une légende sur la fondation solennelle de la ville : le 25 mars 413, à midi, les colons venus de Padoue avaient posé la première pierre du Rialto, qui devait être un asile inattaquable et sacré dans l'Italie déchirée par les Barbares. Plus tard, les écrivains ont attribué à ces fondateurs tous les pressentiments de la grandeur future de Venise : Marc-Antoine Sabellico, qui a célébré cet événement en magnifiques hexamètres, fait dire au prêtre qui bénit la ville naissante : « Quand nous tenterons un jour de grandes choses, c'est alors, ô Ciel, que nous aurons besoin de ton appui. Aujourd'hui, c'est au pied d'un pauvre autel que nous t'implorons; mais, si nos vœux ne sont pas stériles, un jour viendra où cent temples de marbre et d'or s'élèveront en ton honneur[2] ! » – A la fin du XVe siècle, la ville, partout baignée par la mer, apparaissait comme l'écrin du monde d'alors. Le même Sabellico l'appelle ainsi[3] quand il la décrit avec ses antiques coupoles, ses tours aux arêtes obliques, ses façades de marbre incrusté, sa magnificence un peu étroite, où la riche ornementation des palais et la location de tous les coins marchaient de pair. Il nous conduit sur la place qui s'étend devant San-Giacometto, près du Rialto, place où s'agite une foule immense, où les affaires de tout un monde se traitent sans paroles bruyantes, sans cris, au milieu d'un bourdonnement confus, où, sous les portiques[4] qui l'entourent et sous ceux des rues voisines, sont établis des banquiers et des orfèvres sans nombre, ayant au-dessus de leur tête des boutiques et des magasins plus riches les uns que les autres; il montre de l'autre côté du pont le grand Fondaco des Allemands, encombré d'étrangers et de marchandises, et, devant ce vaste quartier, la flotte qui couvre constamment le canal; puis, en remontant, les mille bateaux chargés d'huile et de vin, et, parallèlement à cette ligne de navires, la rive où fourmillent les portefaix et les entrepôts des marchands; enfin, du Rialto jusqu'à la place de Saint-Marc, les boutiques de parfumerie et les hôtelleries. C'est ainsi qu'il promène le lecteur de quartier en quartier jusqu'aux deux lazarets, qui font partie de ces établissements de noble utilité qu'on ne trouve nulle part organisés avec autant d'intelligence. En général, les Vénitiens se distinguaient par une grande sollicitude pour les personnes en temps de paix comme en temps de guerre; ils soignaient les blessés, même si c'étaient des ennemis, avec un dévouement qui faisait l'admiration des étrangers[5].

Les établissements publics de Venise, quels qu'ils fussent, pouvaient servir de modèles; les pensions étaient réglées d'après un système raisonné,

27. Carpaccio, rue de Venise, détail du Miracle de la Vraie Croix; Venise, Accademia. (Photo Anderson). ▶

qui s'étendait jusqu'aux héritiers des pensionnaires. La richesse, la sécurité politique, l'expérience avaient mûri les idées des Vénitiens en pareille matière. Les hommes, blonds, à la taille élancée, à la démarche grave et silencieuse, à la parole réfléchie, ne se distinguaient guère les uns des autres par le costume et par les allures; ils laissaient les bijoux, surtout les perles, à leurs femmes et à leurs filles. En ce temps-là la prospérité générale de Venise était encore vraiment brillante, malgré de grandes pertes essuyées dans les guerres contre les Turcs; même plus tard les ressources accumulées dans la ville et le crédit de toute l'Europe lui suffirent encore pour résister longtemps aux coups les plus terribles, tels que la découverte de la route des Indes orientales, la chute des mameluks en Égypte et la guerre de la Ligue de Cambrai.

◂28

29

28. Carpaccio, navire entrant dans un port, détail de la légende de sainte Ursule; Venise, Accademia. (Photo Anderson). 29. Giovanni Bellini, portrait du doge Leonardo Loredano; Londres, National Gallery. (Photo Anderson).

30

Sabellico, qui était né dans les environs de Tivoli et qui était habitué au franc parler des philologues d'alors, remarque ailleurs[6] avec quelque étonnement que les grands seigneurs qui assistaient à ses cours du matin refusaient de s'engager dans des discussions politiques avec lui : « Quand je leur demande ce que les gens pensent, disent et attendent de tel ou tel mouvement qui se produit en Italie,

30. Lorenzo Lotto. Portrait d'un jeune Vénitien; Venise, musée Correr. *« Ces hommes minces, blonds, avec leur démarche silencieuse et pensive et leur parole réfléchie, ne se distinguaient guère entre eux par le costume et les manières... »* (Photo Giraudon).

ils me répondent tous d'une seule voix qu'ils n'en savent rien. » Mais, par la partie déchue de la noblesse, on pouvait apprendre bien des choses, en dépit de l'inquisition d'État; seulement les secrets se vendaient moins bon marché. Pendant le dernier quart du xve siècle il y eut des dénonciateurs parmi les plus hauts fonctionnaires[7] : les papes, les princes italiens, même des condottieri au service de la République, hommes de fort médiocre condition d'ailleurs, avaient leurs délateurs, pour la plupart attitrés; la délation était devenue si commune que le Conseil des Dix croyait devoir cacher au Conseil des Pregadi les nouvelles politiques de quelque importance; on supposait même que Ludovic le More disposait d'un nombre de voix respectable dans ce dernier Conseil. Il est difficile de dire si les exécutions nocturnes et la prime élevée donnée aux dénonciateurs des victimes (par exemple, soixante ducats de pension annuelle) ont beaucoup profité à la noblesse; ce qui est certain, c'est que la pauvreté de beaucoup de nobles était une cause de démoralisation qu'on ne pouvait pas supprimer tout d'un coup. En 1492, deux nobles demandèrent que le sénat votât une somme annuelle de 70 000 ducats pour venir en aide aux gentilshommes pauvres sans emploi; cette motion était sur le point de passer au Grand Conseil, où elle aurait pu trouver une majorité favorable, lorsque le Conseil des Dix intervint à temps et relégua les deux pétitionnaires à perpétuité dans l'île de Chypre, à Nicosie[8]. Vers cette époque, un Soranzo fut pendu à l'étranger pour vol sacrilège, et un Contarini fut condamné aux fers pour vol avec effraction; un autre membre de la même famille parut en 1499 devant la Seigneurie et se plaignit d'être sans emploi depuis de longues années, de ne posséder que seize ducats de revenu pour entretenir neuf enfants, d'avoir avec cela soixante ducats de dettes, de ne pouvoir se livrer à aucun genre d'occupation et d'être absolument sans asile. On comprend que certains nobles riches bâtissent des maisons pour assurer des logements gratuits aux nobles pauvres. On construisit ainsi des maisons et même des rues entières pour l'amour de Dieu; les testaments de l'époque imposent fréquemment aux légataires des œuvres de charité de ce genre[9].

Cependant les ennemis de Venise auraient eu tort de fonder des espérances sérieuses sur de pareils embarras. Il est permis de croire que l'essor du commerce, qui assurait même au moindre artisan un salaire rémunérateur, et que les colonies de l'est de la Méditerranée détournaient de la politique les forces qui auraient pu créer des dangers pour la République. Il n'en est pas moins vrai que Gênes, tout en possédant les mêmes avantages, a eu l'histoire politique la plus orageuse. L'inébranlable solidité de Venise est due à un concours de circonstances qu'on n'a trouvées réunies nulle part ailleurs. Inattaquable comme ville, elle n'était de tout temps intervenue dans les affaires étrangères qu'avec la plus grande circonspection; elle était demeurée à peu près étrangère aux divisions du reste de l'Italie, et n'avait conclu des alliances que pour des motifs passagers et en se faisant payer son appui le plus cher possible. Aussi le fond du caractère vénitien était-il une fierté tout aristocratique; la république se retranchait dans un isolement dédaigneux et trouvait une force considérable dans la solidarité de ses citoyens, solidarité que la haine du reste de l'Italie ne faisait que développer davantage. D'autre part, les habitants de la ville même étaient liés par des intérêts communs en face des colonies et des villes de terre ferme, attendu que les habitants de ces dernières (c'est-à-dire de toutes les villes jusqu'à Bergame) ne pouvaient acheter et vendre qu'à Venise. Une situation aussi avantageuse ne pouvait se maintenir que par le calme et par l'union au-dedans; c'est ce que sentait certainement l'immense majorité des citoyens. Venise était donc un terrain

31. Tintoretto, portrait de sénateur vénitien; Paris, Louvre. (Archives photographiques, Paris).

peu favorable aux conspirations, et, s'il y avait des mécontents, ils étaient tenus à l'écart les uns des autres par la division du peuple en noblesse et bourgeoisie, qui rendait tout rapprochement fort difficile. Dans le corps de la noblesse lui-même, une des causes principales de toute conjuration, l'oisiveté, se trouvait supprimée pour ceux qui pouvaient devenir dangereux, c'est-à-dire pour les riches, par suite de leurs grandes affaires commerciales, de leurs voyages et des guerres incessantes de la ville avec les Turcs. De plus, l'autorité avait pour eux des ménagements parfois coupables; aussi un Caton vénitien présageait-il la ruine de la puissance de sa patrie, si cette crainte qu'avaient les nobles de se blesser entre eux subsistait en dépit de la justice[10]. Quoi qu'il en soit, cette multiplicité des contacts donnait, en somme, à la noblesse de Venise une bonne et salutaire direction.

S'il fallait absolument donner satisfaction à l'envie et à l'ambition, on trouvait des victimes officielles, des autorités constituées et des moyens légaux. Le long martyre moral auquel le doge François Foscari succomba (1457) sous les yeux de tout Venise est peut-être l'exemple le plus terrible de ces vengeances, qui ne sont possibles que dans des États aristocratiques. Le Conseil des Dix, qui se mêlait de tout, qui avait le droit absolu de vie et de mort, qui disposait en maître des deniers publics et des armées, qui renfermait dans son sein les inquisiteurs d'État et qui fit tomber Foscari ainsi que tant d'autres chefs puissants, ce Conseil des

32. Carpaccio, Vaisseaux, détail de la Légende de sainte Ursule. Venise, Accademia. (Photo Anderson).

Dix était renouvelé tous les ans par la caste dominante, par le Grand Conseil, dont il était par conséquent l'image vivante et fidèle. Il est probable qu'il n'y avait guère de grandes intrigues à propos de ces élections; attendu qu'une puissance qui devait durer si peu et dont l'exercice entraînait de grandes responsabilités, tentait peu d'ambitions. Malgré les allures ténébreuses et les procédés violents du Conseil des Dix et d'autres autorités vénitiennes, le véritable Vénitien ne fuyait pas leur juridiction; il l'acceptait de bonne grâce, non seulement parce que la République avait le bras long et pouvait, à défaut du vrai coupable, s'en prendre à sa famille, mais encore parce que, dans la plupart des cas, c'était la justice et non la passion qui prononçait[11]. Il n'est guère d'État qui ait exercé à distance une plus grande autorité morale sur les siens. Si, par exemple, il y avait des dénonciateurs parmi les Pregadi, cet inconvénient était largement compensé par le fait qu'à l'étranger tout Vénitien était pour son gouvernement un espion zélé. Il va de soi que les cardinaux vénitiens qui se trouvaient à Rome instruisaient la République de ce qui se passait dans les consistoires secrets présidés par le Pape. Le cardinal Dominique Grimani fit intercepter dans le voisinage de Rome (1500) les dépêches qu'Ascanio Sforza envoyait à son frère Ludovic le More, et les expédia à Venise; son père, qui, à la même époque, était sous le coup d'une grave accusation, fit valoir ce service de son fils devant le Grand Conseil, c'est-à-dire devant tout le monde[12].

Nous avons indiqué plus haut (chap. III, note 20) comment Venise traitait ses condottieri. Si elle voulait chercher encore quelque garantie particulière de leur fidélité, elle la trouvait dans leur grand nombre, qui rendait la trahison aussi difficile qu'elle en facilitait la découverte. A la vue de la composition des armées vénitiennes, on se demande comment une action commune était possible avec des troupes aussi disparates. Dans l'armée qui fit la guerre de 1495, on voit figurer[13] 15 526 chevaux, tous divisés en petits détachements; seuls Gonzague de Mantoue et Gioffredo Borgia en ont, le premier 1 200, le second 740; puis viennent six chefs avec 600 à 700 chevaux, dix avec 400, douze avec 200 à 400, environ quatorze avec 100 à 200, neuf avec 80, six avec 50 à 60, etc. Ce sont ou bien d'anciens corps de troupe vénitiens, ou bien des détachements sous les ordres de la noblesse des villes ou des campagnes; mais la plupart des commandants sont des princes italiens, des gouverneurs de villes ou leurs parents. Qu'on ajoute à cela 24 000 hommes d'infanterie, dont la provenance et le commandement ne nous sont pas autrement connus, plus 3 300 hommes appartenant probablement à des armes spéciales. En temps de paix, les villes de la terre ferme avaient peu ou point de garnison. Venise comptait moins sur le dévouement de ses sujets que sur leur bon sens; on sait que, lors de la guerre de la Ligue de Cambrai (1509), elle les délia de leur serment de fidélité, et les laissa libres de choisir entre les inconvénients d'une occupation ennemie et les avantages de la domination toute paternelle qu'elle exerçait sur eux; comme ils n'avaient ainsi commis aucune trahison formelle en se rendant et n'avaient, par conséquent, pas de punition à craindre, ils s'empressèrent de reprendre un joug aussi facile à porter. Disons, en passant, que cette guerre était le résultat de plaintes séculaires contre l'ambition de Venise. Celle-ci commit parfois la faute dans laquelle tombent les gens trop prudents, qui croient leurs ennemis incapables d'entreprises qu'ils trouvent eux-mêmes téméraires et absurdes[14]. C'est par suite de cet optimisme, qui est peut-être le défaut des États aristocratiques plutôt que des autres, que Venise était restée dans une complète ignorance des préparatifs faits par Mahomet II pour s'emparer de Constantinople, et même des armements de

33

33. Gentile Bellini, ambassadeurs vénitiens au Caire; Paris, Louvre. (Archives photographiques, Paris). 34. Gentile Bellini, Palais idéal « à la vénitienne », dessin; Louvre. (Archives photographiques, Paris).

34

Charles VIII, jusqu'au moment où se réalisèrent des événements qu'elle n'avait pas crus possibles[15]. Il en fut de même de la Ligue de Cambrai, qui était en contradiction manifeste avec l'intérêt de ses principaux organisateurs, Louis XII et Jules II. Mais la haine de toute l'Italie contre les Vénitiens conquérants s'était incarnée en le Pape batailleur; aussi ferma-t-il les yeux sur l'entrée des étrangers dans la Péninsule; pour ce qui concernait la politique suivie par le cardinal d'Amboise et son maître à l'égard de l'Italie, Venise aurait dû depuis longtemps reconnaître et redouter leur sottise et leur méchanceté. La plupart des autres membres de la Ligue furent entraînés par l'envie qui s'attache à la richesse et à la puissance, dont elle est le châtiment tout en restant un mobile absolument immoral. Venise sortit de la lutte avec honneur, mais non sans dommage.

On ne pourrait concevoir une puissance dont les bases sont si compliquées, dont l'activité et les intérêts s'étendent si loin, sans voir de haut l'ensemble de la situation, sans faire constamment la balance des ressources et des charges, de l'augmentation et de la diminution de sa richesse. Venise pourrait bien revendiquer l'honneur d'être le berceau de la statistique; Florence le partagerait peut-être avec elle, et en seconde ligne viendraient les principautés italiennes régulièrement organisées. L'État féodal du Moyen Age produit tout au plus des aperçus généraux des droits et revenus du prince (terriers); il conçoit la production comme une constante, ce que, du reste, elle est, à peu de chose près, tant qu'il s'agit du sol lui-même. Les villes de l'Occident, au contraire, ont été probablement amenées de bonne heure à regarder comme essentiellement mobile leur production, qui était tout industrielle et commerciale; il en est résulté que, même à l'époque où la Hanse florissait, leurs états de production étaient simplement des bilans commerciaux. Flottes, armées, tyrannie et influence politique, tout cela était inscrit par Doit et Avoir comme dans un grand-livre. Ce n'est que dans les États italiens que les conséquences d'une organisation politique raisonnée, les souvenirs de l'administration mahométane, une grande force de production et une puissante activité commerciale se réunissent

35. Giovanni Mansueti, procession derrière une relique à Venise; « *Le miracle de la Sainte-Croix au pont de Saint-Léon* »; Venise, Accademia. (Photo Alinari).

pour fonder une statistique sérieuse[16]. L'État despotique créé par Frédéric II au sud de l'Italie (Introduction) avait eu pour base la concentration du pouvoir en vue d'une lutte où son existence même était en jeu. Venise, au contraire, se propose pour but de jouir de la puissance que donne la fortune, de grossir l'héritage du passé, de multiplier les industries lucratives, et de s'ouvrir sans cesse de nouveaux débouchés.

Les auteurs s'expriment à cet égard avec une parfaite franchise[17]. Ils nous apprennent qu'en 1422 le chiffre de la population de la ville s'élevait à 190 000 âmes; peut-être est-ce en Italie qu'on a commencé à compter non plus par feux, par hommes en état de porter les armes ou capables de marcher, etc., mais par âmes *(anime)*, et à voir dans ce calcul la base la moins équivoque de toutes les autres supputations. Lorsque les Florentins désirèrent, vers la même époque, s'allier avec Venise contre Philippe-Marie Visconti, on les éconduisit, vu qu'on avait la conviction, fondée sur des raisons toutes commerciales, que toute guerre entre Milan et Venise, c'est-à-dire entre acheteurs et vendeurs, était une folie. Il suffisait que le duc augmentât son effectif pour qu'il fût obligé d'élever le chiffre des impôts et que, par suite, la consommation diminuât dans le duché. « Il vaut mieux laisser succomber les Florentins; habitués à vivre sous le régime des villes libres, ils émigreront chez nous avec leurs métiers à tisser la soie et la laine, ainsi que l'ont fait les Lucquois chassés de chez eux. » Mais le document le plus curieux, c'est le discours adressé par le doge Mocenigo mourant (1423) à quelques sénateurs qu'il fit venir devant son lit[18]. Ce discours renferme les éléments essentiels d'une statistique de toutes les ressources de Venise. Je ne sais pas s'il en existe un commentaire détaillé; citons seulement, à titre de curiosité, les faits suivants. Après le remboursement de 4 millions de ducats, montant d'un emprunt fait à l'occasion d'une guerre, la dette publique *(il monte)* s'élevait encore à 6 millions de ducats. Tout l'argent en circulation pour les besoins du commerce formait, paraît-il, une somme de 10 millions, qui produisait 4 millions par an. (Ce sont les mots du texte.) Il y avait 3 000 barques, 300 navires et 40 galères; les barques étaient montées par 17 000 marins. (Il y avait plus de 200 hommes par galère.) A ce chiffre venaient s'ajouter 16 000 ouvriers travaillant à la construction des navires. Les maisons de Venise avaient une valeur estimative de 7 millions, et rapportaient un demi-million de loyer[19]. Il y avait 1 000 nobles possédant de 70 à 4 000 ducats de revenu. Les revenus publics ordinaires sont évalués, pour l'année 1423, à 1 100 000 ducats; par suite des crises commerciales qui résultèrent des guerres, ce chiffre était tombé au milieu du xve siècle à 800 000 ducats[20].

Si, par des calculs de ce genre et par leur application à la vie matérielle, Venise est la première à montrer un des grands côtés du système politique moderne, par contre, elle est dans une certaine infériorité sous le rapport de ce genre de culture que l'Italie mettait alors au-dessus de tout. Ce qui lui manque, c'est le goût des belles-lettres et surtout la passion de l'antiquité classique[21]. Les dispositions pour les études philosophiques et pour l'éloquence, dit Sabellico, étaient aussi grandes à Venise que les aptitudes commerciales et politiques, mais les indigènes ne les cultivaient pas, et, chez les étrangers, ces talents n'étaient pas honorés comme ailleurs. Filelfo, qui avait été appelé à Venise, non par l'État, mais par des particuliers, repartit bientôt désillusionné, et Georges de Trébizonde, qui, en 1459, déposa aux pieds du doge la traduction des *Lois* de Platon, fut nommé professeur de philologie avec un traitement annuel de 150 ducats; il dédia sa rhétorique à la Seigneurie[22]; mais il ne tarda pas à être trompé dans ses espérances et dut quitter cette ville inhospitalière aux lettres. C'est que la littérature elle-même a généralement un caractère pratique. Aussi quand on parcourt l'histoire de la littérature vénitienne, que François Sansovino a mise à la suite de son livre bien connu[23], ne trouve-t-on guère pour le XIVe siècle que des ouvrages de théologie, de droit et de médecine à côté de quelques histoires; même au XVe siècle l'humanisme est faiblement représenté dans une ville de l'importance de Venise, jusqu'au moment où apparaissent Ermolao Barbaro et Alde Manuce. La bibliothèque que le cardinal Bessarion légua à l'État faillit être dispersée et détruite. Pour les questions scientifiques, n'avait-on pas la ville de Padoue, où les professeurs de médecine et de droit touchaient des émoluments princiers pour les mémoires qu'on leur faisait rédiger sur des questions de droit public?

De même, Venise n'a eu pendant longtemps que de rares poètes; mais au commencement du XVIe siècle, elle se rattrapa. Même le goût des arts qui caractérise l'époque de la Renaissance a été pour elle une importation étrangère, et ce n'est que vers la fin du XVe siècle qu'elle devient artiste elle-même, dans toute l'acception du mot. On trouve même chez elle d'autres traces plus frappantes de paresse intellectuelle.

Le même État qui était si bien maître de son clergé, qui se réservait la nomination à tous les postes importants et qui bravait la curie à chaque instant, montrait une piété officielle d'un caractère tout particulier[24]. Il acquiert au prix des plus grands sacrifices des corps de saints et d'autres reliques provenant de la Grèce conquise par les Turcs, et le doge vient les recevoir en grande pompe[25]. On résolut (1445) de débourser jusqu'à 10 000 ducats pour avoir la célèbre robe sans couture, mais on ne put l'obtenir à ce prix. Il ne s'agissait pas ici d'un engouement populaire, mais d'une décision raisonnée de l'autorité supérieure, décision qu'elle aurait pu fort bien se dispenser de prendre et qui certainement n'aurait pas été prise à Florence. Nous ne parlerons pas de la piété de la multitude et de sa confiance dans les indulgences accordées par un Alexandre VI. Mais l'État lui-même, après avoir maîtrisé l'Église plus qu'elle ne l'était ailleurs, renfermait réellement une sorte d'élément religieux, et le doge, qui symbolisait l'État, figurait dans douze grandes processions[26]. *(andate),* dans lesquelles il jouait un rôle à moitié sacerdotal. C'étaient ordinairement des fêtes célébrées en mémoire d'événements politiques; elles coïncidaient presque toujours avec les grandes fêtes de l'Église; la plus brillante de toutes, le fameux mariage du doge avec la mer, tombait le jour de l'Assomption.

La plus parfaite conscience politique, le développement le plus complet et le plus varié se trouvent réunis dans l'histoire de Florence, de cette ville qui mérite, sous ce rapport, d'être appelée le premier État moderne du monde. Ici l'on voit un peuple tout entier s'occuper de ce qui, dans les États gouvernés par des princes, n'intéresse qu'une famille. Le merveilleux esprit florentin, cet esprit à la fois juste, fin, épris du beau, avide de créer, transforme sans cesse l'état politique et social; sans cesse il le décrit et le juge. C'est ainsi que Florence devint la patrie des doctrines et des théories politiques, des expériences et des brusques changements, mais en même temps aussi elle devint avec Venise le berceau de la statistique et, avant tous les États du monde, celui des études historiques dans le sens moderne du mot. La vue de l'ancienne Rome et la connaissance de ses historiens développaient ces tendances naturelles, et Giovanni Villani avoue[27] que c'est lors du jubilé de l'an 1300 qu'il conçut l'idée de son grand travail et qu'il se mit à l'œuvre aussitôt après son retour; mais, parmi les deux cent mille pèlerins qui étaient allés, cette année-là, visiter la ville éternelle, combien en est-il qui avaient peut-être autant de talent et autant de goût pour les études historiques que lui, et qui pourtant n'ont pas écrit l'histoire de leur ville? Car tous n'auraient pas pu, comme lui, terminer leur livre par ces paroles consolantes : « Rome décline, tandis que ma patrie s'élève; elle est prête à accomplir de grandes choses; c'est pourquoi j'ai voulu retracer tout son passé; je compte continuer mon œuvre jusqu'à l'époque actuelle et y faire entrer tous les événements que je verrai encore. » Aussi, outre ce témoignage de son passé et de son devenir, Florence a-t-elle obtenu, grâce aux historiens, quelque chose de bien plus précieux : une célébrité qui surpasse celle de tous les autres États de l'Italie[28].

Ce n'est pas l'histoire de cet État remarquable que nous voulons raconter; nous nous bornerons simplement à quelques observations sur l'indépendance d'esprit et l'objectivité que cette histoire a fait naître chez les Florentins.

Vers 1300, Dino Compagni décrivit les luttes civiles de son époque. La situation politique de la ville, les mobiles intérieurs des partis, les caractères des chefs, bref tout l'enchevêtrement des causes et des effets immédiats ou éloignés est décrit chez lui d'une manière qui nous fait toucher du doigt la supériorité générale du jugement et de l'art de dire à Florence. Quel grand politique que Dante Alighieri, la victime la plus illustre de ces crises intérieures, Dante, mûri par Florence elle-même et par l'exil! Il a jeté dans ses tercets[29], comme dans un moule de bronze, les sanglantes railleries que lui inspirent ces éternels changements de constitution; ses vers resteront proverbiaux partout où se feront de semblables expériences; il a maudit, il a regretté sa patrie avec une violence qui a dû profondément remuer le cœur des Florentins. Mais sa pensée s'étend au-delà de l'Italie et du monde, et si sa passion pour l'Empire tel qu'il le concevait n'a été qu'une erreur, il faut avouer cependant que cette illusion juvénile de la spéculation politique dans son enfance a chez lui une certaine grandeur poétique. Il est fier d'être le premier qui marche dans cette voie[30]; sans doute il suit les pas d'Aristote, mais il n'en reste pas moins indépendant et original. A ses yeux, l'empereur idéal est un juge suprême, à la fois juste et bienveillant, ne relevant que de Dieu; c'est l'héritier de la domination romaine, qui avait pour elle le droit, la nature et le conseil de Dieu. La conquête de l'univers a été une conquête légitime, un jugement de Dieu prononçant entre Rome et le reste de la terre; Dieu a reconnu cet empire en devenant homme sur son territoire, en se soumettant à sa naissance au recensement de l'empereur Auguste et en acceptant à sa mort le jugement de Ponce Pilate. Si nous ne pouvons suivre qu'avec peine ces arguments et d'autres semblables, sa passion n'en reste pas moins saisissante. Dans ses lettres[31], il est un des premiers de tous les publicistes; c'est peut-être le premier laïque qui ait publié de son propre chef des écrits de polémique sous la forme épistolaire. Il débuta de bonne heure dans cette voie; peu de temps après la mort de Béatrice, il fit paraître un pamphlet sur l'état de Florence; cet écrit est adressé « aux grands de la terre »; de même les lettres qu'il publia plus tard pendant son exil ne sont adressées qu'à des empereurs, des princes et des cardinaux. Dans ces lettres et dans le livre « sur la langue vulgaire », on voit reparaître sous différentes formes ce sentiment né de tant de souffrances, qu'en dehors de la ville qui l'a vu naître l'exilé peut trouver une nouvelle patrie intellectuelle par la langue et par la culture, une patrie qu'on ne peut plus lui ravir. Nous reviendrons encore sur ce point.

Nous devons aux deux Villani, Jean et Mathieu, moins des considérations politiques remarquables par la profondeur que des jugements dictés par le bon sens et que les bases de la statistique de Florence, sans compter des indications précieuses sur d'autres États. Ici le commerce et l'industrie avaient fait naître des idées d'économie politique à côté des idées de politique pure. Nulle part on n'était aussi exactement renseigné qu'à Florence sur les situations financières en général, à commencer par la curie pontificale d'Avignon, dont on ne peut admettre l'encaisse énorme (25 millions de florins d'or à la mort de Jean XXII) que sur la foi de ces documents[32]. Ce n'est que là que nous apprenons la vérité sur des emprunts colossaux, celui, par exemple, que le roi d'Angleterre contracta auprès des maisons Bardi et Peruzzi, de Florence, qui perdirent (en 1338) un actif de 1 365 000 florins d'or, appartenant à eux et à leurs commanditaires, et purent néanmoins se remettre à flot[33]. Ce qu'il y a de plus important, ce sont les indications[34] que la même époque nous fournit relativement à l'État : revenus publics (dépassant 300 000 florins d'or) et dépenses; population de la ville (renseignements

36

très incomplets, basés sur la consommation du pain par *bocche*, c'est-à-dire par bouches, accusant ainsi un chiffre de 90 000) et de l'État (excédent de trois cents à cinq cents garçons sur un total de cinq mille huit cents à six mille enfants présentés tous les ans au baptistère[35]); enfants qui suivaient les écoles, dont huit à dix mille apprenaient à lire, mille à douze cents apprenaient le calcul dans six

36. Page de titre d'une chronique siennoise de Lanc. Politi célébrant la victoire de Montaperto contre les Florentins; Sienne, 1502. 37. Vue de Florence vers la fin du xve siècle « Le plan à la chaîne »; de l'entourage d'Alessio Baldovinetti. (Photo Soprintendenza alle Gallerie di Firenze).

37

écoles; plus, environ six cents écoliers qui suivaient dans quatre établissements l'enseignement de la grammaire (latine) et de la logique. Vient ensuite la statistique des églises et des couvents, des hôpitaux (qui contiennent en tout plus de mille lits); l'industrie de la laine, sur laquelle on trouve des renseignements de détail de la plus grande valeur; la monnaie, l'approvisionnement de la ville, le personnel des fonctionnaires, etc.[36]. On apprend incidemment d'autres faits, par exemple, comment, lors de la création des nouvelles rentes sur l'État *(monte)*, en 1353 et les années suivantes, les prédicateurs franciscains parlèrent en chaire en faveur des rentes, et les prédicateurs dominicains et augustins contre elles[37]; enfin nulle part en Europe les conséquences économiques de la peste noire n'ont été et n'ont pu être étudiées et exposées comme à Florence[38]. Un Florentin seul pouvait nous apprendre comment on s'attendait à voir baisser le prix de toutes choses, vu le chiffre de la mortalité, et comment, au contraire, le prix des denrées et les salaires augmentèrent du double; comment le bas peuple ne voulait d'abord plus travailler et ne songeait plus qu'à bien vivre; comment on ne pouvait plus se procurer des domestiques sans payer des gages exorbitants; comment les paysans ne voulaient plus cultiver que les meilleures terres et laissaient sans culture celles qui étaient de qualité inférieure, etc., enfin, comment les legs énormes qui, pendant la peste, avaient été faits en faveur des pauvres parurent ensuite sans objet, attendu que les pauvres étaient ou morts ou devenus riches. A propos d'un legs considérable fait par un riche particulier sans enfants en faveur de tous les mendiants de la ville (il laissait six deniers à chaque mendiant), on essaya de faire la statistique complète de la mendicité à Florence[39].

Cette habitude de considérer les choses au point de vue de la statistique a été, dans la suite, étendue par les Florentins aux objets les plus variés; leur gloire est surtout d'avoir, en général, laissé entrevoir, dans les travaux de ce genre, le rapport des faits de la vie ordinaire avec, ce qui importe essentiellement dans l'histoire, avec la culture générale et avec le développement des arts. Un relevé de l'année 1422[40] nous fait connaître du même coup les soixante-douze comptoirs qui entourent le marché neuf, le chiffre du numéraire en circulation (2 millions de florins d'or), l'industrie alors nouvelle des fils d'or, les étoffes de soie, Philippe Brunellesco, qui exhume l'architecture antique, et Léonard Arétin, secrétaire de la République, qui ressuscite la littérature et l'éloquence anciennes; enfin la prospérité générale de la ville, qui n'était alors tourmentée par aucune agitation politique, et le bonheur de l'Italie, qui s'était débarrassée des mercenaires étrangers. La statistique de Venise, dont il a été parlé plus haut, et qui date presque de la même année, nous révèle sans doute une opulence bien plus grande et un théâtre bien plus vaste; c'est que depuis longtemps Venise couvre les mers de ses vaisseaux, tandis que Florence n'envoie sa première galère à Alexandrie qu'en 1422. Mais qui ne reconnaît dans le relevé florentin une pensée plus haute? De dix en dix ans nous trouvons des relevés de ce genre, et même des tableaux récapitulatifs, tandis qu'ailleurs on rencontre tout au plus quelques indications sommaires. Nous apprenons à connaître approximativement la fortune et les affaires des premiers Médicis : de 1434 à 1471 ils n'ont pas dépensé moins de 633 755 florins d'or en aumônes, en construction d'édifices publics et en contributions; la part de Côme seul se monte à 400 000 florins[41], et Laurent le Magnifique est heureux que cet argent ait été si bien employé. En 1478, nous retrouvons un tableau extrêmement important et complet dans son genre du commerce et des industries de la ville[42], parmi lesquelles il s'en trouve plusieurs qui rentrent à moitié ou même tout à fait dans le domaine de l'art : la fabrication des étoffes lamées d'or et d'argent et des étoffes damassées,

38

39

la sculpture sur bois et la marqueterie *(intarsia)*; la sculpture des arabesques en marbre et en grès; les portraits en cire, l'orfèvrerie et la joaillerie. La disposition naturelle des Florentins à mettre en chiffres tout ce qui est relatif à la vie matérielle se montre même dans leurs livres de ménage, d'affaires et d'exploitation rurale, qui sont fort remar-

38. Laurent de Médicis en Roi mage; fresque de Benozzo Gozzoli au Palais Médicis; Florence, détail. (Photo Alinari). 39. Botticelli, portrait de Julien de Médicis, frère de Laurent; Bergame, Academia Carrara. (Photo Anderson-Giraudon). 40. Buste présumé de Machiavel, terre cuite peinte; Florence, Società Colombaria. (Photo Alinari).

quables parmi ceux des autres Européens du xve siècle. On a eu raison de commencer à en publier des extraits[43], seulement il faudra encore de longues études pour pouvoir en tirer des résultats généraux bien nets. En tout cas, on reconnaît ici, comme en tout le reste, l'État que des pères mourants priaient dans leur testament[44] de punir

40

leurs fils d'une amende de 1 000 florins d'or s'ils n'exerçaient pas une profession régulière.

Pour la première moitié du xvie siècle il n'y a peut-être pas une ville au monde qui possède un document comparable au magnifique tableau que Varchi a fait de Florence[45]. Florence produit encore un chef-d'œuvre de statistique descriptive comme elle en a produit tant d'autres, avant que sa grandeur et sa liberté disparaissent pour toujours[46].

A côté du calcul appliqué à tous les faits de la vie matérielle nous trouvons une suite continue de tableaux de la vie politique. Non seulement Florence voit se succéder plus de formes et de nuances politiques, mais encore elle les raisonne et les discute infiniment mieux que d'autres États libres de l'Italie ou de l'Occident en général. Son historiographie est le miroir le plus parfait du rapport qui existe entre des classes et des individus, d'une part, et un tout mobile et changeant, de l'autre. Les tableaux des grandes démagogies bourgeoises de France et de Flandre, tels que Froissart les retrace, les récits des chroniques allemandes du XIVe siècle sont sans doute parlants; mais, sous le rapport de la haute intelligence des faits et de l'étude approfondie des causes qui les ont amenés, les Florentins sont infiniment supérieurs à tous les autres. Domination de la noblesse, tyrannie, lutte de la classe moyenne contre le prolétariat, démocratie pure, démocratie incomplète, démocratie pour la forme, primatie d'une maison, théocratie (avec Savonarole), jusqu'à ces formes hybrides qui préparaient les voies au despotisme des Médicis, tout est décrit de telle façon que les mobiles les plus secrets des acteurs de ces drames politiques sont dévoilés et mis à nu[47].

Enfin, dans ses *Histoires florentines* (jusqu'en 1492), Machiavel conçoit sa ville natale tout à fait comme un être vivant, et la marche de son développement comme le développement normal d'un individu; il est le premier entre les modernes qui ait découvert ce point de vue. Il ne rentre pas dans notre dessein d'examiner si et sous quels rapports Machiavel s'est plus inspiré de son imagination que de la réalité, comme il l'a fait dans la biographie de Castruccio Castracane, de ce type de tyran dont il a fait un portrait de fantaisie. En lisant les *Histoires florentines,* on trouverait peut-être des objections à élever contre chaque ligne, et néanmoins la haute valeur, la valeur unique de l'œuvre subsisterait tout entière. Et ses contemporains et continuateurs : Jacques Pitti, Guichardin, Segni, Varchi, Vettori, quelle pléiade de noms illustres! Et quelle histoire que celle qui est retracée par ces maîtres! Le spectacle grandiose et émouvant que présentent les dernières années de la République, il est là tout entier, devant nous. Que, dans ces masses de documents qui nous font assister à la fin de l'existence la plus belle et la plus originale que nous présente l'histoire du temps, l'un ne voie qu'une collection de curiosités de premier ordre; que l'autre constate avec une joie maligne la chute de tout ce qui est noble et grand; qu'un troisième analyse cet événement comme un grand procès judiciaire, qu'importe? Le fait lui-même n'en demeurera pas moins jusqu'à la fin des jours un objet digne des méditations du penseur.

Le grand malheur de Florence, la cause des troubles qui l'agitaient sans cesse, c'était sa domination sur des ennemis vaincus, mais autrefois puissants, tels que les habitants de Pise; il en résultait forcément un régime de compression perpétuelle. Il n'y aurait eu qu'un moyen de remédier au mal, moyen héroïque sans doute, que Savonarole seul aurait été à même d'employer; c'eût été de dissoudre en temps utile le duché de Toscane et d'en faire une fédération de villes libres; idée qui plus tard, lorsqu'elle n'était plus qu'un rêve enfanté par le délire de la fièvre, coûta la vie à un Lucquois patriote (1548)[48]. L'omission de cette tranformation salutaire, la sympathie toute guelfe des Florentins pour un prince étranger, et l'habitude des interventions étrangères, qui en fut la suite, ont été la cause de tous les malheurs de la République. Mais peut-on s'empêcher d'admirer ce peuple qui s'exalte sous la conduite d'un moine inspiré et qui, le premier en Italie, épargne ses ennemis vaincus, tandis que les exemples du passé ne lui parlent que de vengeance et de destruction? Sans doute la flamme qui jaillit à cette explosion soudaine de patriotisme, d'enthousiasme religieux et de nobles sentiments, semble s'éteindre bien vite quand on la voit à distance; mais elle reparaît, féconde et salutaire, lors du siège mémorable de 1529-1530. Sans doute, comme le disait alors Guichardin, c'étaient des « fous » qui appelèrent cet orage sur Florence; mais il avoue lui-même, qu'ils ont fait ce qui était réputé impossible, et, s'il prétend que les sages auraient su éviter la tempête, il donne simplement à entendre que Florence aurait dû se livrer aux mains de ses ennemis sans combattre et sans protester. A ce prix elle aurait sauvé ses magnifiques faubourgs, ses superbes jardins, la vie et la fortune de citoyens sans nombre, mais son histoire serait privée de cette page glorieuse qui atteste sa grandeur morale.

Dans les grandes choses, les Florentins précèdent souvent les Italiens et les Européens en général, et leur servent de modèle; il en est de même pour bien des erreurs et des défauts. Lorsque Dante comparait Florence remaniant et corrigeant sans cesse sa constitution à un malade qui change de position à chaque instant pour échapper à la souffrance, il mettait le doigt sur l'éternelle plaie de sa patrie. La grande erreur moderne, qui consiste à croire qu'on peut *faire* une constitution, c'est-à-dire la créer en se basant sur le calcul des forces et des tendances existantes[49], reparaît toujours à Florence dans les périodes d'agitation, et Machiavel lui-même n'a pu s'en affranchir. Il se forme des novateurs politiques qui, par la division et la répartition savante du pouvoir, par des procédés électoraux bien raffinés, par des autorités plutôt nominales que réelles, etc., veulent fonder un état durable et contenter, peut-être aussi tromper indistinctivement les grands et les petits. Ils s'appuient naïvement sur l'exemple de l'antiquité et finissent même par lui emprunter officiellement les noms des partis, tels que *ottimati, aristocrazia*[50], etc. Ce n'est que depuis cette époque qu'on s'est habitué à ces expressions et qu'on leur a donné un

A

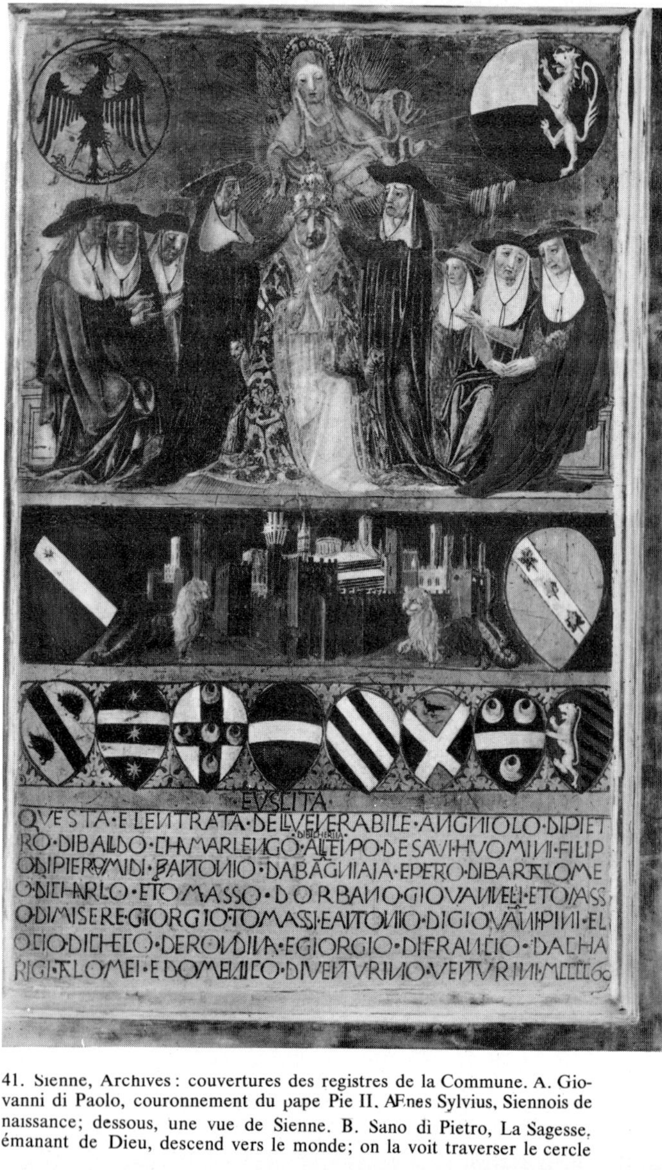

41. Sienne, Archives : couvertures des registres de la Commune. A. Giovanni di Paolo, couronnement du pape Pie II. Ænes Sylvius, Siennois de naissance; dessous, une vue de Sienne. B. Sano di Pietro, La Sagesse, émanant de Dieu, descend vers le monde; on la voit traverser le cercle

B

du zodiaque. *L'habitude d'embellir ainsi les actes de la comptabilité communale par de petites images commandées régulièrement aux meilleurs peintres de la ville est spécifiquement siennoise.* (Photo Alinari).

sens conventionnel, européen, tandis qu'autrefois les noms de partis étaient locaux et désignaient exclusivement une chose particulière ou naissaient des jeux du hasard. Or, combien le nom ne sert-il pas à figurer et à défigurer la chose!

Quoi qu'il en soit, de tous ces architectes politiques[51], Machiavel est sans contredit le plus grand. Il considère les forces existantes comme étant toujours vivantes, actives, calcule les chances de succès avec la puissance et l'autorité du génie, et ne cherche ni à se tromper lui-même, ni à tromper les autres. On ne trouve pas chez lui la moindre trace de vanité ou de suffisance; du reste, il écrit non pas pour le public, mais pour des gouvernements, pour des princes ou pour des amis. Chez lui, le danger de suivre une mauvaise voie ne vient *jamais* d'une fausse prétention au génie ou de ce qu'il se trompe dans ses déductions, mais de ce qu'il est entraîné par une imagination ardente, qu'il ne gouverne qu'avec peine. Sans doute son objectivité politique est parfois effrayante dans sa sincérité, mais elle est née à une de ces époques de crises dangereuses où les hommes ne croient plus guère au droit et ne peuvent plus supposer la justice. L'indignation vertueuse d'un écrivain contre son temps ne nous émeut pas extraordinairement, nous qui, dans notre siècle, avons vu tant de puissances à l'œuvre. Machiavel était du moins capable de s'oublier lui-même dans l'étude des faits. En général, il est patriote dans le sens le plus rigoureux du mot, bien que ses écrits (sauf des exceptions insignifiantes) ne respirent nullement l'enthousiasme patriotique et que les Florentins aient fini par le considérer comme un criminel[52]. Quelque léger qu'il fût, à l'exemple de la plupart de ses contemporains, dans sa conduite et dans ses discours, le salut de l'État n'en était pas moins sa pensée dominante.

Son programme le plus complet sur l'organisation d'un système politique à Florence se trouve consigné dans le mémoire qu'il a adressé à Léon X[53] et qu'il a écrit après la mort de Laurent de Médicis le jeune, duc d'Urbin (mort en 1519), à qui il avait dédié son livre du *Prince.* Le mal est déjà profond et invétéré, et les moyens qu'il propose pour l'arrêter ne sont pas toujours moraux; cependant il est on ne peut plus intéressant de voir comment il espère faire passer la succession des Médicis à la république, voire même à une démocratie modérée. On ne saurait imaginer un édifice plus ingénieux de concessions au Pape, à ses partisans les plus dévoués et aux différents intérêts de Florence; on croit voir le mécanisme d'une horloge. On trouve dans les *Discorsi* beaucoup d'autres principes, des observations, des parallèles, des perspectives politiques pour Florence, etc., entremêlés d'aperçus de toute beauté; il proclame, par exemple, la loi d'un développement continu des républiques, développement qui n'est possible, il est vrai, qu'au moyen de secousses successives; il veut que le système politique soit mobile et perfectible, attendu qu'à cette condition seulement on pourrait éviter les condamnations et les bannissements sommaires.

Par une raison semblable, c'est-à-dire dans le but de couper court aux violences privées et à l'intervention étrangère, « la mort de toute liberté », il voudrait voir les citoyens détestés du public traduits en justice *(accusa)* au lieu de les livrer simplement à la médisance, comme autrefois. Il peint de main de maître les résolutions forcées et tardives qui, en temps de crise, jouent souvent un si grand rôle dans les républiques. Une fois, sa fantaisie et les difficultés de la situation politique l'entraînent à faire l'éloge le plus complet du peuple, qui sait choisir son monde mieux que n'importe quel prince et qu'on peut ramener de l'erreur « par la persuasion »[54]. Quant à l'empire de la Toscane, il ne doute pas qu'il n'appartienne à sa ville natale, et il considère (dans un discours particulier) la nécessité de reprendre Pise comme une question vitale; il regrette qu'on ait laissé Arezzo debout après la rebellion de 1502; il accorde même, d'une manière générale, que les républiques italiennes doivent avoir le droit d'étendre leur activité au-dehors et de s'agrandir, afin de ne pas être attaquées elles-mêmes et d'assurer leur repos intérieur; mais il ajoute que Florence s'y est toujours mal prise, et qu'elle s'est fait des ennemies mortelles de Pise, de Sienne et de Lucques, tandis que Pistoie, qui avait été « traitée en sœur », s'était soumise volontairement.

Il serait injuste d'établir un parallèle entre les quelques autres républiques qui existaient au xve siècle et cette ville de Florence, qui a été de beaucoup le centre le plus important où se soit élaboré l'esprit italien et même l'esprit moderne de l'Europe en général. Sienne souffrait des maux organiques les plus graves, et sa prospérité relative en matière d'art et d'industrie ne doit pas nous faire illusion à cet égard. Æneas Sylvius[55] jette un regard d'envie sur ces « heureuses » villes impériales d'Allemagne où l'existence n'est pas empoisonnée par des confiscations de toutes sortes, par les violences des autorités et des factions[56]. Gênes ne rentre guère dans la sphère de nos études, attendu qu'avant l'époque d'André Doria elle n'a guère pris part à la Renaissance, ce qui faisait passer les Génois aux yeux de l'Italie pour des contempteurs de toute haute culture intellectuelle[57]. Les luttes des partis ont ici un caractère tellement sauvage, elles étaient accompagnées de perturbations tellement violentes que l'on comprend à peine comment les Génois ont pu s'y prendre pour retrouver une existence supportable après toutes les révolutions et toutes les occupations dont ils ont souffert. Peut-être ont-ils pu vivre parce que presque tous ceux qui faisaient partie du gouvernement déployaient en même temps une grande activité commerciale[58]. Gênes est un exemple frappant de la force de résistance que le travail et la richesse peuvent opposer à l'incertitude de l'existence politique; elle nous montre aussi que la possession des colonies lointaines est compatible avec la situation intérieure la plus précaire.

Lucques ne joue qu'un rôle insignifiant au xve siècle.

8

Politique extérieure des États italiens

De même que la plupart des États italiens, considérés au point de vue de leur organisation intérieure, étaient des produits d'un art, c'est-à-dire des créations voulues nées de la réflexion, reposant sur des bases visibles et bien calculées, de même leurs rapports entre eux et avec l'étranger devaient être soumis à des règles positives. Le fait qu'ils doivent presque tous leur existence à des usurpations assez récentes est aussi fatal pour leurs relations extérieures que pour leur situation intérieure. Pas un ne reconnaît l'autre sans réserve; le même hasard qui a présidé à la création et au maintien d'un État peut servir contre l'État voisin. Il ne dépend pas toujours d'un despote de rester inactif ou d'agir. Le besoin de s'agrandir, de faire montre d'activité en général, est particulier à tous les souverains illégitimes. C'est ainsi que l'Italie devient la patrie d'une « politique extérieure » qui a remplacé peu à peu, même dans d'autres pays, l'application du droit naturel. La manière de traiter les questions internationales est tout objective, elle est sans préjugés et sans scrupules; elle arrive à prendre parfois un air de grandeur et d'éclat, tandis que la vue de l'ensemble produit l'impression qu'on ressent en face d'un abîme.

Ces intrigues, ces ligues, ces armements, ces tentatives de corruption et ces trahisons forment ensemble la politique extérieure de l'Italie d'alors. Pendant longtemps Venise surtout fut l'objet des récriminations générales : on l'accusait de vouloir conquérir toute l'Italie ou l'abaisser insensiblement de manière à forcer les États, réduits à l'impuissance, à se jeter les uns après les autres dans ses bras[1]. Cependant, en y regardant de plus près, on s'aperçoit que ces cris d'alarme ne sortent pas du sein du peuple, mais de l'entourage des princes et des gouvernements, qui sont presque tous profondément détestés de leurs sujets, tandis que Venise, grâce à son régime un peu paternel, jouit de la confiance de tous[2]. Aussi Florence, avec ses villes sujettes toujours frémissantes, était-elle vis-à-vis de Venise dans une situation plus que fausse, même si l'on fait abstraction de la rivalité commerciale des deux villes et des progrès de Venise dans la Romagne. Enfin la ligue de Cambrai réussit réellement à affaiblir un État que l'Italie aurait dû soutenir de toutes ses forces réunies.

Tous les autres États ont à craindre et craignent en effet des usurpations réciproques, et sont toujours prêts à se porter aux dernières violences. Ludovic le More, les Aragonais de Naples, Sixte IV, sans parler des princes moins considérables, inquiétaient sans cesse l'Italie et créaient ainsi pour elle les plus grands dangers. Si du moins l'Italie seule

42

avait été victime de ce jeu funeste! Mais la force des choses amena les peuples à rechercher l'intervention et l'appui de l'étranger, particulièrement des Français et des Turcs.

D'abord les populations sont généralement engouées de la France. De tout temps Florence avoue, avec une naïveté qui fait frémir, sa vieille sympathie guelfe pour la France[3]. Et lorsque Charles VIII apparut réellement au sud des Alpes, toute l'Italie l'accueillit avec un enthousiasme que ce prince et ses gens eux-mêmes trouvèrent tout à fait singulier[4]. Dans l'imagination des Italiens (qu'on se rappelle Savonarole) vivait l'image idéale

42. Fr. Granacci, entrée de Charles VIII à Florence; Florence, Palais Médicis. *Tableau du XVI*[e] *siècle, sensiblement postérieur à l'événement, qui prend ici l'aspect « idéalisé » d'un moment décisif de l'histoire.* (Photo

d'un sauveur et d'un prince grand, sage et juste; seulement cet idéal n'était plus, comme chez Dante, l'empereur, mais le roi capétien de France. Avec sa retraite, l'illusion s'évanouit; pourtant il a fallu du temps aux Italiens pour reconnaître jusqu'à quel point Charles VIII, Louis XII et François Ier méconnaissaient leur véritable situation vis-à-vis de l'Italie et par quels motifs secondaires ils se lais-

43

saient diriger. Les princes cherchèrent dans un autre esprit à se servir de la France. Lorsque les guerres entre la France et l'Angleterre furent terminées, lorsque Louis XI jeta ses filets diplomatiques dans toutes les directions, lorsqu'on vit Charles de Bourgogne se bercer de projets aventureux, les cabinets italiens vinrent de tous les côtés au-devant d'eux, et l'intervention française devint inévitable; elle devait avoir lieu tôt ou tard, même sans les prétentions de la France sur Naples et sur Milan, aussi sûrement qu'elle avait eu lieu depuis longtemps à Gênes et dans le Piémont, par exemple. Les Vénitiens l'attendaient dès 1462[5]. En lisant la

Alinari). 43. Khair-ed-din « Barbarossa », amiral et dey d'Alger, tour à tour l'allié ouvert, le complice tacite ou l'ennemi des puissances chrétiennes.

correspondance du duc Marie Galéas de Milan[6], on est frappé de voir dans quelles angoisses mortelles vécut ce prince pendant la guerre de Bourgogne, lorsque, allié en apparence avec Louis XI aussi bien qu'avec Charles le Téméraire, il avait à craindre de voir ses États envahis par les deux adversaires. L'équilibre des quatre principaux États italiens, tel que Laurent le Magnifique l'entendait, n'était après tout que le rêve d'un esprit net, mais optimiste à l'excès, qui était au-dessus des coupables erreurs d'une politique purement expérimentale aussi bien que des superstitions guelfes des Florentins, et qui espérait en dépit de tout. Lorsque Louis XI lui offrit des auxiliaires pour le soutenir dans sa guerre contre Ferrante de Naples et Sixte IV, il lui répondit : « Il m'est impossible de sacrifier la sécurité de toute l'Italie à mon intérêt; plût à Dieu que les rois de France n'eussent jamais l'idée d'essayer leurs forces dans ce pays! Si l'on en vient là, l'Italie sera perdue[7]. » Pour d'autres princes, au contraire, le roi de France est tour à tour un moyen ou un objet de terreur; ils le présentent comme un épouvantail dès qu'ils ne voient pas d'expédient plus commode pour sortir d'un embarras quelconque. Enfin les papes croyaient pouvoir négocier avec la France sans danger pour eux-mêmes; c'est ainsi qu'Innocent VIII avait encore la faiblesse de croire qu'il pouvait bouder et se retirer dans le Nord, pour ensuite revenir en conquérant avec une armée française[8].

Ainsi les esprits sérieux prévoyaient la conquête

étrangère bien avant l'expédition de Charles VIII[9]. Et c'est seulement lorsque Charles eut repassé les Alpes que tout le monde vit clairement que l'ère des interventions venait de commencer. A partir de ce moment, les malheurs s'enchaînent, on s'aperçoit trop tard que la France et l'Espagne, les deux principaux intervenants, sont devenues dans l'intervalle de grandes puissances modernes, qu'elles ne peuvent plus se contenter d'hommages platoniques, mais qu'elles sont obligées de lutter à outrance pour assurer leur influence et leur domination en Italie. Elles ont commencé par ressembler aux États italiens centralisés, même par les imiter, seulement dans des proportions colossales. L'esprit de conquête prend son essor et, pendant un temps, ne connaît plus de bornes. On sait que la lutte se termina par la prépondérance absolue de l'Espagne, qui, en sa qualité d'épée et de bouclier du parti hostile à la Réforme, réduisit la papauté elle-même à une longue dépendance. Alors les philosophes, contraints au silence, durent se borner, dans leurs tristes réflexions, à montrer que tous ceux qui avaient appelé les Barbares avaient mal fini.

Au XVe siècle, on vit des princes entrer ouvertement en relation avec les Turcs; ils voyaient dans ces rapports d'un nouveau genre un moyen d'action politique qui en valait un autre. L'idée d'une « chrétienté d'Occident » solidaire avait parfois singulièrement baissé pendant la période des croisades, et Frédéric II l'avait sans doute entièrement oubliée; mais les progrès de l'Orient, les malheurs et la chute

44. La bataille de Pavie, tapisserie d'après Bernard van Orley, détail; Naples. (Photo Alinari.) ▶

de l'empire grec avaient réveillé chez les Occidentaux leurs sentiments d'autrefois, à défaut de leur zèle contre les infidèles. Sous ce rapport, l'Italie fait généralement exception; quelque grande et quelque fondée que fût la terreur inspirée par les Turcs, il n'y a guère eu de gouvernement considérable qui n'ait recherché l'appui compromettant de Mahomet II et de ses successeurs contre d'autres États italiens. Les princes se croyaient réciproquement capables de pactiser avec le musulman, et l'entente avec les Turcs paraissait toujours possible, même quand elle n'était pas réelle; cela était moins grave assurément que ce que les Vénitiens reprochaient à l'héritier d'Alphonse de Naples, qui, disaient-ils, avait envoyé des gens pour empoisonner les citernes de Venise. En voyant un scélérat comme Sigismond Malatesta, on pouvait bien s'attendre à ce qu'il appelât les Turcs en Italie. Mais même les Aragonais de Naples, à qui Mahomet, incité à cela, dit-on, par d'autres gouvernements italiens, surtout par celui de Venise, enleva un jour Otrante (1480), dressèrent à leur tour le sultan Bajazet II contre Venise[10]. Ludovic le More encourut le même reproche; « le sang des victimes et les cris de douleur des malheureux prisonniers chez les Turcs appellent sur lui la vengeance céleste », dit l'annaliste de Milan. A Venise, où l'on savait tout, on n'ignorait pas que Jean Sforza, prince de Pesaro, le cousin de Ludovic, avait reçu chez lui les envoyés turcs qui se rendaient à Milan[11]. Parmi les papes du xve siècle, les deux plus respectables, Nicolas V et

Pie II, sont morts au milieu des plus tristes appréhensions; le dernier a même été surpris par la mort au moment où il organisait contre les Turcs une croisade qu'il voulait diriger en personne. Par contre, leurs successeurs s'approprient l'argent versé par toute la chrétienté pour subvenir aux frais d'une expédition contre les Turcs, et profanent les indulgences promises aux donateurs en faisant des spéculations à leur profit[12]. Innocent VIII s'abaisse à devenir le geôlier du prince fugitif Dschem, moyennant une pension annuelle que lui payera Bajazet II, le frère du prisonnier, et Alexandre VI appuie à Constantinople les démarches faites par Ludovic le More pour décider les Turcs à attaquer Venise (1498), sur quoi cette ville, d'accord avec le roi de France, le menace d'un concile[13]. On voit que la fameuse alliance de François Ier et de Soliman II n'était rien de nouveau, rien d'extraordinaire dans son genre.

Du reste, il y avait même des populations qui envisageaient sans trop d'effroi la perspective de passer sous la domination turque. En admettant qu'elles n'eussent voulu que menacer des gouvernements tyranniques en se montrant prêtes à se ranger sous l'autorité du sultan, cela n'en prouverait pas moins qu'on s'était à moitié familiarisé avec cette idée. Dès 1480, Baptiste Mantovano donne clairement à entendre que la plupart des habitants de l'Adriatique prévoyaient un changement de cette nature, et que la ville d'Ancône notamment le désirait[14]. A l'époque où la Romagne gémissait sous l'oppression de Léon X, un député de Ravenne dit un jour en face au cardinal légat Jules de Médicis : « Monseigneur, la ville de Venise ne veut pas de nous afin de n'avoir pas de démêlés avec l'Église; mais quand le Turc viendra à Raguse, nous nous donnerons à lui[15]. »

En présence de l'asservissement de l'Italie par les Espagnols, asservissement qui avait déjà commencé en ce temps-là, on a la triste, mais réelle

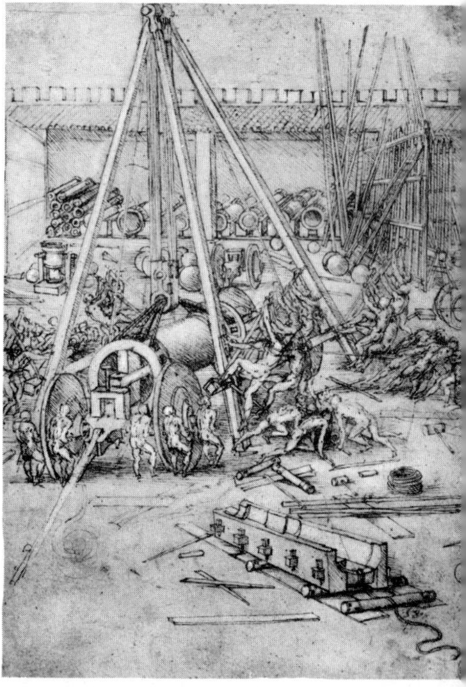

45. Léonard de Vinci, Arsenal; Windsor Castle. (Photo Royal Library Windsor).

consolation de se dire que désormais le pays est du moins garanti contre le danger de devenir barbare sous la domination musulmane[16]. Il lui aurait été difficile de se soustraire par lui-même à cette destinée, vu la division qui régnait entre ses princes.

Si l'on doit, après tout cela, dire quelque bien de la politique italienne d'alors, il ne peut s'agir que de la manière objective et libre de préjugés dont on traite toutes les questions où n'interviennent pas la peur, la passion ou la méchanceté. Il n'y a pas ici de système féodal dans le genre de celui du Nord, avec des droits fondés sur des théories respectées; mais la puissance que chacun possède, il la possède généralement, de fait, tout entière. Il n'y a pas ici de noblesse courtisane qui travaille à maintenir dans l'esprit du prince l'idée du point d'honneur abstrait avec toutes ses bizarres conséquences, mais les princes et leurs conseillers sont d'accord pour admettre qu'on ne doit agir que d'après les circonstances et d'après le but à atteindre. Vis-à-vis des hommes qu'on emploie, vis-à-vis des alliés, de quelque part qu'ils viennent, il n'y a point cet orgueil de caste qui intimide et tient à distance; surtout l'existence de la classe des condottieri, dans laquelle l'origine est une question parfaitement indifférente, atteste que la puissance est quelque chose de concret, de réel. Enfin les gouvernements représentés par les despotes instruits dans l'art de régner, connaissent leur propre pays et les pays de leurs voisins infiniment mieux que leurs contemporains du Nord; ils savent calculer, jusque dans les moindres détails, les ressources de leurs amis et de leurs ennemis au point de vue économique comme au point de vue moral; ils paraissent être nés statisticiens, bien qu'ils aient commis les plus graves erreurs.

On pouvait négocier avec de pareils hommes, on pouvait espérer les persuader, c'est-à-dire les déterminer par des raisons positives. Lorsque le grand Alphonse de Naples fut devenu le prisonnier de Philippe-Marie Visconti (1434), il sut convaincre celui-ci que, si la domination de la maison d'Anjou remplaçait la sienne à Naples, les Français deviendraient maîtres de l'Italie; sur quoi l'autre lui rendit la liberté sans lui demander de rançon, et conclut une alliance avec lui[17]. Il est peu probable qu'un prince du Nord eût agi de la sorte; moins encore s'il eût été, par ailleurs, aussi peu embarrassé de scrupules moraux que le Visconti. Une seconde preuve de la puissance des arguments positifs, c'est la visite célèbre que Laurent le Magnifique alla rendre, au milieu de la consternation générale des Florentins, au perfide Ferrante de Naples (1478), qui eut certainement la tentation de le retenir prisonnier et qui était homme à le faire[18]. En effet, le fait de s'emparer de la personne d'un prince puissant et de lui rendre ensuite la liberté après lui avoir arraché quelques signatures et l'avoir abreuvé d'humiliations, comme le fit Charles le Téméraire à l'égard de Louis XI à Péronne (1468), était aux yeux des Italiens une insigne folie[19] : aussi s'attendait-on à ne plus revoir du tout le prince florentin ou à le revoir couvert de gloire. Les Italiens de cette époque, surtout les envoyés vénitiens, déployaient, sur le terrain de la politique, un talent de persuasion dont les peuples de ce côté-ci des Alpes n'ont eu l'idée que par leur exemple. Ce talent, il faut s'abstenir de le juger d'après les discours de réception officiels, qui rentrent dans les produits de la rhétorique des écoles. Les grossièretés et les naïvetés ne manquaient pas non plus dans les relations diplomatiques[20], malgré toutes les exigences d'une étiquette très minutieuse. – Entre tous les écrivains politiques, Machiavel nous apparaît sous des traits presque touchants dans ses *Légations.* Envoyé avec des instructions sommaires et pourvu de moyens très modestes, traité en agent subalterne, il ne perd jamais son esprit d'observation, aussi indépendant que profond, ni son ardeur à répandre la lumière sur les faits qu'il rapporte.

Nous parlerons dans un chapitre spécial de l'étude de l'homme, considéré comme peuple et comme individu, étude qui était alors inséparable de celle des rapports politiques et civils.

9

La guerre considérée comme un art

Nous nous bornerons à indiquer en quelques mots comment la guerre est arrivée à prendre le caractère d'un art. Au Moyen Age, l'éducation du

46. Vasari; siège d'Emploi par les impériaux en 1530. Fresque du Palazzo Vecchio de Florence, salle de Clément VII. *Vasari était fier de la clarté didactique et de la minutieuse fidélité historique et topographique de ses peintures de bataille.* (Photo Alinari). ▶

soldat européen était parfaitement adaptée au système stratégique qui régnait alors; il est même certain qu'il s'est trouvé de tout temps des hommes de génie en matière de travaux de fortification et de siège; mais la stratégie aussi bien que la tactique ont été gênées dans leur développement par les nombreuses restrictions que l'obligation du service militaire comportait dans la pratique, et par l'ambition des seigneurs, qui se disputaient le premier rang quand ils étaient en face de l'ennemi, et qui, par leur folle impétuosité, compromettaient l'issue des batailles les plus importantes, comme celles de Crécy et de Poitiers. En Italie, au contraire, prédominait pour la première fois le système des mercenaires, qui reposait sur d'autres bases. Elle s'adresse d'abord aux Allemands; mais, à l'époque de la Renaissance, il se forma, au milieu des mercenaires étrangers, de bons soldats italiens. Le perfectionnement précoce des armes à feu contribua aussi à démocratiser en quelque sorte la guerre, non seulement parce que les places les plus fortes avaient peur des bombardes, mais parce que la technique plutôt bourgeoise de l'ingénieur, du fondeur de canons et de l'artilleur commença à jouer le premier rôle dans les armées. On constata non sans douleur que la valeur de l'individu, qui était en quelque sorte l'âme des petites, mais excellentes armées mercenaires de l'Italie, devenait moins importante par suite de l'existence de ces engins qui détruisaient à distance, et il y eut des condottieri qui résistèrent de toutes leurs forces à l'introduction dans leurs corps de ces arquebuses qui avaient été inventées récemment en Allemagne[1]. C'est ainsi que Paolo Vitelli fit crever les yeux et couper les mains aux arquebusiers ennemis qu'il avait faits prisonniers, « parce qu'il lui semblait monstrueux qu'un vaillant et noble chevalier fût blessé et tué par un vulgaire et vil fantassin »; mais, d'autre part, il admettait les canons et s'en servait lui-même. En somme, les inventions nouvelles firent leur chemin, et on les utilisa de son mieux; aussi les Italiens devinrent-ils les maîtres de toute l'Europe en ce qui concernait la balistique et la fortification[2]. Des princes comme Frédéric d'Urbin et Alphonse de Ferrare acquirent dans ces techniques spéciales une supériorité qui faisait pâlir même la réputation d'un Maximilien Ier. C'est l'Italie qui la première a fait de la guerre une science et un art complets et raisonnés; c'est ici que nous trouvons pour la première fois l'admiration tout intellectuelle du connaisseur à la vue d'une guerre savamment conduite, admiration toute naturelle, d'ailleurs, au milieu de ces fréquents changements de parti et dans ce monde de condottieri qui ne connaissent et ne voient que leur métier. Pendant la guerre milano-vénitienne de 1451 et 1452, entre François Sforza et Jacques Piccinino, un écrivain, Jean-Antoine Porcello de Pandoni, suivit le quartier général de ce dernier, avec mission de rédiger une relation[3] des faits militaires pour le roi Alphonse de Naples. Ce rapport est écrit dans un latin plus coulant que pur, avec l'enflure que pratiquaient alors les écoles d'humanités; en somme, l'auteur a pris pour modèle César, l'écrivain qu'Alphonse admirait le plus; il y a inséré des discours, raconté des prodiges, etc., et, comme depuis cent ans on discutait sérieusement la question de savoir lequel des deux avait été le plus grand, de Scipion l'Africain ou d'Annibal[4], Piccinino et Sforza sont obligés de se résigner à se voir appeler dans tout l'ouvrage, l'un Scipion et l'autre Annibal. Porcello devait aussi faire une description tout objective de l'armée milanaise; il se fit donc présenter à Sforza, qui le fit conduire de rang en rang; le sophiste se confondit en éloges et promit de transmettre également à la postérité ce qu'il avait vu[5]. En général, la littérature italienne du temps est riche en récits de guerres et en relations de stratagèmes à l'usage des connaisseurs aussi bien que des esprits cultivés en général, pendant que le Nord produit à la même époque des relations telles que la guerre de Bourgogne, par Diebold Schilling, où l'on retrouve l'exactitude, mais aussi la sécheresse des vieilles chroniques. C'est alors que l'amateur le plus illustre en matière d'art militaire[6], Machiavel, écrivit son *Arte della guerra.* Le développement individuel du guerrier se manifesta mieux qu'ailleurs dans ces combats solennels d'un contre un ou de plusieurs couples entre eux, dont l'usage s'était introduit bien longtemps avant le fameux combat de Barletta (1503)[7]. Le vainqueur était sûr d'obtenir une récompense que le Nord ne lui aurait pas décernée : il était célébré par les poètes et par les humanistes. On ne voit plus dans l'issue de ce combat un jugement de Dieu, mais un triomphe de la personnalité; pour les spectateurs, c'est le gain ou la perte d'un pari qui les passionne et dans lequel est engagé l'honneur de l'armée ou de la nation dont les champions se mesurent.

Il va sans dire que cette manière toute rationnelle de traiter les choses de la guerre faisait quelquefois place aux plus horribles excès, même sans que la haine politique y fût pour rien; cela arrivait, par exemple, à la suite d'une promesse de pillage. Après la dévastation de Plaisance (1447), qui dura quinze jours, exaction que Sforza avait dû permettre à ses soldats, la ville resta déserte pendant longtemps et dut être repeuplée de force[8]. Mais ces faits isolés sont peu de chose à côté des malheurs dont l'Italie fut victime par suite des invasions étrangères. Les plus cruels de ces envahisseurs furent les Espagnols, chez lesquels l'ardeur du sang arabe qui coulait dans leurs veines, peut-être aussi l'habitude des affreux spectacles que leur donnait l'Inquisition, avaient développé l'instinct de la férocité. Celui qui apprend à les connaître par les horribles violences qu'ils commirent à Prato, à Rome, etc., a peine à s'intéresser plus tard à Ferdinand le Catholique et à Charles-Quint. Ces princes connaissaient leurs hordes et les ont pourtant déchaînées. Les innombrables documents qui sont sortis de leur cabinet et qui se répandent peu à peu, resteront une source de renseignements précieux; mais personne ne cherchera plus une pensée politique féconde dans ce qu'ils ont pu dicter.

47. (Pages 158-161). Andrea Vicentino, bataille de Lepante; Venise, Palais des Doges. *A la fin du XVIe siècle, « l'art de la guerre » au niveau des petites seigneuries italiennes et des condottieri isolés était dépassé par l'ampleur des conflits européens.* (Photo Anderson). ▶

10

La papauté et ses dangers.

En étudiant le caractère des États italiens en général, nous ne nous sommes occupé qu'incidemment de la papauté et des États de l'Église[1], qui sont une création tout à fait exceptionnelle. Ce qui rend d'ordinaire ces États intéressants, c'est-à-dire l'augmentation et la concentration raisonnée des moyens d'action, fait à peu près défaut dans les États de l'Église, car ici la puissance spirituelle aide constamment à cacher la faiblesse du pouvoir temporel et à le remplacer. A quelles épreuves l'État pontifical ainsi constitué n'a-t-il pas résisté au XIVe siècle et au commencement du XVe! Lorsque le Pape fut emmené prisonnier dans le midi de la France, il y eut d'abord une désorganisation générale; mais Avignon avait de l'argent, des troupes et un grand homme de guerre, qui fit rentrer les États pontificaux dans le devoir; c'était l'Espagnol Albornoz. Le danger d'une dissolution définitive était encore bien plus grand lors du grand schisme d'Occident, alors que ni le pape de Rome ni celui d'Avignon n'étaient assez riches pour reconquérir leurs États perdus; mais après le rétablissement de l'unité de l'Église, sous Martin V, l'entreprise réussit; elle fut même une seconde fois couronnée de succès, lorsque le danger reparut sous Eugène IV. Mais les États de l'Église étaient et restèrent jusqu'à nouvel ordre une complète anomalie parmi les

États de la Péninsule; à Rome et autour de la ville les grandes familles nobles des Colonna, des Savelli, des Orsini, des Anguillara, etc., bravaient ouvertement la papauté; dans l'Ombrie, dans la Marche, dans la Romagne il n'y avait presque plus, il est vrai, de ces cités républicaines que la papauté avait jadis si mal récompensées de leur attachement; mais il y avait, par contre, une foule de principautés grandes et petites, dont l'obéissance et la fidélité étaient très problématiques. Formant des dynasties particulières qui subsistent par elles-mêmes, elles ont aussi leurs intérêts particuliers; sous ce rapport, nous avons déjà parlé (chap. IV et V) des plus importantes d'entre elles.

Nous avons pourtant à entreprendre ici une analyse sur les États de l'Église considérés comme corps politique. Dès le milieu du XVe siècle, ils sont tourmentés par de nouvelles crises et menacés de nouveaux dangers, attendu que l'esprit de la politique italienne les envahit sur plusieurs points, et cherche à les entraîner dans ses voies. Les dangers les moins graves viennent du dehors ou du peuple, les plus grands ont leur source dans le caractère des papes eux-mêmes.

Nous ne parlerons pas ici des étrangers d'au-delà des Alpes. Dans le cas où la papauté aurait été menacée en Italie dans son existence, ni la France sous Louis XI, ni l'Angleterre au commencement de la guerre des Deux Roses, ni l'Espagne, encore en proie à la désorganisation, ni même l'Allemagne, qui n'avait pas eu son concile de Bâle, ne lui au-

48

49

raient prêté ou n'auraient pu lui prêter le moindre secours. En Italie même il y avait un certain nombre d'esprits, cultivés ou non, qui regardaient l'existence de l'État pontifical comme une question d'amour-propre national; un très grand nombre avaient un intérêt positif à ce qu'il subsistât tel qu'il était; la foule des fidèles croyait encore à la vertu des bénédictions du chef de l'Église[2]; et il y avait,

48. Giovanni di Paolo, procession du pape Clément VI au château Saint-Ange; Paris, Louvre. 49. Rome, place et basilique du Latran. *Le balcon à gauche répond à la salle où se réunit le Concile sous Jules II.* Croquis de M. van Heemskerck; Musée de Berlin, Cabinet des Estampes. (Photo W. Steinkopf. Berlin).

parmi ces croyants, de grands criminels, comme ce Vitellozzo Vitelli, qui suppliait Alexandre VI de lui accorder l'absolution au moment même où le fils du Pape le faisait étrangler[3]. Mais toutes ces sympathies réunies auraient été impuissantes à sauver la papauté si elle avait été en face d'adversaires vraiment résolus, sachant exploiter la haine et l'envie dont elle était l'objet.

Et c'est précisément au moment où la papauté a si peu de chances d'être soutenue par les princes étrangers, qu'elle est menacée des plus grands dangers à l'intérieur. Comme elle avait fini par vivre de la vie d'une principauté italienne séculière, elle dut aussi apprendre à connaître les vicissitudes d'une pareille existence, vicissitudes qui, pour elle, s'aggravèrent encore par suite des conditions particulières dans lesquelles elle se trouvait.

Pour ce qui concerne la ville de Rome, on a toujours fait semblant de ne pas craindre beaucoup ses colères, car plus d'un pape chassé par l'émeute est revenu dans sa capitale; du reste, les Romains étaient obligés, dans leur propre intérêt, de désirer la présence de la curie. Toutefois, non seulement Rome déploya de temps à autre un radicalisme antipapal[4], mais encore on vit dans les complots les plus menaçants l'action de mains étrangères, présentes bien qu'invisibles. C'est ce qui arriva lors de la conjuration ourdie par Étienne Porcaro contre Nicolas V (1453), c'est-à-dire contre le Pape qui avait le plus fait pour Rome, mais qui avait irrité la population en enrichissant les cardinaux et en changeant la ville en une forteresse pontificale. Porcaro voulait renverser l'autorité du Saint-Siège; il avait de puissants complices qu'on ne nomme pas[5], mais qu'il faut chercher certainement parmi les gouvernements italiens. A la même époque, Laurent Valla terminait sa célèbre déclamation contre la donation de Constantin, par un vœu ayant pour objet la prompte sécularisation des États de l'Église[6].

De même la bande de conspirateurs de bas étage que Pie II eut à combattre[7] (1459) ne dissimulait pas que son but était de renverser la domination des prêtres en général; leur principal chef, Tiburzio, disait qu'il n'avait agi que par suite de certaines prédictions qui annonçaient cet événement pour cette année-là. Plusieurs grands de Rome, le prince de Tarente et le condottiere Jacques Piccinino, étaient les complices et les fauteurs du complot. Si l'on songe aux trésors que renfermaient les palais de certains riches prélats (la bande de Tiburzio avait particulièrement en vue le cardinal d'Aquilée), on est surpris que, dans une ville où la surveillance était presque nulle, des tentatives de ce genre n'aient pas été plus fréquentes et plus heureuses. Ce n'est pas pour rien que Pie III préférait n'importe quelle résidence au séjour de Rome. Plus tard, Paul II a eu (1468) une grande frayeur à cause d'un complot tramé par les abréviateurs qu'il avait destitués, et qui, sous la conduite de Platina, assiégèrent le Vatican pendant vingt nuits[8]. Il fallait, ou bien que la papauté finît par succomber à une attaque de ce genre, ou bien qu'elle comprimât par la force les factions des grands sous la protection desquelles se formaient ces bandes de brigands.

C'est la tâche que s'imposa le terrible Sixte IV. C'est lui qui le premier fut presque entièrement maître de Rome et de ses environs, surtout depuis qu'il s'était mis à persécuter les Colonna; c'est pour cela qu'il pouvait montrer tant d'arrogance et tant

50 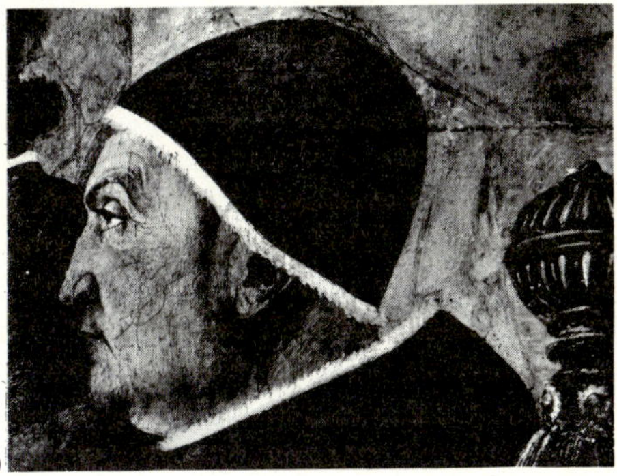

d'audace dès qu'il s'agissait de régler des questions intéressant soit l'autorité spirituelle du Saint-Siège, soit la politique générale de l'Italie; c'est pour cela qu'il pouvait faire semblant de ne pas entendre les plaintes et les cris de tout l'Occident, qui le menaçait d'un concile. L'argent qu'il lui fallait était fourni par une simonie qui prit des proportions colossales, et qui ne tarda pas à s'étendre à tout,

50. Sixte IV, détail de la fresque de Melozzo da Forli; Vatican. (Photo Anderson-Giraudon).

depuis les nominations de cardinaux jusqu'aux grâces les plus insignifiantes[9]. Sixte lui-même n'avait obtenu la tiare qu'en achetant des voix.

Une vénalité aussi générale pouvait, à la longue, coûter cher au Saint-Siège; mais les maux qui pouvaient en résulter étaient encore cachés dans la nuit de l'avenir. Il n'en était pas de même du népotisme, qui faillit un moment perdre le pontificat lui-même. De tous les neveux, le cardinal Pietro Riario fut celui qui jouit d'abord auprès de Sixte de la plus grande faveur; il possédait presque exclusivement les bonnes grâces du Pape. C'était un homme qui pendant quelque temps occupa l'imagination de toute l'Italie[10], soit par son luxe insensé, soit par les bruits qui se répandaient sur son impiété et sur ses projets politiques. En 1473, il négocia avec le duc Marie-Galéas de Milan : il fut convenu entre eux que ce prince deviendrait roi de Lombardie, et qu'ensuite il aiderait son allié de son argent et de ses troupes pour qu'il pût, après son retour à Rome, prendre la tiare; il paraît que Sixte lui aurait volontairement cédé sa place[11]. Ce projet, qui aurait sans doute abouti à la sécularisation des États de l'Église, à la suite de l'implantation d'une dynastie, échoua, grâce à la mort subite de Pietro (au commencement de l'année 1474). Le deuxième neveu, Girolamo Riario, n'entra pas dans les ordres, et n'attaqua point le pontificat; mais, après lui, les neveux des papes augmentent l'agitation qui règne en Italie par leurs efforts pour se créer une grande principauté.

Jadis les papes avaient voulu faire valoir leur suzeraineté sur Naples en faveur de leurs neveux[12], mais depuis que Calixte III y avait échoué à son tour, il n'y avait plus guère à y songer, et Girolamo Riario, après avoir fait une vaine tentative pour s'emparer de Florence, et subi bien d'autres échecs, dut se contenter de créer une principauté sur le territoire même des États de l'Église. Ce fait pouvait se justifier ainsi : la Romagne avec ses princes et ses tyrans locaux menaçait d'échapper entièrement à l'autorité du Saint-Siège, ou de devenir sous peu la proie des Sforza et des Vénitiens, si Rome n'intervenait pas de cette manière. Mais qui pouvait garantir, à cette époque et dans de telles circonstances, la soumission des neveux devenus souverains et de leurs successeurs à l'égard des papes, qui ne leur étaient plus rien? Même le pape régnant n'était pas toujours sûr de son propre fils ou de son propre neveu, et, d'ailleurs, il devait être tenté de chasser le neveu d'un prédécesseur pour mettre à sa place le sien. Le contrecoup de cette situation sur la papauté elle-même se fit vivement sentir : tous les moyens de contrainte, même les moyens spirituels, furent employés sans vergogne pour arriver à un but on ne peut plus équivoque, à un but auquel toutes les autres vues du siège de Saint-Pierre durent se subordonner, et quand on réussit, au milieu des secousses les plus violentes et de la réprobation générale, à venir à bout de l'entreprise, il se trouva qu'on avait créé une dynastie qui avait le plus grand intérêt à la ruine de la papauté.

Après la mort de Sixte IV, Girolamo ne put se soutenir qu'à grand-peine, et grâce à la protection de la famille Sforza (à laquelle appartenait sa femme Catarina), dans la principauté de Forli et d'Imola, qu'il avait jadis frauduleusement acquise; il fut assassiné en 1484. Dans le conclave qui se réunit à la suite de cet événement et qui choisit pour pape Innocent VIII, on vit se produire un phénomène qui ressemble presque à une nouvelle garantie extérieure de la papauté : deux cardinaux, qui sont des princes appartenant à des maisons régnantes, vendent leur appui de la manière la plus scandaleuse en se faisant donner de l'argent et des dignités; ce sont Jean d'Aragon, fils du roi Ferrante, et Ascanio Sforza, frère du More[13]. C'est ainsi que les princes de Naples et de Milan, du moins, étaient intéressés au maintien de la papauté par la part qu'on leur donnait à la curée. Lors de la réunion du conclave suivant, lorsque tous les cardinaux se vendirent, à l'exception de cinq, Ascanio se fit donner pour la seconde fois des sommes énormes, et se réserva, en outre, l'espérance[14] de devenir pape lui-même à la prochaine élection.

Laurent le Magnifique désirait aussi que la maison de Médicis eût sa part du butin. Il maria sa fille Madeleine avec Franceschetto Cybo, fils du nouveau pape, du premier pontife qui reconnut publiquement ses enfants, et, à partir de ce moment, il demanda non seulement toutes sortes de faveurs pour son propre fils, le cardinal Giovanni (le futur Léon X), mais encore l'élévation de son gendre aux plus hautes dignités[15]. Sous ce rapport, il voulait l'impossible. Chez Innocent VIII, il ne pouvait être question d'un népotisme franc, fondateur d'États, parce que Franceschetto était un homme sans aucune valeur, qui, de même que son père le Pape, ne songeait qu'à faire le plus vil usage de la puissance, notamment à amasser d'immenses trésors[16]. La manière dont le père et le fils s'y prenaient pour satisfaire leur passion de l'or aurait nécessairement, à la longue, conduit à une catastrophe, à la dissolution même de l'État.

Si Sixte IV s'était procuré de l'argent en vendant toutes les grâces et toutes les dignités spirituelles, Innocent et son fils fondèrent une banque des grâces temporelles, où le crime de meurtre pouvait se racheter au moyen de taxes fort élevées; sur le produit de chaque amende, il y a 150 ducats pour le trésor pontifical, et le reste est versé à Franceschetto. Rome pullule, notamment dans les dernières années de ce pontificat, d'assassins protégés et non protégés; les factions, que Sixte IV avait commencé à dompter, ont partout relevé la tête; le Pape, en sûreté derrière les murailles de son Vatican, se borne à tendre de temps à autre un piège aux criminels capables de payer. Il n'y avait plus pour Franceschetto qu'une question importante, celle de savoir comment il pourrait disparaître en emportant le plus d'argent possible, dans le cas où le Pape viendrait à mourir. Il se trahit un jour que s'était répandu faussement le bruit de la mort du Saint-Père (1490); il voulut emporter tout l'argent existant dans les caisses, c'est-à-dire le trésor de l'Église, et, l'entourage du Pape l'en ayant empêché, il voulut du moins emmener le prince turc Dschem, capital vivant qu'on pourrait peut-être remettre à Ferrante de Naples moyennant une belle somme d'argent[17]. Il est difficile de calculer les éventualités politiques qui auraient pu se produire dans un passé aussi lointain; mais il est permis de se demander si Rome aurait encore résisté à deux ou trois

51

pontificats de ce genre. Même vis-à-vis de l'Europe catholique, il était imprudent de laisser aller les choses trop loin : les voyageurs et les pèlerins n'étaient plus en sûreté; toute une ambassade de l'empereur Maximilien fut entièrement dépouillée dans le voisinage de Rome, et souvent des envoyés s'en retournèrent sans être entrés dans la ville.

Une telle situation était incompatible avec

51. Alexandre VI, détail des fresques de l'appartement Borgia, au Vatican, par Pinturicchio et son école. (Photo Alinari).

l'amour de la domination, tel qu'il existait chez Alexandre VI (1492-1503); aussi la première chose que fit ce pontife, ce fut d'assurer la sécurité publique et de payer exactement tous les fonctionnaires.

A la rigueur, on pourrait passer ce pontificat sous silence dans un livre qui traite des formes de la culture italienne, car les Borgia sont aussi peu Italiens que la maison régnante de Naples. Alexandre s'adresse en espagnol à son fils César, même quand il lui parle en public; lors de la réception qu'on lui fit à Ferrare, Lucrèce portait le costume espagnol, et ce furent des bouffons espagnols qui la saluèrent de leurs chants; les serviteurs de confiance de la maison sont tous Espagnols; de même les soldats les plus décriés de l'armée que conduisait César dans la guerre de 1500; son bourreau, don Micheletto, ainsi que son empoisonneur en titre, Sébastien Pinzon, semblent avoir été des Espagnols. Entre autres exploits, César abat un jour, dans une cour fermée comme une arène, six taureaux indomptés, suivant toutes les règles de l'art cher aux Espagnols. Quant à la corruption, que cette famille a portée à son apogée, elle l'avait trouvée déjà très développée à Rome.

Ce que les Borgia ont été, ce qu'ils ont fait a été souvent et longuement raconté. Leur principal but, qu'ils ont d'ailleurs atteint, était la complète soumission des États de l'Église à l'autorité pontificale; ils ont obtenu ce résultat en chassant ou en détruisant tous[18] les petits souverains qui étaient, en général, des vassaux plus ou moins indépendants du Saint-Siège, et en écrasant à Rome même les deux grandes factions qui l'inquiétaient, les Orsini, ces prétendus Guelfes, et les Colonna, ces prétendus Gibelins. Mais les moyens employés pour cela étaient tellement horribles que les conséquences des agissements du Saint-Siège auraient été certainement mortelles pour lui, si un incident imprévu, l'empoisonnement simultané du père et du fils, n'avait changé brusquement la face des choses. – Alexandre pouvait se mettre au-dessus de l'indignation de l'Occident, pourvu qu'il réussît à répandre la terreur et à imposer l'obéissance dans son voisinage. Du reste, les princes étrangers se laissèrent gagner, et Louis XII l'appuya même de toutes ses forces; quant aux populations, elles se doutaient à peine de ce qui se passait dans l'Italie centrale. Le seul moment vraiment critique sous ce rapport, celui de la présence de Charles VIII à Rome lors de sa campagne d'Italie, se passa sans accident, et même à cette époque-là il s'agissait du remplacement d'Alexandre par un pape meilleur plutôt que de la papauté elle-même[19]. Le grand danger, le danger permanent et croissant de jour en jour qui menaçait le Saint-Siège, c'étaient Alexandre lui-même et surtout son fils César Borgia.

Chez le père, l'ambition, la cupidité et l'amour du plaisir s'unissaient à la force de caractère et à de brillantes qualités. Toutes les jouissances que peuvent donner l'exercice de la puissance et la sensualité, il les goûta pleinement dès le premier jour de son avènement au pouvoir. Tous les moyens sont bons pour arriver à ce but; on put se dire dès la première heure que les sacrifices qu'il avait faits pour assurer son élection ne tarderaient pas à être largement compensés[20], et l'on prévit que les actes de simonie commis par lui pour obtenir des voix resteraient bien inférieurs à ceux qu'il commettrait après son exaltation. Ajoutez à cela que, grâce à ses

52

fonctions de vice-chancelier et à d'autres emplois antérieurs, il connaissait mieux les sources de revenus possibles et savait mieux les exploiter en homme d'affaires que n'importe quel membre de la curie. Dès 1494 il arriva qu'un carme, Adamo de Gênes, qui avait prêché à Rome contre la simonie, fut trouvé dans son lit percé de vingt coups de poignard. Alexandre n'a peut-être pas nommé un

52. César Borgia, portrait anonyme; Florence, Offices. (Photo Alinari).

seul cardinal sans avoir reçu au préalable des sommes considérables du postulant.

Mais lorsqu'à la longue le Pape subit la domination de son fils, les moyens employés par le Saint-Siège prirent ce caractère infernal qui réagit nécessairement sur le but à atteindre. Les rigueurs exercées dans la lutte engagée contre les grands de Rome et les princes de la Romagne dépassèrent, sous le rapport de la perfidie et de la cruauté, la mesure à laquelle les Aragonais de Naples, par exemple, avaient déjà habitué le monde; de même, les Borgia savaient mieux ourdir leurs trames. On frémit en voyant la manière dont César isole à dessein son père, assassinant tour à tour son frère, son beau-frère, d'autres parents et des courtisans, dès que la faveur dont ils jouissent auprès du Pape, ou même leur attitude, lui donne de l'ombrage. Alexandre fut obligé de donner son consentement à l'assassinat du duc de Gandie, celui de ses fils qu'il aimait le mieux[21], parce que lui-même tremblait à toute heure devant César.

Quels étaient donc les projets secrets de ce dernier? Même dans les derniers mois de sa domination, lorsqu'il venait de mettre à mort les condottieri à Sinigaglia et qu'il était de fait le maître des États de l'Église (1503), son entourage s'exprimait assez discrètement sur ce point : on disait que le duc voulait simplement supprimer les factions et les tyrans, et cela dans l'unique intérêt de l'Église; qu'il se réservait tout au plus la Romagne et qu'il pouvait être sûr de la reconnaissance de tous les papes ultérieurs, puisqu'il les avait débarrassés des Orsini et des Colonna[22]. Était-ce le fond de sa pensée? Personne ne l'admettra. Alexandre lui-même fut plus explicite, un jour que, s'entretenant avec l'ambassadeur vénitien, il recommandait son fils à la protection de Venise : « Je ferai en sorte, dit-il, que le trône pontifical revienne soit à lui, soit à votre république[23]. » Sans doute César ajouta que le candidat préféré de Venise aurait seul la tiare, et qu'à cet effet les cardinaux vénitiens devaient bien s'entendre. A-t-il voulu parler de lui-même? peut-être; quoi qu'il en soit, le propos du père prouve suffisamment que le fils comptait monter sur le trône pontifical. Lucrèce Borgia nous renseigne indirectement à cet égard, car certains passages des poésies d'Hercule Strozzi sont peut-être l'écho de propos qu'elle pouvait bien se permettre en sa qualité de duchesse de Ferrare. D'abord il y est aussi question des vues de César sur le trône pontifical[24]; ensuite, on y trouve parfois des allusions à l'espérance qu'avait César de devenir un jour maître de toute l'Italie[25], et à la fin on fait entendre que ses plus grands projets, il les avait comme prince séculier, et que, pour les réaliser, il avait autrefois déposé le chapeau de cardinal[26]. En effet, il est incontestable que César, qu'il fût ou non élu pape après la mort d'Alexandre, entendait rester à tout prix maître des États de l'Église, et qu'après tout ce qu'il avait fait, il lui aurait été impossible de s'y maintenir comme pape. Mieux que personne, il était capable de séculariser les États pontificaux[27], et il aurait été obligé de prendre définitivement cette mesure pour continuer d'y régner. Nous nous tromperions fort si telle n'était pas la raison principale de la sympathie secrète avec laquelle Machiavel traite cet illustre scélérat; si quelqu'un pouvait lui faire espérer qu'il « retirerait le fer de la blessure », c'est-à-dire qu'il détruirait la papauté, cette source de toutes les interventions, cette cause du morcellement de l'Italie, c'était bien César. – Il y avait des intrigants qui s'imaginaient deviner César Borgia et qui lui présentaient l'appât du titre de roi de Toscane; mais il les repoussait avec dédain, paraît-il[28].

Pourtant toutes les conclusions logiques qu'on peut tirer des prémises qu'il avait posées sont peut-être fausses, non pas à cause d'un certain génie du mal qui, après tout, n'était pas plus naturel chez lui que chez un Wallenstein, mais parce que les moyens qu'il employait sont, en général, incompatibles avec une parfaite conséquence dans la conduite. Peut-être la papauté aurait-elle trouvé une chance de salut dans l'excès de sa scélératesse, même *sans* le hasard qui mit fin à sa domination.

Même en supposant que la destruction de tous les petits souverains qui encombraient les États de l'Église ait rendu sympathique le nom de César Borgia, même en admettant que l'armée qui suivit sa fortune en 1503, armée composée des meilleurs soldats et des meilleurs officiers, avec Léonard de Vinci comme ingénieur en chef, prouve qu'il avait des chances d'avenir, il n'en est pas moins vrai qu'il y a dans son existence bien des faits irrationnels, qui déroutent notre jugement aussi bien qu'ils ont dérouté celui de ses contemporains. Je veux parler surtout de la manière dont il maltraite et dévaste l'État qu'il vient de conquérir, et qu'après tout il compte garder et gouverner[29]. J'y ajouterai l'état de Rome et de la curie dans les dernières années du pontificat d'Alexandre. Soit que le père et le fils aient dressé une liste de proscription en règle[30], soit que les projets d'assassinat aient été conçus par chacun d'eux en particulier, il résulte de l'histoire des Borgia qu'ils s'appliquèrent à faire disparaître tous ceux qui les gênaient à un titre quelconque ou dont ils convoitaient la succession. Les capitaux et les valeurs mobilières les tentaient bien moins que le reste : le Pape avait bien plus de profit à voir s'éteindre les rentes viagères que le trésor pontifical payait à certains dignitaires de l'Église et à toucher les revenus de leurs charges pendant qu'elles étaient vacantes, ainsi que le prix d'achat payé par les nouveaux titulaires. L'ambassadeur de Venise, Paolo Capello[31], rapporte en 1500 ce qui suit : « Toutes les nuits on trouve à Rome quatre ou cinq personnes tuées : ce sont des évêques, des prélats et bien d'autres; aussi tous les habitants de la ville tremblent-ils d'être assassinés par le duc César. » La nuit, il parcourait lui-même avec ses gardes la ville effrayée[32], et l'on a tout lieu de croire qu'il le faisait, non parce qu'il ne voulait plus, nouveau Tibère, montrer au grand jour son visage devenu horrible, mais parce qu'il avait besoin d'assouvir sa soif de meurtre, même sur des inconnus. Dès 1499 l'indignation générale était devenue si grande que le peuple attaqua et mit à mort un grand nombre de gardes pontificaux[33]. Ceux que les Borgia ne frappaient pas de leur poignard périssaient par leur poison. Dans les cas où la discrétion semblait nécessaire, on employait cette poudre blanche comme la neige, agréable au goût[34], qui ne foudroyait pas, mais qui agissait lentement et qui pouvait se mêler, sans qu'on s'en aperçût, à tous les aliments et à toutes les boissons. Le prince Dschem en avait absorbé avant d'être livré par Alexandre à Charles VIII (1495), et à la fin de leur carrière le père et le fils furent eux-mêmes victimes de ce terrible poison : ils goûtèrent imprudemment des confitures destinées à un riche cardinal. L'historien officiel du Pape, Onufrio Panvinio[35], cite trois cardinaux qu'Alexandre a fait empoisonner (Orsini, Ferrari et Michiel), et il en indique un quatrième (Giovanni Borgia), que César se chargea d'expédier; il est probable qu'en ce temps-là peu de riches prélats mouraient à Rome sans que leur mort fît naître des soupçons de ce genre. Même de paisibles savants, retirés dans quelque ville de province, étaient atteints par l'inexorable poison. Les endroits fréquentés par le Pape commencèrent à n'être plus sûrs; déjà autrefois il avait été effrayé par des coups de foudre et des tempêtes qui avaient renversé des murs et dévastés des appartements entiers; lorsqu'en 1500[36], ces phénomènes se reproduisirent, on y trouva *« cosa diabolica »*. Grâce au jubilé de 1500, qui attira tant de monde[37], le bruit de cet état de choses se répandit au loin, paraît-il; le scandaleux trafic auquel donnait lieu la vente des indulgences fit sans doute le reste et finit par attirer sur Rome les regards de tous les peuples[38]. Outre les pèlerins qui rentraient dans leur patrie, il y avait aussi de singuliers pénitents blancs qui venaient de l'Italie dans le Nord, et parmi eux se trouvaient des hommes déguisés qui s'étaient enfuis des États de l'Église; il n'est guère probable que ces gens aient gardé le silence. Mais qui peut calculer le degré auquel l'indignation de l'Occident aurait dû s'élever pour créer à Alexandre un danger immédiat? « Il aurait, dit ailleurs Panvinio[39], fait mourir les riches cardinaux et prélats qui vivaient encore, afin d'hériter de leurs dépouilles, s'il n'avait pas été enlevé au milieu des grands projets qu'il faisait pour l'avenir de son fils. » Et qu'aurait fait César si, au moment de la mort de son père, il n'avait pas été mourant lui-même? Quel étrange conclave eût été ce collège de cardinaux savamment épuré par le poison, qui aurait élevé au trône pontifical César Borgia, armé de tous ses moyens et n'ayant pas à craindre la présence d'une armée française! L'imagination se perd dans un abîme, dès qu'elle s'arrête sur ces hypothèses.

Au lieu de ce conclave, on vit ceux qui élurent Pie III (1503), et, peu de temps après, à la mort de ce pape, Jules II. La réaction avait suivi de près la fin d'Alexandre VI.

Quelle qu'ait été la conduite privée de Jules II,

c'est lui qui est en grande partie le sauveur de la papauté. A force d'étudier les faits qui s'étaient passés sous les pontifes qui avaient succédé à son oncle Sixte IV, il avait reconnu les véritables bases et les véritables conditions de l'autorité pontificale; il organisa son pouvoir d'après les principes que lui avait révélés l'histoire des derniers temps, et il consacra toute l'énergie et toute la passion de son âme indomptable à asseoir solidement sa domination. Il est vrai que son élection au trône pontifical fut l'objet de négociations équivoques; mais elle ne donna pas lieu à des actes de simonie; elle fut sanctionnée par l'approbation générale, et, à partir de son avènement, le trafic des grandes dignités ecclésiastiques cessa tout à fait. Jules avait des favoris qui n'étaient pas toujours dignes de sa faveur; mais, par un bonheur singulier, il ne connut pas la plaie du népotisme : son frère Jean della Rovere était le mari de l'héritière d'Urbin, sœur du dernier Montefeltro, Guidobaldo, et de ce mariage était né (1491) un fils, François-Marie della Rovere, qui était en même temps héritier légitime du duché d'Urbin et neveu du Pape. Toutes les conquêtes que Jules II fit par voie diplomatique ou par la guerre, il mit son orgueil à les donner au Saint-Siège et non à sa famille; aussi laissait-il à sa mort les États de l'Église, qu'il avait trouvés en pleine dissolution, entièrement soumis et agrandis de Parme et de Plaisance. Si cela n'avait tenu qu'à lui, Ferrare aussi eût été incorporée au domaine de l'Église. Les 700 000 ducats qu'il avait constamment dans le château Saint-Ange ne devaient être livrés par le gouverneur qu'au futur pape. Il recueillit sans scrupule les successions des cardinaux et même de tous les ecclésiastiques qui moururent à Rome sous son pontificat[40], mais il n'en fit périr aucun par le fer ou par le poison. Il a lui-même fait la guerre; mais il n'a pu échapper à cette nécessité, et il s'en est d'ailleurs bien trouvé à une époque où il fallait être enclume ou marteau, et où la personnalité était plus puissante que le droit le moins contesté. Mais si, malgré sa devise tant clamée partout : « Dehors les Barbares! », il contribua plus que tout autre à assurer la domination espagnole en Italie, ce fait pouvait paraître indifférent, peut-être même avantageux pour le Saint-Siège. L'Église ne pouvait-elle pas s'attendre à être respectée par l'Espagne plus que par tout autre puissance[41], pendant que les princes italiens ne nourrissaient peut-être à son égard que des projets coupables? Quoi qu'il en soit, cet homme d'une si puissante originalité, qui ne savait ni dissimuler sa colère ni cacher ses sympathies, faisait en somme l'impression, éminemment favorable à sa cause, d'un *« Pontefice terribile »*. Il put même se risquer à réunir un concile à Rome et faire taire ainsi toute l'opposition européenne qui réclamait un concile à grands cris. A un souverain de cette trempe il fallait un symbole grandiose de son caractère et de ses idées; ce symbole, Jules II le trouva dans la construction du dôme de Saint-Pierre; l'ordonnance de cet édifice, telle que la voulait Bramante, est peut-être la plus magnifique expression de l'unité dans la puissance en général. Mais on voit, même dans les autres arts, le perpétuel souvenir et, pour ainsi dire, l'image de ce Pape, et il n'est pas sans intérêt de rappeler que la poésie latine trouva, pour chanter Jules II, des accents autrements inspirés que ceux qu'elle avait fait entendre en l'honneur de ses prédécesseurs. Son entrée à Bologne, à la fin de l'*Iter Julii Secundi*, par le cardinal Adrien de Corneto,

53. Saint-Pierre en cours de construction, croquis de M. van Heemskerck. *On reconnaît à droite et à gauche les murs de l'ancienne basilique et les restes de leur décor.* Musée de Berlin. Cabinet des Estampes. (Photo W. Steinkopf. Berlin).

est décrite dans un style magnifique, et, dans une des plus belles élégies que l'on puisse lire[42], Jean-Antoine Flaminio a appelé la protection du pontife patriote sur l'Italie.

Par un décret draconien[43], rendu par son concile de Latran, Jules II avait défendu le recours à la simonie pour les élections pontificales. Après sa mort (1513), les cardinaux, poussés par la cupidité, voulurent éluder cette défense et proposèrent de décréter en commun que les bénéfices et les charges du pontife à élire seraient partagés également entre eux; par suite, ils auraient donné la tiare au cardinal le plus riche en bénéfices (à l'incapable Raphaël Riario)[44]. Mais l'opposition des plus jeunes membres du Sacré Collège, qui voulaient avant tout un pape libéral, fit échouer cette triste combinaison: on choisit Jean de Médicis, le fameux Léon X.

Nous retrouverons ce pontife chaque fois qu'il sera question de la grandeur de la Renaissance; en ce moment, nous nous bornons à rappeler que sous lui le Saint-Siège fut encore une fois exposé à de grands dangers intérieurs et extérieurs. Il ne faut pas compter parmi ces dangers la conspiration des cardinaux Petrucci, Bandinelli de Saulis, Riario, Soderini et Corneto (1517), parce qu'elle ne pouvait avoir pour conséquence qu'un changement de personne tout au plus; aussi Léon X trouva-t-il le vrai remède au mal; il nomma trente-neuf nouveaux cardinaux, et cette extension extraordinaire du Sacré Collège fut bien vue, parce qu'elle récompensait en partie le mérite authentique.

Mais rien n'était plus dangereux que certaines voies dans lesquelles Léon X s'engagea pendant les deux premières années de son pontificat. Il entama des négociations très sérieuses dans le but de donner à son frère Julien le royaume de Naples et à son neveu Laurent un grand royaume de Haute Italie, qui aurait compris Milan, la Toscane, Urbin et Ferrare[45]. Il est évident que les États de l'Église, ainsi encadrés, seraient devenus un apanage des Médicis, et qu'on n'aurait même plus eu besoin de les séculariser.

Les événements politiques firent échouer ce projet; Julien mourut de bonne heure (1516); afin de pourvoir Laurent, Léon X entreprit de chasser le duc d'Urbin, François-Marie della Rovere. Il s'attira par cette guerre des haines violentes, s'appauvrit pour soutenir la lutte, et fut obligé, à la mort de Laurent (1519), de donner à l'Église ce qu'il avait conquis au prix de tant de sacrifices[46]; il fit sans gloire et malgré lui une cession qui l'aurait immortalisé si elle avait été volontaire. Les entreprises plus ou moins heureuses qu'il dirigea ensuite, soit seul, soit en négociant tour à tour avec Charles-Quint et François Ier, contre Alphonse de Ferrare, contre quelques petits tyrans et quelques condottieri, n'étaient pas de nature à le grandir beaucoup. Et tout cela se passait à une époque où les souverains de l'Occident s'habituaient davantage, d'année en année, à jouer des parties colossales dont l'enjeu comprenait toujours une portion du territoire italien[47]. Qui pouvait répondre qu'après avoir, dans les derniers temps, considérablement agrandi leur puissance à l'intérieur, ils ne tourneraient pas leurs vues vers les États de l'Église? Léon X vit encore le prélude de ce qui devait s'accomplit en 1527; vers la fin de l'année 1520, quelques bandes d'infanterie espagnole franchirent de leur propre mouvement, paraît-il, la frontière des États du Saint-Siège, simplement pour rançonner le Pape[48], mais se firent repousser par les troupes pontificales. De plus, en

54

présence de la corruption dont l'autorité donnait l'exemple, l'opinion publique s'était éclairée plus rapidement qu'autrefois, et des hommes clairvoyants, tels que Pic de la Mirandole le jeune[49], demandaient à grands cris des réformes. Dans l'intervalle avait paru Luther.

Sous Adrien VI (1521-1523), il y eut bien quelques réformes timides; mais, en face du grand mou-

54. Léon X; détail d'un portrait de Bugiardini, d'après Raphaël; Rome, Palais Corsini. (Photo Anderson).

vement qui se produisait en Allemagne, elles étaient insuffisantes. Adrien ne pouvait guère faire autre chose que tonner contre la corruption du jour, contre la simonie, le népotisme, l'incurie chez les fonctionnaires, le cumul, le gaspillage, le banditisme et l'immoralité; la mort l'empêcha de rendre des édits sévères. Le luthéranisme lui-même ne semblait pas le danger le plus redoutable; un observateur de Venise, l'homme d'esprit que fut Girolamo

55. Titien, le Concile de Trente; Paris, Louvre. (Archives photographiques, Paris).

Negro, pressent pour Rome des malheurs prochains et terribles[50].

Sous Clément VII, l'horizon de la ville éternelle s'obscurcit; des vapeurs sinistres s'élèvent, pareilles à ce voile livide dont le sirocco couvre parfois le pays et qui rendent souvent l'arrière-saison si funeste à la campagne romaine. Le Pape est détesté partout; pendant que les esprits sérieux continuent d'être inquiets[51], des ermites viennent prédire dans les rues la ruine de l'Italie et la fin du monde; ils nomment le pape Clément l'Antechrist[52]; la faction des Colonna relève insolemment la tête; l'intraitable cardinal Pompée Colonna, dont la seule présence[53] est une menace perpétuelle pour la papauté, ose tenter un coup de main sur Rome (1526), dans l'espérance de devenir pape avec le secours de Charles-Quint, dès que Clément sera mort ou prisonnier. Celui-ci put se réfugier dans le château Saint-Ange; mais Rome n'en fut pas plus heureuse pour cela; quant au sort qui devait lui être réservé à lui-même, on peut l'appeler pire que la mort.

Par une série de perfidies de tout genre, de perfidies qui ne sont permises qu'aux forts et qui sont funestes aux faibles, Clément provoqua l'approche de l'armée hispano-allemande commandée par Bourbon et par Frondsberg (1527). Il est certain[54] que le cabinet de Charles-Quint avait voulu frapper un coup terrible, et qu'il ne pouvait prévoir jusqu'où iraient les excès de ces hordes qu'il ne payait pas. Les Allemands n'auraient pas consenti à servir à peu près gratuitement, s'ils n'avaient su qu'ils allaient marcher contre Rome. Peut-être existe-t-il des ordres écrits de Charles-Quint au duc de Bourbon, même des ordres relativement modérés; mais de pareils documents ne sauraient modifier le jugement de l'historien. C'est un pur hasard que le Pape et les cardinaux n'aient pas été égorgés par les soudards de l'Empereur et Roi Très-Catholique. S'ils avaient péri, nul sophisme au monde ne pourrait établir l'innocence de ce prince. Le massacre d'une foule innombrable de gens de moindre condition, les contributions énormes arrachées aux survivants par la torture donnent une idée assez nette de ce que les soldats de Charles-Quint pouvaient se permettre au *sacco di Roma.*

Le Pape avait encore une fois cherché un refuge dans le château Saint-Ange; après lui avoir extorqué des sommes immenses, Charles voulait, dit-on, le faire conduire à Naples, et si Clément s'est enfui à Orvieto, il l'a fait sans doute à l'insu des Espagnols et malgré eux[55]. Charles a-t-il songé un moment à séculariser les États de l'Église (ce qui n'aurait surpris personne)[56]? S'est-il laissé réellement détourner de cette idée par les représentations de Henri VIII d'Angleterre? Ce sont là des questions qu'on n'arrivera sans doute jamais à éclaircir.

Mais si de pareils projets existaient, ils ont dû être bien vite abandonnés. Un fait considérable va sortir de la dévastation de Rome, c'est celui d'une restauration à la fois spirituelle et temporelle. Dès le premier jour, Sadolet[57] pressent cette révolution. « Si nos malheurs, écrit-il, ont désarmé la colère et

56

la rigueur du Ciel, si ces châtiments terribles nous font rentrer dans la voie des bonnes mœurs et des sages lois, notre situation sera peut-être moins cruelle. Dieu défendra ses droits; quant à nous, nous avons à devenir meilleurs; ayons-en le désir, et nous en aurons la force; que toutes nos actions, que toutes nos pensées n'aient qu'un but, notre relèvement; cherchons en Dieu le véritable éclat de la dignité sacerdotale, notre vraie grandeur et notre vraie puissance. »

A partir de cette crise de 1527, des voix sérieuses purent de nouveau se faire entendre. Rome avait trop souffert pour pouvoir jamais redevenir, même sous un Paul III, la Rome brillante et corrompue de Léon X.

Dès que la papauté fut tombée dans cet abîme de malheurs, des sympathies moitié politiques, moitié religieuses se déclarèrent pour elle. Les rois ne pouvaient admettre que l'un d'entre eux se fît

56. Titien, portrait de Paul III; Naples, Pinacothèque. (Photo Alinari).

le geôlier officiel du Pape; aussi le désir de délivrer le Pontife leur fit-il conclure le traité d'Amiens (18 août 1527). C'était un moyen d'exploiter le caractère odieux des excès commis par les troupes impériales. En même temps l'Empereur se trouvait, en Espagne même, dans un grand embarras : ses prélats et ses grands ne cessaient de lui faire en toute circonstance les représentations les plus sérieuses. Il était question d'une grande manifestation que devaient faire des ecclésiastiques et des laïques vêtus d'habits de deuil; Charles eut peur qu'il n'en résultât un mouvement dangereux comme le soulèvement des communes, qui avait été réprimé quelques années auparavant; aussi la manifestation fut-elle interdite[58]. Non seulement il n'aurait pas pu continuer de maltraiter le Pape, mais encore, abstraction faite de toute politique extérieure, une impérieuse nécessité lui commandait de se réconcilier avec le Saint-Siège, qui avait tant à se plaindre de lui. Car il voulait aussi peu s'appuyer sur les sentiments de l'Allemagne, qui l'auraient entraîné dans une autre voie, que sur la révolution religieuse dont l'Allemagne était le théâtre. Du reste, il est possible, comme le fait observer un Vénitien, que le souvenir de la dévastation de Rome ait pesé à sa conscience[59], et que ce motif ait hâté la réconciliation, qui dut être scellée par la soumission définitive des Florentins à la famille des Médicis, à laquelle appartenait le Pape. Le nouveau duc, qui est en même temps neveu du Pontife, Alexandre de Médicis, épouse la fille naturelle de l'Empereur.

Dans la suite, Charles continua de dominer le Saint-Siège par l'idée d'un concile; il pouvait à la fois l'opprimer et le protéger. Quant au danger de la sécularisation, à ce danger intérieur que les papes et leurs neveux eux-mêmes avaient créé, il était écarté pour des siècles par la Réforme d'Allemagne. De même que celle-ci avait seule rendu possible et heureuse la campagne dirigée contre Rome (1527), de même elle força la papauté à redevenir l'expression d'une puissance toute spirituelle en se mettant à la tête de tous les adversaires des nouvelles doctrines et en sortant de « l'état d'abaissement où l'avaient fait tomber des préoccupations d'ordre purement matériel ». Ce qui va surgir dans les dernières années de Clément VII, sous Paul III, Paul IV et leurs successeurs, au milieu de la défection de la moitié de l'Europe, c'est une hiérarchie toute nouvelle, entièrement régénérée, qui évitera les dangers et les scandales intérieurs, particulièrement le népotisme[60], et qui, d'accord avec les princes catholiques, animée d'un zèle ardent pour les intérêts de l'Église, ne travaillera qu'à regagner ce qu'elle a perdu. Elle n'existe et ne se comprend que par son opposition à tous les hérétiques. Dans ce sens on peut dire vraiment que, sous le rapport moral, la papauté a été sauvée par ses ennemis mortels.

Quant à la situation politique, elle se fortifia aussi sous la surveillance permanente de l'Espagne, il est vrai, et finit par défier toutes les attaques; elle n'eut qu'à attendre l'extinction de ses vassaux (de la branche légitime de la maison d'Este et de la famille della Rovere) pour hériter des duchés de Ferrare et d'Urbin. Sans la Réforme, au contraire, – si l'on peut concevoir ce fait immense comme n'ayant pas existé, – il est probable que les États de l'Église auraient passé depuis longtemps en des mains laïques.

CONCLUSION

L'Italie des patriotes.

Nous allons examiner brièvement le contre-coup de cette situation politique sur l'esprit de la nation en général.

L'état d'incertitude politique dans lequel l'Italie s'est trouvée au XIVe et au XVe siècle a provoqué naturellement l'élan du patriotisme et l'idée de la résistance dans les cœurs généreux. Déjà Dante et Pétrarque[1] proclament hautement la nécessité de l'unité italienne et disent que tous les efforts doivent tendre à ce but. On objecte bien qu'il ne faut voir dans ce fait que la manifestation des aspirations généreuses de quelques esprits d'élite, et que la masse de la nation était étrangère à ces idées; mais qu'on se rappelle que l'Allemagne rêvait, elle aussi, l'unité réelle, bien qu'elle eût déjà l'unité nominale et un souverain reconnu, l'Empereur. La première voix qui s'élève pour glorifier l'Allemagne une et forte (à part quelques vers des Minnesænger), c'est celle des humanistes du temps de Maximilien Ier[2]; elle apparaît souvent comme un écho des déclamations italiennes ou comme une réponse aux attaques dirigées par l'Italie contre l'infériorité intellectuelle de l'Allemagne. Et pourtant l'Allemagne avait connu l'unité de fait bien plus tôt que l'Italie, morcelée depuis l'époque des Romains. C'est à ses longues luttes contre l'Angleterre que la France doit surtout le sentiment de son unité nationale; quant à l'Espagne, elle n'a pas pu, à la longue, absorber le Portugal, qui avait pourtant de si grandes affinités avec elle. Pour l'Italie, l'existence et les conditions vitales des États de l'Église étaient un obstacle à peu près insurmontable à l'unité. Si parfois, dans les relations politiques du xve siècle, on parle avec emphase de la patrie commune, on ne veut généralement que blesser l'amour-propre d'un autre État également italien[3]. C'est seulement à titre d'exception que des voix généreuses se font entendre à cette époque; ce n'est que plus tard que retentissent de pressants, de douloureux appels au sentiment national; mais il n'était plus temps : les Français et les Espagnols avaient envahi le pays. On peut dire du patriotisme local qu'il représente ce sentiment sans le remplacer.

Deuxième partie

DÉVELOPPEMENT DE L'INDIVIDU

L'État italien et l'individu.

La nature de ces États, qu'ils soient républicains ou despotiques, est la cause principale, sinon unique, du précoce développement de l'Italien; c'est grâce à elle surtout qu'il est devenu un homme moderne. C'est encore grâce à elle qu'il a été l'aîné des fils de l'Europe actuelle.

Au Moyen Age les deux faces de la conscience, la face objective et la face subjective, étaient en quelque sorte voilées; la vie intellectuelle ressemblait à un demi-rêve. Le voile qui enveloppait les esprits était un tissu de foi et de préjugés, d'ignorance et d'illusions; il faisait apparaître le monde et l'histoire sous des couleurs bizarres; quant à l'homme, il ne se connaissait que comme race, peuple, parti, corporation, famille, ou sous toute autre forme générale et collective. C'est l'Italie qui, la première, déchire ce voile et qui donne le signal de l'étude *objective* de l'État et de toutes les choses de ce monde; mais à côté de cette manière de considérer les objets se développe l'aspect *subjectif;* l'homme devient *individu*[1] spirituel, et il a conscience de ce nouvel état. Tel on avait vu jadis le Grec s'élever en face du monde barbare, l'Arabe en face des autres races asiatiques. Il ne sera pas difficile de prouver que c'est la situation politique qui a eu la plus grande part à cette transformation.

Même à des époques de beaucoup antérieures, on trouve parfois en Italie la personnalité développée à un degré inconnu dans le Nord. Nous voyons des figures remarquables parmi les francs scélérats

57

du xe siècle dont Liudprand raconte les faits et gestes, les contemporains de Grégoire VII et les adversaires des premiers Hohenstaufen. Mais à la fin du xiiie siècle l'Italie commence à fourmiller de personnalités marquantes; le charme qui avait pesé sur l'individualisme est entièrement rompu; les grandes figures se multiplient. Le vaste poème de Dante aurait été impossible dans tout autre pays pour la raison que, partout, la conception collective prédominait encore; pour l'Italie le poète est devenu le héraut national par excellence, grâce surtout à la richesse extraordinaire de l'élément individuel. Nous

57. Lorenzo Ghiberti, autoportrait. Détail de la porte est du Baptistère de Florence. (Photo Alinari).

aurons à exposer dans des chapitres spéciaux la peinture des types humains dans le domaine de la littérature et des arts; nous réservons une place à part aux formes multiples de l'art de caractériser; nous nous bornerons ici à présenter le fait psychologique lui-même. Ce fait apparaît dans l'histoire, d'un coup, sans équivoque; au XIVe siècle, l'Italie ne sait guère ce que c'est que la fausse modestie et l'hypocrisie; personne n'a peur de se faire remarquer, d'être et de paraître[2] autre que le commun des hommes.

Comme nous l'avons vu, la tyrannie commence par développer au plus haut degré l'individualité du souverain, du condottiere[3] lui-même; ensuite elle développe celle du talent qu'il protège, mais aussi qu'il exploite sans ménagement, du secrétaire, du fonctionnaire, du poète, du familier. L'esprit de ces gens apprend forcément à connaître toutes ses ressources, celles qui sont permanentes comme celles du moment; ils savent spiritualiser et concentrer leur jouissance de la vie pour donner le plus de valeur possible à ce pouvoir et à cette influence qu'ils n'exerceront peut-être pas longtemps.

Même les sujets n'étaient pas tout à fait étrangers au mouvement qui emportait les maîtres. Nous ne ferons pas entrer en ligne de compte ceux qui passaient leur vie à résister au pouvoir, à conspirer contre lui; nous ne parlerons que de ceux qui se résignaient à être de simples particuliers, à peu près comme la plupart des habitants des villes de l'empire byzantin et des États mahométans. Il est certain, par

58

exemple, que souvent les sujets des Visconti ont eu beaucoup de peine à soutenir l'honneur de leur maison et leur rang personnel, et il est probable que, pour une foule d'entre eux, la servitude a dégradé leur caractère moral. Mais il n'en a pas été de même de ce qu'on nomme le caractère individuel, car c'est précisément l'absence d'influence politique qui a développé avec d'autant plus d'énergie les aspirations des particuliers. La richesse et la culture, en tant qu'elles pouvaient se développer dans la concurrence et l'émulation; avec cela, une liberté municipale qui ne laissait pas d'être considérable; finalement, l'existence d'une Église qui ne se confondait pas avec l'État, comme à Byzance et dans le monde

58. Piero di Cosimo, scènes du mythe de Prométhée. *La Renaissance fit de Prométhée, à la fois créateur de l'homme et inventeur des arts ou « héros civilisateur », un des symboles favoris de son « humanisme ». Le thème romantique de la révolte contre les dieux passe au second plan.* (Photo

de l'islamisme, tous ces éléments réunis favorisaient certainement l'éclosion d'idées individuelles, et c'est précisément l'absence des luttes de partis qui permettait aux esprits de se développer à l'aise. Il est bien possible que le simple particulier, indifférent en matière politique, partagé entre ses occupations sérieuses et ses goûts esthétiques, soit arrivé dans ces États despotiques du XIVe siècle au

59

complet épanouissement de ses facultés avant les citoyens d'autres États. Sans doute on ne peut demander à cet égard des documents authentiques; les nouvellistes dont on pourrait attendre quelques indications mettent souvent en scène des hommes extraordinaires; mais ils n'ont en vue que l'intérêt que ces personnages peuvent répandre sur l'histoire qu'ils veulent raconter; de plus, la scène des événements qu'ils imaginent se passe principalement dans des villes républicaines.

D'autres causes favorisaient dans ces villes le développement du caractère individuel. Plus les partis se succédaient vite au pouvoir, plus l'individu avait de raisons pour concentrer toutes ses facultés

Munich, Pinacothèque). 59. Pisanello, dessin pour une médaille. *Chez les petits souverains du XVe siècle, tout, jusqu'au costume, marquait une volonté de s'affirmer qui frisait le défi;* Paris, Louvre. (Photo Archives photographiques. Paris).

dans l'exercice et dans la jouissance de la domination. C'est là ce qui donne, surtout dans l'histoire florentine[4], aux hommes d'État et aux tribuns du peuple un caractère si personnel; à peine trouve-t-on, à titre d'exception, dans le reste du monde d'alors, des figures originales comme celle d'un Jacques d'Arteveldt.

Les membres des partis vaincus étaient souvent dans une situation semblable à celle des sujets des États despotiques; seulement la liberté ou le pouvoir dont ils avaient joui, peut-être aussi l'espérance de retrouver l'une ou l'autre, contribuait-elle davantage à développer leur idéalisme. C'est précisément parmi ces hommes condamnés à l'inaction qu'on trouve, par exemple, un Agnolo Pandolfini († 1446), dont le livre *Des affaires domestiques*[5] est le premier programme d'une vie privée parfaitement organisée. L'énumération des devoirs à remplir par l'individu en présence de l'incertitude et des difficultés de la situation politique[6] est dans son genre un véritable monument de l'époque.

Enfin, l'exil use l'homme ou bien il élève ses facultés à leur plus haute puissance. « Dans nos villes si populeuses, dit Jovianus Pontanus[7], nous voyons une foule de gens qui ont quitté volontairement leur patrie; on emporte partout avec soi ses qualités et ses vertus. » En effet, ce n'étaient pas seulement des condamnés qui s'étaient expatriés; des milliers d'individus avaient abandonné volontairement le sol natal, parce que la situation politique ou économique était devenue intolérable. Les

Florentins qui avaient émigré à Ferrare, les Lucquois qui étaient allés s'établir à Venise, etc., formaient des colonies entières.

Le cosmopolitisme qui se développe chez les exilés les plus heureusement doués est un des degrés les plus élevés de l'individualisme. Comme nous l'avons dit plus haut, Dante trouve une nouvelle patrie dans la langue et dans la culture intellectuelle de l'Italie; il va même plus loin quand il dit : « Ma patrie est le monde en général[8] ! » – Et quand on voulut lui permettre, à des conditions humiliantes, de revenir à Florence, il répondit : « Ne puis-je pas contempler partout la lumière du soleil et des astres? Ne puis-je pas méditer partout sur les plus grandes vérités, sans pour cela paraître devant le peuple et devant la ville comme un homme obscur et même couvert d'ignominie? Je ne manquerai même pas de pain[9] ! » C'est avec un noble orgueil que les artistes se vantent d'être libres de toute entrave locale. « Il n'y a que celui qui a tout appris, dit Ghiberti[10], qui ne soit un étranger nulle part; même sans fortune, même sans amis, il est citoyen de toutes les villes; il peut affronter et dédaigner toutes les vicissitudes du sort. » Un humaniste réfugié à l'étranger dit de même : « Il fait bon vivre partout où un homme instruit établit sa demeure[11]. »

2

Entier développement de la personnalité.

Un esprit familiarisé avec l'histoire de la culture intellectuelle n'aurait pas de peine à suivre pas à pas la progression toujours croissante de l'individualisme. Il est difficile de dire si les hommes qui sont arrivés au plein épanouissement de leurs facultés se sont nettement proposé pour but le développement harmonieux de leur intelligence; mais ce qui est certain, c'est que plusieurs étaient parvenus à la perfection relative que comporte la faiblesse humaine. Si l'on renonce, par exemple, à dresser un bilan général pour Laurent le Magnifique, en y faisant figurer sa singulière fortune, ses grandes qualités et son caractère remarquable, que l'on considère du moins une individualité comme celle de l'Arioste, particulièrement dans ses satires. Dans quelle harmonie n'y voit-on pas se fondre la fierté de l'homme et du poète, l'ironie qui s'attaque à ses propres jouissances, la raillerie la plus fine et la bienveillance la plus vraie!

Quand cette tendance à développer au plus haut point la personnalité se rencontrait avec une nature réellement puissante et un esprit richement doué, capable de s'assimiler en même temps tous les éléments de la culture d'alors, on voyait surgir l'« homme universel », l'*uomo universale,* qui appartient exclusivement à l'Italie. Pendant tout le Moyen Age il y a eu dans différents pays des hommes qui possédaient la science universelle, parce que cette science formait un tout assez restreint; de même on trouvc jusqu'au XIIe siècle des artistes universels, parce que les problèmes de l'architecture étaient relativement simples et homogènes, et que, dans la peinture et dans la sculpture, la forme était sacrifiée à l'objet lui-même. Dans l'Italie de la Renaissance, au contraire, nous voyons des artistes qui savent créer et atteindre à la perfection dans toutes les branches à la fois, tout en étant extrêmement remarquables comme hommes. D'autres sont universels, en dehors de la pratique de l'art, dans le domaine infini de l'intelligence.

Dante, qui même de son vivant était appelé poète par les uns, philosophe ou théologien par les autres[1], imprime à tous ses écrits le caractère de sa puissante personnalité; l'autorité de l'écrivain s'impose au lecteur, même si l'on fait abstraction des sujets qu'il traite. Quelle force de volonté suppose l'ordonnance magistrale de la *Divine Comédie!* Si l'on considère le fond même de cette œuvre immense, on reconnaît qu'il n'y a guère dans le monde des corps et dans le monde des esprits un objet important qu'il n'ait approfondi et sur lequel il ne se soit prononcé avec une autorité souveraine, même quand son opinion se résume en quelques mots. Pour l'art plastique, son livre est un document précieux, moins à cause des quelques lignes qu'il a consacrées aux artistes de son temps que parce qu'il renferme des indications d'une plus haute portée; bientôt il devint aussi une source d'inspiration[2].

Le XVᵉ siècle surtout a été fécond en hommes remarquables par la variété de leurs connaissances et de leurs aptitudes. Il n'y a pas de biographie dont le héros ne possède les talents les plus divers. Souvent le négociant, l'homme d'État florentin est un savant qui connaît à fond les deux langues anciennes; les humanistes les plus célèbres sont appelés pour lui faire, à lui et à ses fils, des leçons sur la Politique et sur l'Éthique d'Aristote[3]; même les filles de la maison reçoivent l'instruction la plus variée; du reste, c'est principalement dans ces sphères qu'il faut chercher les premiers exemples de haute culture dans la famille. L'humaniste, de son côté, est mis en demeure d'élargir le plus possible le cercle de ses connaissances, attendu que son savoir philologique ne doit pas servir, comme aujourd'hui, à la connaissance objective de l'âge classique, mais qu'il doit trouver son application à la vie de tous les jours. Tout en se livrant à ses études sur Pline[4], par exemple, il forme une collection d'objets d'histoire naturelle; il part de la géographie des anciens pour devenir un cosmographe moderne; il prend leurs historiens pour modèles quand il écrit l'histoire de son temps, même s'il s'exprime dans la langue vulgaire; traducteur des comédies de Plaute, il est amené à devenir régisseur lors des représentations; il reproduit aussi bien que possible les formes si vivantes de la littérature antique, imite jusqu'au dialogue de Lucien, et avec tout cela il travaille, quelquefois à son dam, comme secrétaire et diplomate.

60

Mais au-dessus de ces hommes remarquables on voit briller quelques esprits vraiment universels. Avant d'examiner en détail les questions relatives à la vie et à la culture d'alors, nous esquisserons le portrait d'un de ces géants intellectuels; c'est celui de Léon-Baptiste Alberti, qui apparaît au seuil du xve siècle (né en 1404? mort en 1472). Sa biographie[5], qui n'est qu'à l'état de fragment, ne parle guère de lui comme artiste et ne fait pas la moindre allusion au nom qu'il a dans l'histoire de l'architecture; nous allons voir ce qu'il a été même sans cette gloire spéciale.

Dès son enfance, Léon-Baptiste a excellé dans tout ce que les hommes applaudissent. On raconte de lui des tours de force et d'adresse incroyables: on dit qu'il sautait à pieds joints par-dessus les épaules des gens; que, dans le dôme, il lançait une pièce d'argent jusqu'à la voûte de l'édifice, qu'il faisait frémir et trembler sous lui les chevaux les

60. Portrait de Léon-Baptiste Alberti. Louvre. (Archives photographiques. Paris).

plus fougueux; il voulait arriver à la perfection comme marcheur, comme cavalier et comme orateur. Il apprit la musique sans maître, ce qui n'empêcha pas ses compositions d'être admirées par des gens du métier. Sous l'empire de la nécessité il étudia le droit pendant de longues années, jusqu'à tomber malade d'épuisement; lorsqu'à l'âge de vingt-quatre ans il constata que sa mémoire avait baissé, mais que son aptitude pour les connaissances exactes restait entière, il s'adonna à l'étude de la physique et des mathématiques, sans préjudice des notions pratiques les plus diverses, car il interrogeait les artistes, les savants et les artisans de tout genre sur leurs secrets et sur leurs expériences. De plus, il s'occupait de peinture et de modelage, et faisait, même de mémoire, des portraits et des bustes frappants de ressemblance. Ce qui fit surtout l'admiration de ses contemporains, c'est la mystérieuse chambre optique[6] dans laquelle il faisait apparaître tantôt les astres et la lune se levant au-dessus de montagnes rocheuses, tantôt de vastes paysages avec des montagnes et des golfes qui se perdaient au loin dans la brume, avec des flottes qui fendaient la mer, avec des alternatives de lumière et d'ombre. Il accueillait avec joie les créations d'autrui, et en général toute œuvre conforme à la loi de la beauté lui paraissait presque divine[7]. Qu'on ajoute à cela une grande activité littéraire : ses écrits sur l'art en général offrent au lecteur des points de repère et d'importants témoignages pour la renaissance des formes de l'art des anciens, particulièrement en ce qui concerne l'architecture. Puis viennent des compositions latines en prose, des nouvelles, etc., dont plusieurs ont été prises pour des œuvres de l'antiquité, de joyeux propos de table, des élégies, des églogues; d'autre part, un ouvrage en quatre livres « des affaires domestiques », écrit en italien[8], des traités de morale, de philosophie, d'histoire, des discours, des poésies, même une oraison funèbre en l'honneur de son chien. Malgré son culte pour la langue latine, il écrivit souvent en italien et engagea d'autres auteurs à se servir de cette langue; disciple de la science grecque, il proclama hautement cette idée que sans le christianisme, le monde s'agiterait dans une vallée d'erreurs. Ses paroles sérieuses et ses bons mots ont paru assez remarquables pour être recueillis; on en cite des colonnes entières dans la biographie dont nous avons parlé. Tout ce qu'il avait, tout ce qu'il savait, il le mettait généreusement à la disposition de tous, ainsi que font les riches et puissantes natures; quant à ses plus grandes inventions, il les abandonnait au public sans prétendre à aucune rémunération. Enfin on nous livre la source la plus intime de son être : une vive participation à tout, une sympathie profonde, que l'on pourrait presque appeler nerveuse, avec toute chose. La vue des beaux arbres ou d'une riche campagne lui arrachait des larmes; il admirait les beaux et majestueux vieillards comme « les délices de la nature » et ne pouvait se lasser de les contempler; même des animaux de forme parfaite parlaient à son cœur parce qu'ils avaient été particulièrement favorisés par la nature; plus d'une fois la vue d'une belle contrée l'a guéri quand il était malade[9]. Il n'est pas étonnant que devant cette mystérieuse communion avec le monde extérieur, on lui ait attribué le don de prévoir l'avenir. On prétend qu'il a prédit une crise sanglante de la maison d'Este, ainsi que la destinée réservée à Florence et aux papes pendant un certain nombre d'années; de même il passait pour savoir lire sans se tromper sur la physionomie des gens. Il va sans dire qu'une extrême force de volonté animait toute cette personnalité; de même que les plus grands hommes de la Renaissance, il disait : « Les hommes peuvent par nature tout du moment qu'ils veulent. »

Léonard de Vinci est à Alberti ce que l'artiste accompli est au débutant, ce que le maître est à l'amateur. Quel dommage que l'œuvre de Vasari ne soit pas complétée par une biographie comme celle de Léon-Baptiste! Nous devrons toujours deviner de loin l'immense profil du génie de Léonard.

3

La gloire moderne.

Au développement de l'individu correspond aussi un nouveau genre de signe extérieur : la gloire moderne[1].

En dehors de l'Italie, les différentes classes de la société vivaient chacune à part, avec les avantages héréditaires qu'elles avaient conquis au Moyen Age. La gloire politique des troubadours et des minnesaengers, par exemple, n'existe que pour les chevaliers. En Italie, au contraire, toutes les classes sont égales devant la tyrannie ou devant la démocratie; on y voit déjà poindre une société homogène qui a son point d'appui dans la littérature italienne et latine : il fallait ce terrain pour faire germer l'élément nouveau qui allait entrer dans la vie. Ajoutez à cela que les auteurs latins, que l'on commençait à étudier sérieusement, sont pleins de l'idée de gloire dont le système de référence, l'empire romain, qui revient sans cesse dans leurs écrits, s'impose à l'Italie comme un idéal vers lequel elle doit tendre. Par suite, tout ce que veulent, tout ce que font les Italiens est dominé par des aspirations inconnues au reste de l'Occident.

C'est encore Dante qu'il faut écouter en première ligne, comme dans toutes les questions capitales. Il a aspiré au laurier poétique[2] de toutes les forces de son âme; même comme publiciste et comme littérateur, il est fier de dire que tout ce qu'il a produit est essentiellement neuf, que non seulement il est le premier, mais encore qu'il veut être appelé le premier qui ait marché dans des voies inconnues[3]. Pourtant il parle déjà dans ses écrits en prose des inconvénients que présente une gloire éclatante; il sait combien de gens sont désenchantés quand ils voient de près l'homme célèbre, et il explique cette désillusion soit par les préjugés d'une multitude qui raisonne comme les enfants,

61. Andrea Riccio, tombeau de Marc Ant. della Torre. Détail : Allégorie de la gloire des lettrés, victorieuse de la Mort; Paris, Louvre. (Archives photographiques. Paris). ▶

soit par l'envie qui rabaisse tout, soit par l'imperfection du grand homme lui-même[4]. Dans son grand poème surtout il insiste sur le néant de la gloire, bien qu'il le fasse d'une manière qui montre que son cœur ne s'est pas encore détaché entièrement du plaisir de l'acquérir. Dans le Paradis, la sphère de Mercure est la demeure des bienheureux[5] qui sur la terre ont aspiré à la gloire et qui ont affaibli par là les « rayons du pur amour ». Mais ce qui est surtout caractéristique, c'est que les âmes des pauvres pécheurs relégués dans l'Enfer demandent à Dante de renouveler leur gloire et d'entretenir leur souvenir sur la terre[6], pendant que celles qui sont dans le Purgatoire ne demandent que son intercession en vue de leur satisfaction[7]; même, dans un passage célèbre[8], le désir de la gloire, *lo gran disio dell' eccellenza,* est condamné par le poète parce que la gloire intellectuelle, loin d'être absolue, dépend du temps et que, selon les circonstances, elle est surpassée ou éclipsée dans les âges suivants.

La génération de poètes philologues qui surgit après Dante s'empare du domaine de la gloire dans un double sens : ils deviennent eux-mêmes les plus grandes célébrités de l'Italie, et en même temps, comme poètes et comme historiens, ils disposent selon leur bon plaisir de la gloire d'autrui. Le symbole extérieur de ce genre de gloire, c'est surtout le couronnement des poètes dont il sera question plus bas.

Un contemporain de Dante, Albertinus Musattus ou Mussatus, couronné comme poète à Padoue par l'évêque et par le recteur, jouissait d'une gloire qui frisait l'apothéose : tous les ans, au jour de Noël, des docteurs et des étudiants des deux collèges de l'Université venaient en procession solennelle, avec des trompettes et, paraît-il, avec des cierges allumés, lui présenter leurs hommages[9] et lui apporter leurs présents. On continua de lui rendre ces honneurs extraordinaires jusqu'au moment où il tomba en disgrâce sous le règne d'un tyran issu de la maison de Carrare (1318).

Pétrarque aussi respire à pleins poumons l'encens réservé autrefois aux héros et aux saints, et il se persuade même dans ses dernières années qu'il est incommodé par ce parfum qui le suit partout. Sa lettre « à la postérité[10] » est en quelque sorte le compte rendu de sa vie, que l'illustre vieillard doit à la curiosité publique; il voudrait bien que son nom fût glorieux dans l'avenir, mais il aimerait mieux n'avoir pas les ennuis de la gloire dans le présent[11]; dans ses dialogues sur le bonheur et le malheur[12], les arguments les plus forts sont produits par l'interlocuteur qui montre le néant de la gloire. Mais faut-il en vouloir à Pétrarque s'il est heureux de voir que le Paléologue qui règne sur Byzance[13] le connaît par ses écrits aussi bien que le connaît l'empereur Charles IV lui-même? En effet, même de son vivant, sa réputation s'étendait au-delà de l'Italie. Et n'éprouva-t-il pas une émotion légitime lorsque, revoyant pour quelques jours Arezzo, sa patrie (1350), il fut accueilli par ses amis qui le conduisirent à la maison où il avait reçu le jour et lui annoncèrent que la ville veillerait à ce qu'on n'y changeât jamais rien[14]? Autrefois on conservait pieusement les demeures de certains saints illustres, comme, par exemple, la cellule de saint Thomas d'Aquin chez les Dominicains de Naples, et le réduit de saint François d'Assise; tout au plus y avait-il encore quelques grands jurisconsultes qui jouissaient de cette considération à moitié fabuleuse et de cet honneur extraordinaire; c'est ainsi que, vers la fin du XIVe siècle, le peuple respectait encore un vieux bâtiment de Bagnolo près de Florence, comme étant l'« étude » d'Accurse (né vers 1150), ce qui plus tard ne l'empêcha pas de le laisser détruire[15]. Il est probable que les sommes énormes que gagnaient certains jurisconsultes par leurs consultations et leurs mémoires, et d'autre part leurs relations politiques, frappaient vivement les imaginations, et que ces souvenirs passaient à la postérité la plus reculée.

On honorait de même les tombeaux des hommes illustres[16]; pour ce qui concerne Pétrarque en particulier, la ville d'Arquà où il était mort devint un séjour aimé des Padouans, et elle se couvrit d'habitations élégantes[17]. Tout cela se faisait à une époque où le Nord n'avait que des pèlerinages, des images miraculeuses, des reliques, mais pas « d'endroits classiques ». Les villes mirent leur point d'honneur à posséder les ossements de personnages célèbres indigènes ou étrangers, et l'on est étonné de voir que dès le XIVe siècle, longtemps avant Santa-Croce, les Florentins songeaient très sérieusement à faire de leur dôme un Panthéon. Accurse, Dante,

Pétrarque, Boccace et le jurisconsulte Zanobi della Strada devaient y avoir des mausolées[18]. Dans les dernières années du XVe siècle, Laurent le Magnifique en personne alla demander aux habitants de Spolète de lui céder les restes du peintre Fra Filippo Lippi pour le dôme de Florence; ils lui répondirent que leur ville ne possédait pas trop d'ornements, surtout que les hommes célèbres n'y abondaient pas, et qu'ils le priaient de leur faire grâce de sa requête; en effet, Laurent dut se contenter d'un simple cénotaphe. Malgré toutes les démarches auxquelles Boccace, avec une amertume pleine d'emphase, poussa sa ville natale[19], Dante lui-même continua de reposer paisiblement près de San-Francesco à Ravenne, « entre d'antiques tombeaux d'empereurs et des caveaux de saints, dans une compagnie plus honorable que celle que tu pouvais lui offrir, ô patrie ». Déjà alors on voyait parfois un fanatique prendre impunément les cierges de l'autel et les mettre près du tombeau du poète en disant: « Prends-les, tu en es plus digne que l'autre, le crucifié[20]. »

Les villes italiennes se rappellent aussi leurs habitants et leurs concitoyens d'autrefois. Peut-être Naples n'avait-elle jamais oublié entièrement le tombeau de Virgile, dont le nom était resté légendaire. Enfin, au XVIe siècle, Padoue croyait posséder non seulement les ossements de son fondateur troyen Anténor, mais encore ceux de Tite-Live[21]. « Sulmone, dit Boccace[22], se plaint qu'Ovide soit enseveli dans la terre d'exil, tandis que Parme est heureuse de se dire que Cassius repose dans ses murs. » Dès 1257, les Mantouans frappaient une médaille représentant le buste de Virgile et érigeaient une statue qui devait figurer le grand poète[23]; dans un mouvement d'orgueil féodal, le tuteur du Gonzague d'alors, Charles Malatesta, la fit renverser en 1392; mais il fut obligé de la faire remettre sur son piédestal, et de satisfaire à l'opinion publique qui commandait le respect de cette gloire antique. Peut-être montrait-on déjà alors à deux milles de la ville la grotte où, dit-on, Virgile avait médité autrefois[24], de même qu'on montrait près de Naples la *scuola di Virgilio.* Côme s'appropria les deux Pline[25], et, vers la fin du XVe siècle, elle immortalisa leur mémoire au moyen de deux statues assises, placées sous d'élégants baldaquins sur la façade de son dôme.

L'histoire et la topographie, cette science de récente origine, s'arrangent de manière à ne plus laisser dans l'oubli aucune gloire locale, tandis que les chroniques du Nord, en relatant l'exaltation des

62

papes, l'avènement des empereurs, les tremblements de terre et l'apparition des comètes, se contentent de dire de temps à autre qu'à telle ou telle époque a aussi « fleuri » tel ou tel homme célèbre. Nous examinerons ailleurs comment, sous l'influence de l'idée de la gloire, la biographie a pris dans la littérature une place très considérable; pour le moment nous nous bornerons à parler du patriotisme local

63

64

62. « Philologia symbolica ». Le savant Albericus Longus de Salente éclaire « le labyrinthe des ténèbres » au-dessus. D'après Bocchi, Symbolicae quaestiones libri V; Bologne, 1555. 63. Bronzino, Andrea Doria en Neptune; Milan, Brera. (Photo Anderson). 64. Vasari, Laurent le Magnifique; Florence, Offices. (Photo Anderson). *Vers le milieu du XVIe siècle, l'adulation officielle arrive, à force de complications et d'hyperboles, à dépersonnaliser ceux qu'elle glorifie. Andrea Doria, l'amiral de Charles-Quint, devient tout simplement le dieu des mers; Vasari réussit, dans le portrait posthume de Laurent le Magnifique, à résumer toute l'activité de son héros, à force d'allusions symboliques subtiles et savantes; mais il a transformé par là l'image en discours.*

du topographe, qui enregistre les titres de gloire de sa ville natale.

Au Moyen Age, les villes avaient été fières de compter des saints et de posséder leurs corps et leurs reliques dans les églises[26]. C'est par là que le panégyriste de Padoue, Michel Savonarole[27], commence encore son énumération en 1450; mais ensuite il passe à des « hommes célèbres qui n'ont pas été des saints, mais qui, par la distinction de leur esprit et l'éclat de leur talent *(virtus)*, ont mérité d'être rattachés *(adnecti)* aux saints »; c'est ainsi que dans l'antiquité l'homme célèbre confine au demi-Dieu[28]. La suite de son énumération est on ne peut plus caractéristique pour le temps. C'est en première ligne Anténor, le frère de Priam, qui, à la tête d'une troupe de Troyens fugitifs, a fondé Padoue; le roi Dardanus, qui a vaincu Attila dans les montagnes euganéennes, a poursuivi le roi barbare et l'a tué à Rimini en le frappant avec un échiquier; l'empereur Henri IV, qui a bâti le dôme; un roi Marc, dont on conserve la tête à Monselice *(Monte silicis arce)*; puis quelques cardinaux et prélats qui ont fondé des établissements pieux, des collèges et des églises; le célèbre théologien Fra Alberto, de l'ordre des Augustins; une série de philosophes avec Paolo Veneto et l'illustre Pietro d'Albano en tête; le jurisconsulte Paolo Padovano; puis Tite-Live et les poètes Pétrarque, Mussato, Lovato. Si les célébrités militaires n'abondent pas, l'auteur s'en console en se disant que cette lacune est comblée par les hommes de science, et que la gloire intellectuelle dure plus longtemps que la gloire des armes, car cette dernière est souvent enterrée avec celui qui l'avait obtenue, et si elle lui survit, ce n'est que grâce aux savants. Quoi qu'il en soit, c'est un honneur pour la ville qu'il y ait du moins de fameux guerriers étrangers qui aient demandé à être ensevelis dans ses murs : tels sont Pierre de Rossi, de Parme, Philippe Arcelli, de Plaisance, surtout Gattamolata de Narni († 1443), dont la statue équestre en bronze, « semblable à un César triomphant », se dressait sur la place de l'église du Santo. Ensuite l'auteur cite des légions de jurisconsultes et de médecins; parmi ces derniers des amis de Pétrarque, tels que Johannes ab Horologio et Jacques de Dondis, gentilshommes qui non seulement avaient reçu le titre de chevalier comme tant d'autres, mais qui l'avaient aussi mérité, enfin des ingénieurs, des peintres et des musiciens célèbres. Celui qui clôt la liste, c'est le fameux maître d'armes Michel Rosso, dont on pouvait voir le portrait en maint endroit.

A côté de ces gloires locales auxquelles coopèrent le mythe, la légende, les travaux des littérateurs et l'admiration populaire, les poètes philologues construisent un Panthéon universel qui doit recevoir les gloires du monde entier; ils écrivent des recueils où figurent des hommes et des femmes célèbres; souvent ils s'inspirent directement de Cornélius Népos, du faux Suétone, de Valère Maxime, de Plutarque *(Mulierum virtutes),* de saint Jérôme *(De viris illustribus),* etc., ou bien ils imaginent des' triomphes et des assemblées idéales, comme Pétrarque dans son *Trionfo della fama,* Boccace dans son *Amorosa visione,* avec des centaines de noms dont les trois quarts au moins appartiennent à l'antiquité, tandis que les autres sont empruntés au Moyen Age[29]. Peu à peu, cet élément relativement moderne reçoit une plus grande extension; les historiens font entrer de véritables portraits dans leurs œuvres, et il se forme des recueils de biographies de contemporains célèbres, comme ceux de Philippe Villani, de Vespasiano Fiorentino, de Bartolommeo Facio[30], enfin celui de Paul Jove.

Quant au Nord, jusqu'au moment où l'influence de l'Italie s'étendit aux auteurs de cette région (par exemple, à Trithemius, le premier Allemand qui ait écrit des biographies d'hommes célèbres), il ne possédait que des légendes de saints, des histoires particulières et des monographies de princes et d'ecclésiastiques, œuvres qui s'appuient encore visiblement sur la légende et auxquelles l'idée de la gloire, c'est-à-dire de la notoriété personnelle, est absolument étrangère. La gloire poétique est encore l'apanage exclusif de certaines castes, et, sauf un très petit nombre d'exceptions, nous n'apprenons à connaître les noms des artistes du Nord qu'autant qu'ils jouent un rôle comme ouvriers et comme membres d'une corporation.

En Italie, au contraire, ainsi que nous l'avons fait remarquer, le poète philologue sait pertinemment que c'est lui qui distribue la gloire, l'immortalité et aussi l'oubli[31]. Boccace se plaint d'une belle qu'il a chantée et qui l'a repoussé afin de l'exciter à continuer de célébrer ses charmes, lui assurant ainsi la gloire, et il lui fait entendre qu'il essayera dorénavant de la critiquer[32]. Dans deux de ses sonnets, Sannazar menace d'une éternelle obscurité Alphonse de Naples qui a fui lâchement devant Charles VIII[33]. Relativement aux découverts à faire en Afrique, Ange Politien exhorte sérieusement (1491) le roi Jean de Portugal[34] à songer, pendant qu'il en est temps, à la gloire et à l'immortalité, et l'invite à lui envoyer à Florence des matériaux littéraires *(operosius excolenda);* autrement il pourrait avoir le sort de ceux dont les actions, oubliées des écrivains, « restent cachées dans le grand amas de décombres où vont se perdre les souvenirs de la fragilité humaine ». Le roi (ou du moins son chancelier) écouta cet avis et promit d'envoyer à Florence les annales qui racontaient les explorations faites en Afrique, traduites en italien et destinées à être rédigées en langue latine; on ne sait pas s'il a tenu sa promesse. Les prétentions de ce genre ne sont pas aussi vaines qu'elles le paraissent au premier abord; la forme sous laquelle les choses (même les plus importantes) se présentent aux contemporains et à la postérité, n'est rien moins qu'indifférente. Les humanistes italiens, avec leur manière d'exposer les faits et leur latin, ont réellement régné pendant des siècles sur le monde instruit d'Occident, et il n'y a pas cent ans que les poètes italiens étaient lus plus assidûment que ceux de toute autre nation. Le nom de baptême du Florentin Améric Vespuce fut donné à la quatrième partie du monde à cause de la relation que l'explorateur avait faite de son voyage. Si, malgré sa légèreté et ses qualités plus brillantes que solides, Paul Jove se promettait l'immortalité[35], ses espérances n'ont pas été tout à fait déçues.

A côté de ces moyens de garantir la gloire au-dehors, nous voyons de singulières échappées : l'ambition la plus colossale, une soif immense de grandeur, indépendante de l'objet et du résultat, nous apparaît parfois sous une forme effrayante de vérité. C'est ainsi que nous lisons dans la préface des *Histoires Florentines* de Machiavel, où l'auteur blâme le silence par trop indulgent de ses devanciers (Léonard Arétin, le Pogge) sur les partis qui divisent les villes : « Ils se sont grossièrement trompés; ils ont prouvé qu'ils connaissaient peu l'ambition des hommes et leur désir de perpétuer leur nom. Que d'individus, qui n'ont pu se distinguer par le bien, ont cherché à s'illustrer par le mal! Ces écrivains n'ont pas réfléchi que des actions ayant un caractère de grandeur, ce qui est particulier aux actions des souverains et des États, paraissent toujours entraîner plutôt l'admiration que le blâme, de quelque nature qu'elles soient et quel qu'en soit le résultat[36]. » Plus d'une fois, en racontant quelque formidable entreprise, des historiens sérieux indiquent comme mobile l'ardent désir de faire quelque chose de grand et de mémorable. Ici l'on voit, non pas une simple dégénérescence de la vanité ordinaire, mais des phénomènes vraiment monstrueux, c'est-à-dire l'action brutale, l'emploi des moyens les plus violents et l'indifférence complète à l'égard de la moralité du résultat. C'est ainsi que Machiavel lui-même conçoit, par exemple, le caractère de Stefano Porcaro[37]; les documents officiels disent à peu près la même chose des assassins de Marie-Galéas Sforza; Varchi lui-même (dans le livre V) attribue le meurtre du duc de Florence Alexandre (1537) à l'ambition de Lorenzino de Médicis. Mais Paul Jove[38] fait ressortir ce motif avec bien plus de force encore : Lorenzino, mis au pilori par un pamphlet de Molza pour avoir mutilé des statues antiques à Rome, médite une action dont la « nouveauté » est destinée à faire oublier cette punition infamante, et il assassine son parent et son souverain. – Ce sont des traits qui peignent bien cette époque de passions violentes et de forces déréglées qui aboutissent à des actions aussi monstrueuses que l'incendie du temple d'Ephèse au temps de Philippe de Macédoine.

4

La raillerie et le mot d'esprit.

Le correctif non seulement de la gloire et de l'ambition modernes, mais aussi de l'individualisme arrivé à un haut degré de développement, c'est la raillerie moderne, qui se produit autant que possible sous la forme triomphante du mot d'esprit.

65. Mantegna, Minerve chassant les Vices; Paris, Louvre. Détail : les vices comiques, Avarice, Ignorance, Ingratitude. (Archives photographiques, Paris).

Nous savons par l'histoire du Moyen Age comment des armées ennemies, des princes et des grands se blessent et s'irritent jusqu'à la fureur par des railleries amères, ou comment le vaincu est écrasé sous le poids de la honte qu'il se voit rappeler partout. Dans les controverses théologiques, on voit déjà de temps à autre le bon mot devenir une arme sous l'influence de la rhétorique et de l'épistolographie des anciens, et dans la poésie provençale se développe un genre particulier de chants de défi et de chansons moqueuses; ce ton ne manque pas non plus à l'occasion aux minnesængers, ainsi que l'attestent leurs poésies politiques[1]. Mais l'esprit ne pouvait devenir un élément autonome de la vie qu'à la condition d'avoir sa victime désignée, c'est-à-dire l'individu développé, ayant des prétentions personnelles. Mais alors il ne se borne plus à la parole et à l'écriture, il entre dans le domaine des faits : il fait des farces et joue des tours, ce qu'on appelle *burle* et *beffe,* qui constituent le fond de plusieurs recueils de nouvelles.

Les *Cent Vieilles Nouvelles,* qui remontent certainement à la fin du XIIIe siècle, n'ont encore pour élément principal ni le comique qui naît du contraste, ni le burlesque[2]; leur but est simplement de reproduire sous une forme simple, mais parfaite, de sages sentences, des histoires et des fables ingénieuses. Si quelque chose prouve l'antiquité de ce recueil, c'est précisément le manque d'ironie. En effet, aussitôt après le XIIIe siècle vient Dante, qui, sous le rapport de l'expression du mépris, laisse derrière lui tous les poètes du monde et qui, en fait de verve comique puissante et d'ironie colossale, est le maître par excellence : témoin ce merveilleux tableau de genre, la forte scène des escrocs qui figure dans l'Enfer[3]. Avec Pétrarque commencent[4] déjà les recueils de sentences à l'instar de Plutarque (Apophtegmes, etc.).

C'est Franco Sacchetti qui donne, dans ses nouvelles, le choix le plus remarquable de mots piquants dits à Florence pendant ce même siècle. La plupart du temps ce ne sont pas des histoires proprement dites, mais des réponses faites dans certaines circonstances, d'horribles naïvetés que débitent des écervelés, des bouffons de cour, des fripons, des courtisans, pour excuser leurs méfaits; ici le comique consiste dans le contraste violent de cette naïveté vraie ou apparente avec le monde réel et la morale ordinaire; c'est un monde renversé. Tous les moyens stylistiques sont employés, même, déjà, l'imitation des dialectes italiens du Nord. Souvent l'esprit est remplacé par l'insolence brutale, la tromperie grossière, le blasphème et l'ordure; quelques plaisanteries de condottiere[5] sont ce qu'il y a de plus cynique dans ce genre. Plus d'une farce rentre dans le haut comique; mais il en est aussi beaucoup qui sont simplement une preuve supposée de la supériorité personnelle d'un individu sur un autre. Nous ne savons pas ce qu'on se passait les uns aux autres, combien de fois la victime s'est contentée de mettre les rieurs de son côté par une riposte adroite; mais ce qui est certain, c'est

66

que ces tours révélaient souvent une méchanceté froide et brutale, et qu'ils ont dû souvent rendre la vie très incommode à Florence[6]. Déjà l'inventeur et narrateur de tours est devenu une figure qui s'impose[7]; il y a eu sans doute des virtuoses dans ce genre, des artistes bien supérieurs à tous les bouffons de cour, qui n'étaient stimulés ni par la concurrence, ni par le continuel changement de public, ni par la vive intelligence des auditeurs (toutes choses qui se rencontraient à Florence). Aussi voyait-on des Florentins explorer les cours des tyrans de la Lombardie et de la Romagne[8]; ils trouvaient leur compte à ces pérégrinations, tandis qu'ils auraient végété dans leur ville natale, où l'esprit courait les rues. Le type le moins vulgaire, c'est celui de l'homme amusant *(l'uomo piacevole);* au dernier degré de l'échelle est le bouffon et le parasite de bas étage, qui court aux noces et aux festins en se faisant ce raisonnement : « Si je n'ai pas été invité, ce n'est

66. Bouffon, nain du chevalier Ferdinand Cospi de Bologne d'après Ulisse Aldroandi, Monstrorum historia, T. I.

pas ma faute[9]. » De temps en temps ces farceurs aident à ruiner un jeune dissipateur; mais, en somme, ils sont traités en parasites et méprisés comme tels, tandis que les plaisantins d'un ordre plus élevé se considèrent à l'égal des princes et regardent leur esprit comme une puissance vraiment souveraine. Dolcibene, que l'empereur Charles IV avait proclamé « roi des farceurs d'Italie », dit un jour à ce prince, dans la ville de Ferrare : « Vous vaincrez le monde, parce que vous êtes mon ami et celui du Pape; vous combattez avec l'épée, le Pape avec ses bulles, moi avec la langue[10]. » Ce mot n'est pas une simple plaisanterie, il fait pressentir Pierre Arétin.

Vers le milieu du XVe siècle, les deux farceurs les plus célèbres étaient un curé du voisinage de Florence, Arlotto (1483), pour l'esprit délicat *(facezie)*, et le fou de la cour de Ferrare, Gonnella, pour les bouffonneries. Il serait erroné de comparer leurs tours et leurs bons mots avec ceux du curé de Kalenberg et de Till l'Espiègle; ces derniers ont une tout autre origine : ils sont à moitié mythiques, de telle sorte que tout un peuple y a travaillé et qu'elles s'adressent à tout le monde, tandis qu'Arlotto et Gonnella étaient des personnalités définies et connues. Mais si l'on veut entrer dans la voie des rapprochements et étendre la comparaison aux « facéties » des peuples étrangers à l'Italie, on trouvera en somme que, dans les fabliaux français[11] comme chez les Allemands, la facétie a pour premier objet un avantage matériel à obtenir ou une jouissance positive à éprouver, tandis que les mots plaisants d'Arlotto et les farces de Gonnella sont en quelque sorte désintéressés et que leurs auteurs n'ont en vue qu'une satisfaction d'amour-propre. (D'autre part, Till l'Espiègle apparaît comme un type à part, savoir comme une personnification, assez fade d'ailleurs, de la raillerie dirigée contre certaines classes et certaines professions). Le bouffon de la cour d'Este s'est plus d'une fois vengé de ceux qui l'humiliaient par des sarcasmes amers et des tours raffinés[12].

Les deux espèces de l'*uomo piacevole* et du bouffon ont vécu bien plus longtemps que la liberté de Florence. Sous le duc Côme florissait Barlacchia, au commencement du XVIIe siècle Francesco Ruspoli et Curzio Marignolli. En vrai Florentin qu'il est, le pape Léon X a une prédilection tout à fait extraordinaire pour les bouffons. Malgré son amour pour les plaisirs les plus délicats de l'esprit, ce prince supporte et veut à sa table des bouffons et des goinfres grotesques, au nombre desquels se trouvent deux moines et un cul-de-jatte[13]; les jours de fête, il les traitait, avec une ironie renouvelée de l'antiquité, en véritables parasites, et leur faisait servir des singes et des corbeaux comme des rôtis délicieux. En général, Léon X se réservait la farce pour son propre usage; il rentrait notamment dans son genre d'esprit d'appliquer parfois l'ironie à ses occupations favorites, la poésie et la musique; c'est ainsi que lui et son factotum, le cardinal Bibiena[14], s'amusèrent à encourager pour rire les ratés de ces deux arts. Tous deux trouvèrent que ce n'était pas déroger à leur dignité que d'entreprendre un bon vieux secrétaire et de le travailler tant et si bien qu'il finit par se croire un grand théoricien en fait de musique. A force de flatteries et de compliments sans cesse répétés, Léon X poussa l'improvisateur Baraballo de Gaëte si loin que le malheureux sollicita sérieusement l'honneur d'être couronné comme poète au Capitole. Le jour de la fête des patrons de la maison de Médicis, saint Côme et saint Damien, il lui fallut d'abord paraître à la table pontificale avec la couronne de laurier et le manteau de pourpre, et égayer par des déclamations le repas de Sa Sainteté; puis, au moment où tout le monde riait à se tordre, il dut monter, dans la cour du Vatican, l'éléphant harnaché d'or qu'Emmanuel le Grand de Portugal avait envoyé au Saint-Siège; pendant ce temps le Pape lorgnait[15] ce spectacle du haut de son balcon. Mais l'animal fut effrayé par le bruit des timbales et des trompettes, et jamais on ne put lui faire franchir le pont Saint-Ange.

La parodie de tout ce qui est grand et solennel, telle qu'elle nous apparaît dans cette cérémonie bouffonne, avait déjà pris alors une place considérable dans la poésie[16]. Sans doute elle était obligée de choisir d'autres victimes que celles auxquelles Aristophane osait s'attaquer, par exemple, quand il mettait en scène les grands tragiques grecs. Mais la même maturité intellectuelle qui, chez les Grecs, fit naître la parodie à une époque déterminée, la fit fleurir également en Italie. Dès la fin du XIVe siècle, les plaintes amoureuses de Pétrarque sont parodiées sous la forme de sonnets burlesques; même la forme solennelle de ces suites de quatorze vers est ridiculisée à l'aide de non-sens mystérieux. C'est surtout à propos de la *Divine Comédie* que le goût de la parodie se donna carrière; Laurent le Magnifique a su déployer la verve comique la plus brillante dans le style de l'*Enfer (Simposio* ou *I Beoni).* Luigi Pulci, dans son *Morgante,* imite visiblement les improvisateurs; de plus, sa poésie et celle de Bojardo sont déjà la vague parodie de la poésie chevaleresque du Moyen Age. Puis vient le grand parodiste Théophile Folengo (qui florissait vers 1520), qui s'attaque directement aux Roland et aux Amadis. Sous le pseudonyme de Limerno Pitocco, il compose son *Orlandino,* où la chevalerie n'est plus qu'un cadre ridicule et suranné dans lequel il place une foule d'idées et de figures modernes; sous le nom de Merlin Coccaie, il décrit les faits et gestes de ses vagabonds fantastiques, qu'il agrémente également d'anachronismes plaisants; il raconte leurs aventures en hexamètres à moitié latins et s'approprie plaisamment la forme solennelle de l'épopée sérieuse d'alors *(Opus Macaronicorum).* Depuis, la parodie n'a jamais cessé d'être représentée au Parnasse italien, et quelquefois elle l'a été avec un véritable éclat.

Tant que la Renaissance maintient son niveau, on aime analyser le trait d'esprit, en faire la théorie et poser la règle de son emploi dans la bonne société. Le théoricien est Joviano Pontano[17]; dans son ouvrage sur l'art de parler, notamment dans le troisième et le quatrième livre, il essaie d'arriver à un principe général par l'analyse d'un certain nombre de bons mots ou *facetiæ*. Quant à la manière d'employer l'esprit parmi les gens de qualité, c'est Balthazar Castiglione qui l'enseigne dans son *Cortigiano*[18]. Naturellement il s'agit surtout de l'art d'égayer des tiers en reproduisant des histoires comiques ou gracieuses et des mots plaisants; l'auteur met plutôt en garde contre la plaisanterie directe, parce que, dit-il, elle est un moyen de blesser des malheureux, de faire trop d'honneur à des criminels et d'exciter à la vengeance des personnages puissants et des gens gâtés par la fortune; de même, au point de vue de la narration, il recommande à l'homme de qualité un emploi modéré de l'imitation, notamment mimique. Puis vient, non pas à titre de modèles à reproduire mais de paradigme pour de beaux esprits futurs, un volumineux recueil de tours et de mots plaisants, méthodiquement rangés par catégories, parmi lesquels il y en a beaucoup d'excellents et de parfaits. Environ vingt ans plus tard, Giovanni della Casa professe une doctrine beaucoup plus sévère et plus méticuleuse dans ses conseils pour former aux bonnes manières[19]; relativement aux conséquences, il veut qu'on bannisse entièrement des mots plaisants et des facéties l'idée d'un triomphe personnel. Il est le héraut d'une réaction qui devait se produire fatalement.

En effet, l'Italie était devenue une école de

blasphème comme on n'en a pas vu une seconde depuis, même dans la France de Voltaire. A celui-ci et à ses disciples, l'esprit négatif ne manquait certes pas; mais où le XVIIIe siècle aurait-il pris des victimes dignes de son ironie? où aurait-il trouvé ces figures innombrables, aussi grandes qu'originales, ces célébrités de tout genre, hommes d'État, prêtres, inventeurs, explorateurs, savants, poètes et artistes dont l'originalité s'imposait à l'admiration de tous? Au XVe et au XVIe siècle cette phalange existait, et à côté d'elle la culture partout répandue avait produit une légion de beaux esprits sans portée, de critiques méchants, de Zoïles sans pudeur, dont l'envie réclamait ses hécatombes; ajoutez à cela la jalousie qui excitait les uns contre les autres les hommes célèbres. Il est avéré que ce sont les philologues qui ont commencé à s'entre-déchirer; tels sont : Filelfo, le Pogge, Lorenzo Valla, etc.; les artistes du XVe siècle, au contraire, quoique rivaux par le talent, vivent en bonne intelligence entre eux, ce dont l'histoire de l'art peut prendre acte.

Comme nous l'avons dit, Florence, ce grand centre des grands hommes, devance pendant quelque temps, sous ce rapport, toutes les autres villes. « Œil perçant, mauvaise langue », tels sont les traits distinctifs des Florentins[20]. Une douce raillerie qui s'attaquait à toutes choses était probablement le ton habituel de la société. Machiavel, dans le remarquable prologue de sa *Mandragora,* déduit à tort ou à raison de la médisance générale l'abaissement visible des caractères, et il menace, du reste, ses détracteurs en leur rappelant qu'il s'entend, lui aussi, à médire. Puis vient la cour pontificale, qui est depuis longtemps le rendez-vous des langues les plus affilées. Les *Facetiæ* du Pogge sont datées de « l'office de mensonges » des secrétaires apostoliques, et, si l'on considère le grand nombre de coureurs de places déçus, d'ennemis et de concurrents ambitieux des gens favorisés du sort, d'amuseurs professionnels des dignitaires immoraux qui étaient réunis à Rome, on ne peut trouver extraordinaire que cette ville soit devenue l'asile du pasquin et de la satire personnelle. Si l'on ajoute à cela les griefs qu'inventait l'antipathie générale contre la domination des gens d'Église et le besoin, inné chez la populace, d'attribuer aux puissants les vices les plus horribles, on trouve un total effrayant de médisances[21]. Les gens en vue se défendaient victorieusement contre ces attaques par le dédain, pour ce qui concernait les accusations fondées aussi bien que les accusations mensongères, et n'en continuaient pas moins leur vie brillante et joyeuse[22]. Mais parfois des âmes tendres tombaient dans une sorte de désespoir, prisonnières à la fois de leurs fautes passées et des propos malveillants[23]. Peu à peu la médisance en vint à ne plus respecter personne, et ce fut précisément la vertu la plus austère qui fut en butte aux attaques les plus violentes. C'est ainsi qu'à propos du grand orateur sacré Fra Egidio de Viterbe, dont Léon X récompensa le mérite par le chapeau de cardinal, et qui, lors des malheurs de l'année 1527, montra toute l'énergie d'un moine populaire[24], Paul Jove fait entendre qu'il entretenait sa pâleur ascétique au moyen de la fumée provenant de paille humide enflammée, etc. Jove est dans ces circonstances un véritable curial[25]; en général, il débite sa petite histoire en ayant soin d'ajouter qu'il n'en croit pas un mot, et, dans une observation générale, il laisse deviner qu'elle pourrait pourtant être vraie jusqu'à un certain point. La victime qui eut le plus à souffrir de la médisance romaine, fut l'austère et pieux Adrien VI; tout le monde s'entendait en quelque sorte pour ne le considérer que par le côté burlesque. Dès les premiers jours, il se brouilla avec la plume redoutable d'un Francesco Berni, en menaçant de faire jeter dans le Tibre, non pas comme on l'a dit la statue de Pasquin[26], mais les pamphlétaires. La réponse à cette menace fut le célèbre opuscule « contre le pape Adrien », libelle dicté non par la haine, mais par le mépris qu'inspirait ce barbare ridicule, croisé de Hollandais et d'Allemand; l'auteur réserve sa violence pour les cardinaux qui l'ont élu. On lui impute la peste qui désolait Rome en ce temps-là; Berni et d'autres[27] dépeignent aussi l'entourage du Pape, les Allemands qui le dominent, avec la liberté piquante du feuilleton moderne qui travestit et qui grossit tout. La biographie que Paul Jove écrivit à la commande du cardinal de Tortosa, et qui, dans le fait, devait être un panégyrique, est, pour tous ceux qui savent lire entre les lignes, un modèle de raillerie. Rien de comique (surtout pour l'Italie de ce temps-là) comme le passage où Adrien fait des démarches auprès du chapitre de Saragosse pour avoir la mâchoire de saint Lambert; celui où les dévots espagnols le couvrent de toutes sortes d'ornements « jusqu'à ce qu'il ait bien l'air d'un pontife pomponné selon les règles »; et ces autres passages qui décrivent comment il va d'Ostie à Rome en un cortège hâtif et de mauvais goût, délibère pour savoir si Pasquin périra par l'eau ou par le feu, interrompt tout à coup les discussions les plus graves parce qu'on lui annonce le dîner, et finit, après un règne malheureux, par mourir pour avoir bu trop de bière; sur quoi la maison de son médecin particulier est enguirlandée par des noctambules et ornée de cette inscription : *Liberatori Patriæ S. P. Q. R.* Sans doute, lors de la suppression de toutes les rentes, Paul Jove avait aussi perdu la sienne, et il n'avait obtenu un bénéfice à titre de dédommagement que parce qu'il n'était « pas un poète », c'est-à-dire pas un païen. Mais il était écrit qu'Adrien serait la dernière grande victime de ce genre. Après les malheurs de Rome (1527), la médisance et la calomnie diminuèrent visiblement en même temps que la perversité des individus.

Pendant que les mauvaises langues avaient encore beau jeu, le plus grand calomniateur des temps modernes, Pierre Arétin, s'était formé surtout à l'école de Rome. Un coup d'œil jeté sur sa vie nous dispensera de nous occuper d'écrivains moins célèbres dans ce genre.

Nous connaissons principalement les trente dernières années de sa vie (1527-1556), qu'il passa à Venise, le seul asile possible pour lui. Retranché dans la ville des lagunes, il tenait toutes les célébrités de l'Italie comme en état de siège; c'est là qu'affluaient aussi les présents des princes étrangers qui employaient ou redoutaient sa plume. Charles-Quint et François Ier le pensionnaient tous les deux en même temps, parce que chacun espérait qu'Arétin écrirait des choses désagréables contre son adversaire; Arétin les flattait tous deux, mais s'attacha, comme de raison, plus étroitement à Charles-Quint, parce que celui-ci resta le maître en Italie. Après la victoire remportée par Charles sur Tunis (1535), il quitte son ton habituel pour prendre celui de l'emphase la plus ridicule et diviniser son héros; il faut remarquer à ce propos qu'Arétin ne cessa de se bercer de l'espérance que Charles-Quint l'aiderait à devenir cardinal. Il est probable qu'il jouit d'une immunité toute spéciale en sa qualité d'agent espagnol, parce que par ses écrits ou par son silence on pouvait peser sur les petits princes italiens et sur l'opinion publique. Il affectait le mépris le plus profond pour la papauté, sous prétexte qu'il la connaissait de près; la véritable raison de son mépris était qu'à Rome on ne pouvait et ne voulait plus le payer comme il l'aurait désiré[28]. Il gardait un silence prudent sur Venise qui lui donnait l'hospitalité. Quant au reste, ses relations avec les grands se bornent à la mendicité et au vulgaire chantage.

C'est Arétin qui le premier fait un abus violent de la publicité pour arriver à ces fins méprisables. Les écrits polémiques que le Pogge et ses adversaires avaient échangés un siècle auparavant, sont tout aussi infâmes, si l'on en considère le but et le ton; mais ils ne sont du moins destinés qu'à une sorte de demi-publicité. Arétin, au contraire, veut la publicité la plus large et la plus complète; il est, à certains égards, un des créateurs du journalisme moderne. Il fait paraître des recueils périodiques de ses lettres et d'autres articles, après qu'ils ont déjà circulé partout[29].

Comparé aux plumes mordantes du XVIIIe siècle, Arétin a l'avantage de ne pas s'embarrasser de principes gênants, de lumières à répandre, de philanthropie ou d'autres vertus à pratiquer, ni même de connaissances à propager; tout son bagage se réduit à la devise connue : « *Veritas* » *odium parit*. Aussi ne fut-il jamais dans une fausse position, comme Voltaire, par exemple, qui fut obligé de renier sa *Pucelle* et de cacher pendant toute sa vie d'autres de ses œuvres; Arétin signait tous ses écrits, et même, sur la fin de sa carrière, il se vante ouver-

67

68 ▶

67 (et 68, détail). Titien, portrait de l'Arétin; Florence, Galerie Pitti. (Photo Alinari).

tement de ses fameux *Ragionamenti.* Son talent littéraire, sa prose claire et piquante, son esprit observateur le rendraient remarquable de toute façon, même à côté de sa complète impuissance à concevoir une œuvre d'art proprement dite, comme, par exemple, le plan d'une comédie vraiment dramatique. Qu'on ajoute à cela la méchanceté la plus grossière et la plus raffinée à la fois, avec le don d'exceller dans le genre grotesque, où souvent il n'est pas inférieur à Rabelais lui-même[30].

Ainsi armé pour la lutte, il se jette sur sa proie ou tourne autour d'elle en attendant qu'il puisse la dévorer. La manière dont il exhorte Clément VII à ne pas se plaindre, à ne pas songer à la vengeance, mais à pardonner[31], pendant que les cris de douleur de Rome dévastée s'élèvent juqu'au château Saint-Ange, où le Pape est prisonnier, dénote la malice d'un singe ou d'un démon. Parfois, quand il lui faut absolument renoncer à l'espérance de recevoir des présents, sa fureur éclate en hurlements sauvages, comme, par exemple, dans le capitolo consacré au prince de Salerne. Celui-ci l'avait payé pendant quelque temps et ne voulait plus continuer de le pensionner; d'autre part, il paraît que le terrible Pierluigi Farnèse, duc de Parme, ne fit jamais attention à lui. Comme ce prince avait renoncé, pour cause, à trouver grâce devant l'opinion publique, il n'était plus facile de l'atteindre; Arétin l'essaya toutefois[32], en comparant son extérieur à celui d'un sbire, d'un meunier et d'un boulanger. Arétin est surtout amusant lorsqu'il prend le ton larmoyant du mendiant de profession, par exemple, quand il s'adresse à François Ier; par contre, on ne lira jamais sans être écœuré les lettres et les poèmes où il mêle la flatterie à la menace, malgré les traits comiques qu'il y prodigue. On ne trouverait peut-être pas une seconde lettre comme celle qu'il adressa à Michel-Ange, au mois de novembre 1545[33]; tout en l'accablant de témoignages d'admiration (à cause de son *Jugement dernier*), il le menace parce qu'il est irréligieux, indécent, voleur (aux dépens de l'héritier de Jules II); enfin, dans un post-scriptum destiné à apaiser le grand artiste, il ajoute : « J'ai voulu simplement vous montrer que, si vous êtes *divino (di vino),* je ne suis pas non plus *d'acqua*[34]. » En effet, soit folle outrecuidance, soit manie de parodier tout ce qui était célèbre, il tenait à être appelé divin et à entendre partout cette épithète que lui avait donnée un de ses flatteurs. Quoi qu'il en soit, il parvint à un tel degré de célébrité que, dans la ville d'Arezzo, on montrait la maison où il était né comme une des curiosités de l'endroit[35]. Sans doute il restait, d'autre part, des mois entiers sans oser franchir le seuil de sa porte, pour ne pas tomber entre les mains d'un Florentin irrité, comme le plus jeune des Strozzi, par exemple; les coups de poignard et les bastonnades ne lui ont pas manqué[36], bien que le résultat n'en ait pas été tel que Berni l'avait prédit dans son sonnet fameux : il mourut dans sa maison, à la suite d'une attaque d'apoplexie.

Dans la distribution de ses flatteries il fait des distinctions curieuses : aux étrangers il offre l'encens le plus grossier; pour des gens comme le duc Côme de Florence il réserve la louange délicate[37]. Il loue la beauté du prince, qui était encore jeune à cette époque, et qui, en effet, ressemblait beaucoup à Auguste sous ce rapport; il vante la pureté de sa vie, fait une courte digression sur les affaires d'argent de la mère de Côme, Marie Salviati, et termine en mendiant un secours, en gémissant sur la dureté des temps, etc. Mais si Côme le pensionnait[38], si, étant donné sa parcimonie habituelle, il lui servait une pension assez élevée (160 ducats par an dans les derniers temps), cela tenait en partie à ce qu'en sa qualité d'agent espagnol il était un homme fort dangereux. Arétin pouvait se permettre de débiter contre Côme les injures les plus violentes, tout en menaçant le chargé d'affaires florentin de le faire avant peu révoquer par le duc. Et, bien qu'à la fin le Médicis se vît deviné par Charles-Quint, il n'en devait pas moins craindre qu'Arétin ne fît circuler à la cour impériale des mots piquants et des vers satiriques dirigés contre lui. Une flatterie d'un tour fort original est celle qu'il adresse au fameux marquis de Marignano, qui, étant simple châtelain de Musso » (voir Ire partie, chap. III, *in fine*), essaya de fonder un État indépendant. Pour le remercier de lui avoir envoyé cent écus, Arétin lui écrit : « Toutes les qualités qui doivent orner un prince se rencontrent en vous; tout le monde s'accorderait à le reconnaître si la violence inséparable des débuts d'un souverain ne vous faisait paraître encore un peu rude *(aspro)*[39]. »

On a souvent relevé, à titre de phénomène curieux, le fait que la méchanceté d'Arétin s'est toujours exercée contre les hommes, et jamais contre Dieu. Ses croyances sont chose tout à fait insignifiante, étant donné la manière dont il a vécu; il en est de même de ses ouvrages d'édification, qu'il n'a faits que dans des vues d'intérêt personnel[40]. Je ne vois pas, du reste, ce qui aurait pu l'entraîner à blasphémer. Il n'était ni docteur ni théoricien; il ne pouvait pas extorquer de l'argent à Dieu en employant la menace et la flatterie; n'ayant pas de refus à encourir, il n'avait pas lieu de proférer des blasphèmes. Un homme comme lui ne fait rien pour rien.

Ce qui témoigne en faveur de l'esprit italien actuel, c'est qu'un tel caractère et une telle manière de procéder sont devenus absolument impossibles. Mais, au point de vue historique, Arétin restera toujours une figure considérable.

NOTES

Préface.

LA CIVILISATION DE LA RENAISSANCE AUJOURD'HUI

1. W. Kaegi, *Jakob Burckhardt, Eine Biographie,* t. IIII, Bâle-Stuttgart 1956, p. 687 sqq.

2. On se rend compte ainsi de l'erreur des éditions augmentées par Geiger: compléter minutieusement des chapitres choisis avec une telle liberté, équivaut, comme disent les mathématiciens, à prendre π avec vingt décimales pour calculer la circonférence, quand on a mesuré le diamètre au jugé.

3. Werner Kaegi, *op. cit.,* pp. 687-700.

4. Ainsi dans le chapitre sur les guerres comme œuvres d'art, ou dans plusieurs remarques sur la satire en Italie, et dans les pays transalpins, sur la morale sexuelle, sur le prétendu déclin des superstitions au XVIᵉ siècle, ou, au début de la deuxième partie, la preuve que tous les aspects de la vie politique italienne durent contribuer à l'émancipation de l'individu.

5. Depuis, l'essai de construire une « sociologie de la Renaissance » dans un esprit burckhardtien, et qui se réclame de lui tout en le complétant, a été entrepris par A. von Martin (*Soziologie der Renaissance,* Stuttgart 1932; trad. angl., New York 1944). L'élément moteur est trouvé, on s'en doute, dans le capitalisme naissant.

6. La thèse de la continuité, où la Renaissance apparaît simplement comme un dernier épisode du Moyen Age, avait été développée avec une évidente exagération par Joh. Nordström (*Moyen Age et Renaissance,* trad. franç. Paris 1933; l'édition originale, en suédois, Upsal 1929).

7. Comp. sur ce sujet J. Lestocquoy, *Les Villes de Flandre et d'Italie sous le gouvernement des patriciens,* Paris 1952, un livre « à thèse » qui, il est vrai, ne couvre que le début de notre période.

8. *Historische Fragmente,* Stuttgart 1942, p. 75.

9. *Le déclin du Moyen Age,* trad. française, Paris 1932; édit. orig. en hollandais, Haarlem 1919. (Nouvelle édition française au Club du Meilleur Livre, octobre 1958).

10. Pour l'humanisme, Huizinga n'a appuyé expressément cette thèse que sur l'exemple français (chap. XXII), mais il laisse entendre que le cas de l'Italie n'était pas tout à fait différent.

11. Hans Baron, *The Crisis of the Early Italian Renaissance,* 2 vol., Princeton 1955.

12. Il est assez étonnant que Burckhardt n'ait pas tiré parti des discussions sur l'originalité et l'imitation en littérature (Politien, G. Fr. Pico); on y a formulé le principe de l'individualité mieux que partout ailleurs.

13. Comp. sur la signification profonde de la perspective pour les artistes de la Renaissance : Dagobert Frey, *Gotik und Renaissance,* Augsburg 1929, et E. Panofsky, *Die Perspektive als symbolische Form* (Vorträge der Bibl. Warburg IV, 1924-25).

14. J. Seznec, *La Survivance des dieux antiques,* Lond. 1939, a montré que ces figures sont pourtant le produit d'un effort sincère pour atteindre l'image « authentique » que s'en faisaient les anciens.

15. Les lignes qui suivent résument en partie la thèse soutenue avec quelque excentricité par K. Burdach, *Vom Mittelalter zur Reformation,* Halle 1893, et *Vom Sinn und Ursprung der Worte Renaissance und Reformation,* Sitzungsber. d. preuss. Akad. d. Wiss, XXXII, 1910.

16. *Die Sammler,* éd. H. Trog dans le recueil posthume : *Beiträge zur Kunstgeschichte von Italien,* Bâle 1898.

17. Comp. l'exposé dans l'introduction du livre d'E. Panofsky, *Studies in Iconology,* New York 1939.

18. A. Chastel, *Marsile Ficin et l'art,* Genève-Lille 1954. – V., du même auteur, *Art et Religion dans la Renaissance italienne,* (Bibl. d'Humanisme et Renaiss. VII, 1944, pp. 7-61).

19. Le dimanche des Rameaux 1484, le chevalier Mercurio da Correggio, étrangement costumé, fit une entrée solennelle à Rome, où il prêcha la venue prochaine d'un nouveau Messie, le Pimandre (personnage principal d'un des dialogues d'Hermès Trismégiste). V. la relation de l'événement, réimprimée dans le recueil *Testi umanistici su l'ermetismo,* (Archivio di Filosofia, Rome 1955). – Ulrich von Lichtenstein raconte dans son autobiographie les exploits que lui inspira son grand amour, et entre autres le voyage qu'il fit, travesti en « Frau Venus », deux grosses nattes pendant sous son casque, pour provoquer en combat singulier tous ceux qui douteraient que sa dame fût la plus belle du monde.

20. Le régime qu'ils servaient par là était d'ailleurs, avec ses mots d'ordre de liberté, justice et égalité républicaine, une des ploutocraties les plus totalitaires que l'on ait jamais vues, solidement assis sur une idéologie officielle où il est impossible pour nous de distinguer la bonne conscience de l'hypocrisie et du cynisme.

21. *Individuum und Kosmos in der Philosophie der Renaissance,* Leipzig 1927.

Première partie.

L'ÉTAT CONSIDÉRÉ COMME CRÉATION D'ART

1

Introduction.

1. MACHIAVELLI, *Discorsi,* l. I, c. XII.

2. Les souverains et leurs partisans s'appellent ensemble *lo stato;* plus tard, ce nom a pris la signification d'existence de tout un territoire.

3. *Cento Novelle antiche, éd.* 1525. Pour Frédéric, nov. 2, 21, 22, 23, 24, 30, 53, 59, 90, 100; pour Ezzelino, nov. 31, surt. 84.

4. SCARDEONIUS, *De urbis Patav. antiq.,* dans le *Thesaurus* de GRAEVIUS, VI, III, p. 259.

2

La tyrannie au XIVe siècle.

1. SISMONDI, *Hist. des rép. italiennes,* IV, p. 420; VIII, p. 1.

2. Franco SACCHETTI, *Novelle* (61, 62).

3. PETRARCA, *Epistolæ seniles,* lib. XIV, 1, à François de Carrare (28 nov. 1373). Cette lettre a souvent été imprimée à part, sous ce titre : *De Republica optime administranda,* p. ex., Berne, 1602.

4. Ce n'est que cent ans plus tard que la femme du prince devient aussi la mère du pays. Comp. l'*Oraison funèbre de Blanche-Marie Visconti,* par Jérôme CRIVELLI, dans MURATORI, *Scriptores rerum Italicarum,* XXV, *col. 429. C'est à la suite d'une plaisanterie du traducteur qu'une sœur du pape Sixte IV porte dans Jac. Volaterranus* (MURAT., XXIII, col. 109) le nom de *mater Ecclesiæ.*

5. Il exprime accessoirement le vœu, qui se rattache à un entretien antérieur, que le prince défende de nouveau qu'on laisse les porcs se vautrer dans les rues de Padoue, attendu que c'est un spectacle désagréable, qui est surtout dégoûtant pour les étrangers et qui rend les chevaux ombrageux.

6. PETRARCA, *Rerum memorandar.* liber III, II, 66. – Il s'agit de Matthieu Ier Visconti et de Guido della Torre, qui régnait alors à Milan.

7. Matteo VILLANI, V, p. 81 : *le Meurtre de Matthieu II* (Mattiolo) *Visconti par ses frères.*

8. Filippo VILLANI, *Istorie,* XI, 101. – Pétrarque aussi trouve que les tyrans sont parés « comme des autels aux jours de fête ». On trouve une description détaillée de l'entrée triomphale de Castracani à Lucques dans la vie de ce prince, écrite par Tegrimo. MURAT. XI, col. 1340.

9. *De vulgari eloquio, I, c.* XII : ... qui non heroico more, sed plebeo sequuntur superbiam, etc.

10. Les détails ne se trouvent, il est vrai, que dans des écrits du XVe siècle, mais ils sont certainement inspirés par d'anciens souvenirs. – L. B. ALBERTI, *De re œdif.*, V. 3. – Franc. DI GIORGIO, *Trattato*, dans DELLA VALLE, *Lettere sanesi*, III, 121.

11. Franco SACHETTI, nov. 61.

12. Matteo VILLANI, VI, 1.

13. Le bureau des passeports qui existait à Padoue au milieu du XIVe siècle est désigné par Franco Sachetti, nov. 117, comme *quelli delle bullette*. Dans les dix dernières années du règne de Frédéric II, alors que régnait le contrôle le plus minutieux, le système des passeports devait être déjà très perfectionné.

14. CORIO, *Storia di Milano*, fol. 247, ss.

15. Celui de Paul Jove, par ex.: *Elogia virorum bellica virtute illustrium*, Bâle, 1575, p. 87. (Jo Galeatius).

16. CORIO, fol. 272, 285.

17. CAGNOLA, dans les *Arch. stor.* III, p. 23.

18. C'est ce que disent CORIO, fol. 286, et POGGIO, *Hist. Florent.*, IV, dans MURATORI, XX, col. 290. – Cagnola parle ailleurs des vues de Giangaleazzo sur la couronne impériale; il en est aussi question dans le sonnet qu'on trouve dans TRUCCHI, *Poesie ital. inedite*, II, p. 118 :

> Stan le città lombarde con le chiave
> In man per darle a voi..., etc.
> Roma vi chiama : Cesar mio novello
> Io sono ignuda, et l'anima pur vive :
> Or mi coprite col vostro mantello, etc.

19. CORIO, fol. 301 ss. Comp. AMMIEN MARCELLIN, XXIX, 3.

20. Voir Paul JOVE, *Elogia*, p. 88-92, *Jo. Galeatius Philippus*.

21. L'appréciation finale sur Nicolas de Rienzi a été ajoutée par C. Geiger au texte de Burckhardt [note de l'éditeur.].

3

La tyrannie au XVe siècle.

1. DE GINGINS, *Dépêches des ambassadeurs milanais*, Paris et Genève, 1858, II, p. 200 ss. (N. 213.) Comp. II, 3 (n. 144), et II, 212 ss. (n. 218).

2. Paul JOVE, *Elogia*.

3. C'est ce mélange de force et de talent que Machiavel appelle *virtù* et qu'on peut aussi concevoir comme étant compatible avec la *sceleratezza*, p. ex., *Discorsi*, I, 10, à propos de Sept. Sévère.

4. Voir sur ce sujet Franc. VETTORI, *Arch. stor.*, VI, p. 293. « L'investiture faite

par un homme qui réside en Allemagne et qui d'un empereur romain n'a que le nom, ne saurait faire d'un scélérat le vrai seigneur d'une ville. »

5. M. VILLANI, IV, 38, 39, 56, 77, 78, 92; V, 1. 2, 21, 36, 54.

6. C'était un Italien, Fazio degli Uberti (*Dittamondo,* 1. VI, cap. v, vers 1360), qui croyait Charles IV capable de faire encore une croissade en Terre Sainte. Le passage dont il s'agit est un des meilleurs du poème, et il est caractéristique même sous d'autres rapports. Le poète est chassé du Saint Sépulcre par un grossier Turcoman.

Coi passi lunghi e con la testa bassa
Oltre passai e dissi : ecco vergogna
Del cristian che'l saracin qui lassa!
Poscia al pastòr (le Pape) mi volsi per rampogna :
E tu ti stai, che sei vicar di Christo
Co' frati tuoi a ingrassar la carogna?
Similimente dissi a quel sofisto (Charles IV)
Che sta in Buemme (Bohême) a piantar vigne e fichi.
E che non cura di sì caro acquisto :
Che fai? perchè non segui i primi antichi
Cesari de' Romani, e che non segui,
Dico, gli Otti, i Corradi, i Federichi?
E che pur tieni questo imperio in tregui?
E se non hai lo cuor d'esser Augusto.
Che nol rifiuti? o che non ti dilegui? etc.

7. On trouvera de plus amples détails dans VESPASIANO FIORENTINO, éd. Mai, *Spicilegium Romanum,* vol. I, p. 54. Comp. 150 et PANORMITA, *De dictis et factis Alphonsi,* lib. IV, n° 4.

8. *Diario Ferrarese,* dans MURAT., XXIV, col. 217 ss.

9. *Haveria voluto scortigare la brigata.*

10. *Annales Estenses,* dans MURAT., XX, col. 41.

11. POGGII *Hist. Florent. pop.,* lib. VII, dans MURAT., XX, col. 381.

12. SENAREGA, *De reb. Genuens.,* dans MURAT., XXIV, col. 575.

13. Ils sont énumérés dans le *Diario Ferrarese,* voir MURAT., XXIV, col. 203. Compar. *Pii II Commentarii,* ed. Rom. 1854, II, p. 102.

14. Marin SANUDO, *Vita de' duchi di Venezia,* dans MURAT., XXII, col. 1113.

15. VARCHI, *Stor. Fiorent.,* I, p. 8.

16. SORIANO, *Relaz. di Roma,* 1533, chez Tommaso GAR, *Relazione della corte di Roma* (dans ALBERI, *Relazioni degli ambasciatori veneti,* II, ser. t. III, p. 281).

17. Pour ce qui suit, compar. CANESTRINI, dans l'introduction du t. XV des *Arch. stor.*

18. CAGNOLA, *Archiv. stor.,* III, p. 28; *et (Filippo Maria) da lei (Beatr.) ebbe molto texoro e dinari e tutte le giente d'arme del dicto Facino, che obedivano a lei.*

19. *Infessura,* dans ECCARD, *Scriptores,* II, col. 1911. Machiavel (*Discorsi,* I, 30) pose au condottiere victorieux l'alternative de remettre, aussitôt après la victoire, l'armée au maître qui le paye, ou de gagner les soldats, de s'emparer des places fortes et de punir le prince *di quella ingratitudine, che esso gli userebbe.*

20. Les Vénitiens auraient-ils aussi empoisonné Alviano (1516), parce que, comme le dit Prato dans les *Archiv. Stor.,* III, p. 348, il a secondé les Français avec trop d'ardeur à la bataille de S. Donato? – La république se fit léguer par Colleoni toute sa succession, et, après sa mort (1475), elle se l'adjugea en vertu d'une confiscation en règle. Compar. MALIPIERO, *Annali Veneti,* dans les *Archiv. stor.,* VII, I, p. 244. Elle aimait à voir les condottieri placer leur argent à Venise. *Ibid.,* p. 351.

21. CAGNOLA, dans les *Archiv. stor.,* III, p. 121 ss.

22. C'est, du moins, ce que dit Paul Jove, dans sa *Vita magni Sfortiæ* (Rome, 1539. Livre dédié au cardinal Ascanio Sforza), une des plus intéressantes de ses biographies.

23. ÆN. SYLVIUS, *Commentar de dictis et factis Alphonsi, Opera ed.* 1538, p. 251.

24. PII II, *Comment.,* I, 46. Compar. 69.

25. SISMONDI, X, p. 258. – CORIO, fol. 412, où Sforza est considéré comme complice du meurtre parce que la popularité et le renom militaire de Piccinino lui avaient fait craindre des dangers pour ses propres fils. *Storia Bresciana,* dans MURAT., XXI, col. 902. – Comme le raconte MALIPIERO, *Ann. veneti archiv. stor.,* VII, I, p. 210, des exilés florentins tentèrent Colleoni, le grand condottiere vénitien, en lui offrant de le faire duc de Milan, s'il chassait de Florence leur ennemi Piero de Médicis.

26. ALLEGRETTI, *Diarii Sanesi,* dans MURAT., XXIII, p. 811.

27. *Orationes Philelphi, ed. Venet.* 1492, fol. 9, dans l'oraison funèbre de François.

28. Marin SANUDO, *Vite de' duchi de Ven.,* dans MURAT., XXII, col. 1241.

29. MALIPIERO, *Ann. Veneti, Archiv. stor.,* VII, I, p. 407.

4

Les petits tyrans.

1. *Chron. Eugubinum,* dans MURAT., XXI, col. 972.

2. VESPASIANO FIORENT, p. 148.

3. *Archiv. stor.,* XXI, parte I et II.

4. VARCHI, *Stor. fiorent.,* I, p. 242 ss.

5. MALIPIERO, *Ann. Veneti, Archiv. stor.,* VII, 498 ss.

6. Lil. Greg. GIRALDUS, *De sepulcris ac vario sepeliendi ritu.* – Déjà en 1470 une catastrophe en miniature avait eu lieu dans cette maison (Galeotto avait fait

jeter en prison son jeune frère Antoine-Marie). Compar. *Diario Ferrarese,* dans MURAT., XXIV, col. 225.

5

Les grandes maisons régnantes.

1. JOVIAN. PONTAN. *Opp. ed. Basileæ,* 1538, t. I: *De liberalitate,* cap. XIX, XXIX, et *De obedientia,* I, 4. Compar. SISMONDI, X, p. 78 ss.

2. Tristano CARACCIOLO, *De Fernando qui postea rex Aragonum fuit ejusque posteris,* dans MURAT., XXII, col. 113-120. JOVIAN. PONTANUS, *De prudentia,* I. IV; *De magnanimitate,* l. I; *De liberalitate,* cap. XXIX, 36; *De immanitate, cap.* VIII. – Cam. PORZIO, *Congiura de' baroni del regno di Napoli contra il re Ferdinando,* I. *passim.* – COMINES, *Charles VIII,* chap. XVII, avec le tableau général des Aragonais.

3. Paul JOV., *Histor.,* I, p. 14, dans le discours d'un ambassadeur milanais; *Diario Ferrarese,* dans MURAT., XXIV, col. 294.

4. *Petri Candidi Decembrii Vita Phil. Mariæ Vicecomitis,* dans MURAT., XX.

5. Il était tourmenté *quod aliquando « non esse » necesse esset.*

6. CORIO, fol. 400; – CAGNOLA, dans les *Archiv. stor.,* III, p. 125.

7. PII II *Comment.,* III, p. 130. Compar. II, 87, 106. Caracciolo peint sous des couleurs encore plus sombres les vicissitudes de la fortune de Sforza, *De varietate fortunae,* dans MURAT., XXII, col. 74.

8. MALIPIERO, *Ann. Veneti, Archiv. stor.,* VII, I, p. 216 ss. et 221-224.

9. *Chron. Venetum,* dans MURAT., XXIV, col. 65.

10. MALIPIERO, *Ann. Veneti, Archiv. stor.,* VII, I, p. 492. Compar. 181, 561.

11. Sa dernière conversation avec ce gouverneur, texte curieux et caractéristique, se trouve dans Senarega, MURAT., XXIV, col. 567.

12. *Diario Ferrarese,* dans MURAT., XXIV, col. 336, 367, 369. Le peuple croyait qu'il thésaurisait.

13. CORIO, fol. 448. On retrouve le contrecoup de cette situation surtout dans les nouvelles relatives à Milan et dans les introductions de Bandello.

14. AMORETTI, *Memorie storiche sulla vita, ecc. di Lionardo da Vinci,* p. 35 ss., 83 ss.

15. Voir ses sonnets dans TRUCCHI, *Poesie inédite.*

16. PRATO, dans *Archiv. stor.,* III, 298; compar. 302.

17. Né en 1466; fiancé avec Isabelle, alors âgée de six ans, en 1480, son avènement a lieu en 1484, son mariage en 1490, sa mort en 1519; Isabelle mourut en 1539. Ses fils sont: Frédéric (1519-1540), devenu duc de Milan en 1530, et le célèbre Ferrante de Gonzague. Ce qui suit est extrait de la correspondance d'Isabelle et des annexes, *Archiv. stor.,* Append., t. II, p. 206-326, publiées par d'Arco.

18. Franc. VETTORI, dans *Archiv. stor. Append.*, t. VI, p. 321. – Relativement à Frédéric, consulter spécialement : *Vespasiano fiorent.*, p. 132 ss.

19. CASTIGLIONE, *Cortegiano*, L, I.

20. Ce qui suit a été écrit surtout d'après les *Annales Estenses*, dans MURATORI, XX, et le *Diario Ferrarese*, dans MURAT., XXIV.

21. *Diario Ferr., loc. cit.*, col. 347.

22. Paul JOVIUS, *Vita Alfonsi ducis.*

23. Paul JOVIUS, *loc. cit.*

24. On peut aussi rappeler à ce propos le voyage fait par Léon X, lorsqu'il était cardinal. Compar. Paul JOVIUS, *Vita Leonis X*, lib. I. Son but était moins sérieux, il voulait surtout se distraire et voir le monde; le motif qui le guidait était tout moderne. A cette époque-là, pas un prince du Nord ne voyageait dans un but pareil.

25. Jovian. PONTAN., *De liberalitate*, cap. XXVIII.

26. GIRALDI *Hecatommithi*, VI, nov. 1 (ed. 1565, fol. 223 a).

27. VASARI, XII, 165, *Vita di Michelangelo.*

28. Un exemple très ancien de ce fait, c'est Bernabo Visconti, (chap. II).

29. Intitulé *capitols* XIX et *élégie* XVII dans les *Opere minori, ed. Lemonnier*, vol. I, p. 425. Sans doute le poète, âgé de dix-neuf ans, ne connaissait pas la cause de cette mort.

30. Dans les *Hecatommithi* de Giraldi, les nouvelles I, 8 et VI, 1, 2, 3, 4 et 10 traitent d'Hercule Ier, Alphonse Ier et Hercule II, – le tout étant rédigé du vivant des deux derniers. – Dans Bandello, on trouve de même plusieurs détails sur des princes contemporains.

31. Entre autres dans les *Deliciæ poetar. Italor.*

32. Le fait a déjà été attribué (1367), dans le *Polistore*, MURAT., XXIV, col. 848, à Nicolo l'aîné, qui nomme douze chevaliers « en l'honneur des douze apôtres ».

6

Les adversaires de la tyrannie.

1. BURIGOZZO, dans *Archiv. stor.*, III, p. 432.

2. *Discorsi*, 1, 17.

3. *De incert. et vanitate scientiar.*, cap. LV.

4. PRATO, dans *Archiv, stor.*, III, p. 241.

5. *De casibus virorum illustrium*, I, II, cap. XV.

6. *Discorsi*, III, 6. Il fait allusion à cette description dans les *Storie fior.*, L, VIII, cap. I.

7. CORIO, fol. 333. Voir *ibid.*, fol. 305, 422 ss., 440.

8. CORIO, fol. 422. ALLEGRETTO, *Diari Sanesi*, dans MURAT., XXIII, col. 777.

9. *Con studiare el Catelinario*, dit Allegretto. Que l'on compare, dans le propre récit d'Olgiati, qui figure dans Corio, la phrase suivante, par ex. : *Quisque nostrum magis socios potissime et infinitos alios sollicitare, infestare, alter alteri benevolos se facere cœpit. Aliquid aliquibus parum donare; simul magis noctu edere, bibere, vigilare, nostra omnia bona polliceri, etc.*

10. VASARI, III, 251. Note sur *V. di Donatello.*

11. *Inferno*, XXXIV, 64.

12. Reproduites par le témoin auriculaire Luca della Robbia, *Archiv. stor.*, I, p. 273. Compar. Paul JOVIUS, *Vita Leonis X.* lib. III, dans les *Viri illustres.*

13. ROSCOE, *Vita di Lorenzo de' Medici*, vol. IV, annexe 12.

7

Les républiques : Venise et Florence.

1. Sur le dernier point, voir Jac. NARDI, *Vita di Ant. Giacomini* (Lusques, 1818), p. 18.

2. *Genethliacum Venetæ urbis carmina* d'Ant. SABELLICUS. Compar. SANSOVINO, Venezia *cita nobilissima e singolare, descritta in 14 libri. Venetia*, 1581, fol. 203. La plus ancienne chronique vénitienne, dans PERTZ, *Monum. SS.* VII, p. 5, 6, dit que la fondation de la partie insulaire de la ville ne date que du temps des Lombards, et que le Rialto est d'une époque encore postérieure à celle-là.

3. *De Venetæ urbis apparatu panegyricum carmen quod oraculum inscribitur.*

4. Toute la contrée a été transformée par suite des constructions nouvelles du commencement du XVIe siècle.

5. Alexandre BENEDICTUS, *De rebus Caroli VIII*, dans ECCARD, *Scriptores*, II, col. 1597, 1601, 1621. – Dans la *Chron. Venetum*, MURAT., XXIV, col. 26, sont énumérées les vertus politiques des Vénitiens : *bontà, innocenza, zelo di carità, pietà, misericordia.*

6. *Epistolæ*, lib. V, fol. 28.

7. MALIPIERO, *Ann. Veneti, Archiv, stor.*, VII, I, p. 377, 431, 481, 493, 530; II, p. 661, 668, 679. – *Chron. Venetum*, dans MURAT., XXIV, col. 57. – *Diario Ferrarese, ib.*, col. 240.

8. MALIPIERO, dans *Archiv. stor.*, VII, II, p. 691. Compar. 694, 713, et I, 535.

9. Marin SANUDO, *Vite de' Duchi*, MURAT., XXII, col. 1194.

10. *Chron. Venetum*, MURAT., XXIV, col. 105.

11. *Chron. Venetum*, MURAT., XXIV, col. 123 ss., et MALIPIERO, loc. cit., VII, I, p. 175, 187 ss., racontent le cas frappant de l'amiral Antonio Grimani, qui, accusé

d'avoir refusé de remettre le commandement en chef à un autre, se fait mettre les fers aux pieds avant de venir à Venise et se présente ainsi devant le Sénat.

12. *Chron. Ven., loc. cit.*, col. 166.

13. MALIPIERO, *loc. cit.*, VII, I, p. 349. D'autres relevés de ce genre se trouvent dans Marin SANUDO, *Vite de' Duchi*, MURAT., XXII, col. 990 (de l'année 1426), col. 1088 (de l'année 1440), dans CORIO, fol. 435-438 (de 1483), dans GUAZZO, *Historie*, fol. 151 ss.

14. GUICHARDIN (*Ricordi*, n° 150) est peut-être le premier à remarquer que le besoin de vengeance peut même étouffer la voix de l'intérêt personnel.

15. MALIPIERO, *loc. cit.*, VII, I, p. 328.

16. On trouve une revue statistique de Milan très importante, quoique restreinte, dans *Manipulus Florum* (MURAT., XI, 711 ss.); elle date de l'année 1288. On y voit figurer le nombre des portes cochères, le chiffre de la population, celui des hommes en état de porter les armes, le nombre des maisons des nobles, des fontaines, des fours, des débits de vin, des boucheries, des pêcheurs, la quantité de blé nécessaire à l'alimentation, le nombre des chiens, des oiseaux de chasse, le prix du bois, du foin, du vin et du sel; plus le relevé des juges, des notaires, des médecins, des maîtres d'école, des copistes, des armuriers, des maréchaux-ferrants, des hôpitaux, des cloîtres, des couvents et des corporations religieuses. On trouve une revue statistique peut-être plus ancienne encore dans le *Liber de magnatibus Mediolani*, par Henri DE HERVORDIA, éd. Potthast, p. 165.

17. Surtout Marin SANUDO, dans les *Vite de' Duchi di Venezia*, MURAT., XXII, *passim.*

18. Dans SANUDO, *loc. cit.*, col. 958-960. Ce qui a rapport au commerce se trouve dans SCHERER, *Hist. génér. du commerce*, I, 326. note.

19. Il s'agit de toutes les maisons, et non pas seulement des bâtiments qui appartiennent à l'État. Il est certain que ces derniers rapportaient souvent des sommes énormes; compar. VASARI, XIII, 83, *Vita di Jac. Sansovino.*

20. Ce renseignement se trouve dans Sanudo, col. 963; voir un compte public de 1490, col. 1245 ss.

21. Il paraît que cette antipathie pour l'antiquité allait chez le Vénitien Paul II jusqu'à la haine; il appelait les humanistes sans exception des hérétiques. PLATINA, *Vita Pauli*, p. 323.

22. SANUDO, *loc. cit.*, col. 1167.

23. SANSOVINO, *Venezia*, lib. XIII.

24. Compar., HEINRIC DE HERVORDIA, ad a. 1293 (p. 213, ed. Potthast).

25. SANUDO, *loc. cit.*, col. 1158, 1171, 1177. Lorsque le corps de saint Luc fut rapporté de Bosnie, il y eut une discussion avec les Bénédictins de Sainte- Justine à Padoue, qui croyaient déjà le posséder; il fallut que le Saint-Siège tranchât la question. Compar. GUICHARDIN, *Ricordi*, n° 401.

26. SANSOVINO, *Venezia*, lib. XII.

27. G. VILLANI, VIII, 36. – L'année 1300 est en même temps la date adoptée dans la *Divine Comédie.*

28. C'est ce qui est déjà constaté en 1470 par Vespasiano Fiorent., p. 554.

29. PURGATORIO, VI, fin.

30. De Monarchia, I, 1.

31. *Dantis Aligherii Epistolæ, cum notis,* C. Witte, Padua, 1827. V. p. 35 la lettre écrite pendant le conclave de Carpentras (1314) : Dante tenait à avoir en Italie le Pape comme l'Empereur.

32. Giov. VILLANI, XI, 20. Compar. Matt. VILLANI, IX, 93.

33. Ces renseignements et d'autres semblables se trouvent dans Giov. VILLANI, XI, 87; XII, 54.

34. Giov. VILLANI, XI, 92, 93. – Dans MACHIAVELLI, *Stor. fiorent.,* lib. II, cap. XLII, on lit que 96 000 personnes moururent de la peste (1348).

35. Le curé mettait un haricot noir de côté pour chaque garçon et un haricot blanc pour chaque fille; c'est à cela que se bornait le contrôle.

36. Il y avait à Florence un corps de pompiers permanent. (Giov. VILLANI, XII, 35.)

37. Matteo VILLANI, III, 106.

38. Matteo VILLANI, I, 2-7, compar. 58. – Quant à la peste elle-même, il faut placer en première ligne la célèbre description qu'en fait Boccace au commencement du *Décaméron.*

39. Giov. VILLANI, X, 164.

40. *Ex annalibus Ceretani,* dans FABRONI, *Magni Cosmi Vita,* Adnot. 34, vol. II, p. 63.

41. *Ricordi* de Laurent, dans FABRONI, *Laur. Med. Magnifici Vita,* Adnot. 2 et 25. – Paul JOVIUS, *Elogia,* p. 131 ss. *Cosmus.*

42. *Par Benedetto Dei, selon* FABRONI, *ibid.,* adn. 200; la date peut être déterminée d'après VARCHI, III, 107. – Voir le projet financier d'un certain Lodovico Ghetti, avec des indications précieuses, dans ROSCOE, *Vita di Lor. de Medici,* t. II, annexe 1.

43. P. ex. dans *Archivio stor.,* IV.

44. LIBRI, *Histoire des sciences mathém.,* II, 163 ss.

45. VÀRCHI, *Stor. fiorent.,* III, p. 56 ss., à la fin du livre IX. Il y a quelques erreurs évidentes de chiffres qui pourraient bien provenir de fautes d'écriture ou d'impression.

46. Sur la question de la richesse publique en Italie, je ne puis, faute d'autres ressources, que réunir quelques données éparses, telles que le hasard me les a fait trouver. Il faut laisser de côté certaines exagérations évidentes. Les monnaies d'or, auxquelles se rapportent les principales données, sont : le ducat, le sequin, le florin d'or et l'écu d'or. Leur valeur est à peu près la même, c'est-à-dire de neuf à dix francs de notre monnaie (1860).

A *Venise,* le doge André Vendramin (1478), qui possédait 170 000 ducats, passait pour très riche. (MALIPIERO, *loc. cit.*, VII, II, p. 666.)

Vers 1460, le patriarche d'Aquilée, Lod. Patavino, qui avait une fortune de 200 000 ducats, était considéré comme étant « presque le plus riche de tous les Italiens » (Gasp. VERONENS., *Vita Pauli II,* dans MURAT., III, II, col. 1027). On trouve ailleurs des données tout à fait invraisemblables.

Antonio Grimani (1re partie, chap. VII) sacrifia 30 000 ducats pour faire nommer son fils cardinal. On n'estimait son propre avoir liquide qu'à 100 000 ducats (*Chron. Venetum,* MUR. XXIV, col. 125).

Sur le commerce du blé et le prix des céréales sur le marché de Venise, voir surtout MALIPIERO, *loc. cit.*, VII, II, p. 709 ss. (Notice de 1498.)

Vers 1522, ce n'était plus Venise qui passait pour la ville la plus riche de l'Italie; c'étaient Gênes et Rome. (D'après le témoignage de Franc. Vettori; voir la *Storia* de cet auteur, dans *Archiv. stor.* append., t. VI, p. 343.) BANDELLO, *Parte II, nov.* 34 et 42, parle d'Ansaldo Grimani, le plus riche négociant génois de son temps.

Entre 1400 et 1580, la valeur de l'argent baisse de moitié, d'après Franc. Sansovino (*Venezia,* fol. 151 *bis*).

En *Lombardie,* le rapport entre le prix des céréales vers le milieu du XVe siècle, et vers le milieu du XIXe siècle est comme 3 est à 8. (*Sacco di Piacenza,* dans *Archiv. stor.*, append., *t. V.* Note de l'éditeur Scarabelli.)

A *Ferrare,* on appelait gens riches, à l'époque du duc Borso, ceux qui avaient 50 000 ou 60 000 ducats. (*Diario Ferrarese,* MURAT., XXIV, col. 207, 214, 218. On trouve une donnée invraisemblable, col. 187.)

Pour *Florence,* il y a des données d'une nature tout exceptionnelle, qui ne permettent pas des généralisations; tels sont certains emprunts de princes étrangers qui nominalement sont consentis par une seule maison ou par un petit nombre de banquiers, mais qui, en réalité, sont de grandes opérations intéressant toute une société de prêteurs. Il en est de même de ces contributions énormes dont les gouvernements accablaient les adversaires politiques: on dit, par exemple, que, de 1430 à 1453 soixante-dix-sept familles payèrent 4 875 000 florins d'or (VARCHI, III, p. 115 ss.)

La fortune de Jean de Médicis s'élevait, à la mort de ce prince (1428), à 179 221 florins d'or; de ses deux fils, Côme et Laurent, le dernier à lui seul laissa en mourant (1440) 235 137 florins d'or (FABRONI, *Laur. Med.*, adnot. 2).

Un fait qui prouve le développement de la richesse publique, c'est qu'au XIVe siècle déjà les quarante-quatre boutiques d'orfèvres du Ponte Vecchio rapportaient à l'État 800 florins d'or de loyer annuel (VASARI, II, 114, *V. di Taddeo Gaddi*). – Le *Journal de Buonaccorso Pitti* (dans DELÉCLUZE, *Florence et ses vicissitudes,* vol. II) est plein de chiffres qui ne prouvent après tout que le prix élevé de toutes choses et le peu de valeur de l'argent.

Pour *Rome,* les recettes de la curie, qui provenaient de toute l'Europe, ne peuvent naturellement pas servir de base; de même, on ne peut guère se fier aux indications relatives aux trésors de certains papes et à la fortune des cardinaux. Le célèbre banquier Augustin Chigi laissa (1520) un avoir total de 800 000 ducats. (*Lettere pittoriche,* I, append. 48).

47. En ce qui concerne Côme (1433-1465) et son petit-fils Laurent le Magnifique (mort en 1492), l'auteur renonce à porter tout jugement sur la politique intérieure

de ces princes. Un réquisitoire de poids (Giov. CAZZONI) dans *Arch. stor.*, I, p. 315 ss.

48. Franc. Burlamacchi, père du chef des protestants de Lusques, Michel B. Compar. *Archiv. stor. ital.*, Append., t. II, p. 176. On sait combien Milan a facilité la formation d'un grand État despotique par la dureté que cette ville a montrée au XIe et au XIIe siècle à l'égard de ses sœurs. Lorsque la famille des Visconti s'éteignit en 1447, Milan détruisit les espérances de liberté de la haute Italie surtout parce qu'elle ne voulut pas entendre parler d'une fédération de villes ayant toutes les mêmes droits. Compar. CORIO, fol. 358 ss.

49. Le troisième dimanche de l'Avent de l'année 1494, Savonarole prêcha sur la manière d'arriver à faire une nouvelle constitution; voici ce qu'il proposait : Les seize compagnies de la ville devaient élaborer chacune un projet; les gonfaloniers choisiraient les quatre meilleurs, et la Seigneurie le meilleur de tous. Mais tout se passa autrement, et cela sous l'influence du prédicateur lui-même.

50. Cela arriva pour la première fois en 1527, après l'expulsion des Médicis. V. VARCHI, I, 121, etc.

51. MACHIAVELLI. *Storie fior.*, I. III, cap. I. « *Un savio dator di leggi* » pourrait sauver Florence.

52. VARCHI, *Stor. fiorent.*, I, p. 210.

53. *Discorso sopra il riformar lo stato di Firenze*, dans les *Opere minori*, p. 207.

54. Cette idée se trouve dans Montesquieu, qui l'a certainement empruntée à Machiavel.

55. AEN. SYLVII *Apologia ad Martimum Mayer*, p. 701. – Sur le même sujet, voir MACHIAVEL, *Discorsi*, I, 55 et ailleurs.

56. La demi-culture moderne et l'abstraction ont eu souvent une influence souveraine sur les affaires politiques; c'est ce que prouvent les divisions qui marquèrent l'année 1535 (DELLA VALLE, *Lettere sanesi*, III, p. 317). Un grand nombre de marchands, excités par la lecture de Tite-Live et des *Discorsi* de Machiavel, demandent très sérieusement des tribuns du peuple et d'autres magistrats comme ceux de Rome pour réprimer les abus commis par les grands et les fonctionnaires.

57. Pierio VALERIANO, *De infelicitate litteratorum*, à propos de Bartolommeo della Rovere.

58. SENAREGA, *De reb. Genuens*, dans MURAT., XXIV, col. 548. Sur cette incertitude, compar. surt. col. 519, 525, 528, etc. Voir dans CAGNOLA, *Archiv. stor.*, III, p. 165 ss., le discours très franc de Battista Guasco, chef des vingt-quatre envoyés génois qui vinrent trouver François Sforza lorsque Gênes se donna à lui.

8

Politique extérieure des États italiens.

1. Ainsi parle encore bien plus tard VARCHI, *Stor. fiorent.*, I, 57.

2. En 1467, Marie Galéas Sforza dit bien le contraire à l'agent vénitien, mais c'est

là de la jactance pure. Compar. MALIPIERO, *Annalie veneti, Arch. stor.*, VII, I, p. 216 ss. En toute circonstance, des villes et des campagnes se donnent volontairement à Venise, sans doute après avoir souffert du régime despotique, pendant que Florence est obligée de tenir dans une dépendance servile des républiques voisines habituées à la liberté, ainsi que le fait remarquer Guichardin (*Ricordi*, n° 29).

3. Ce qu'il y a peut-être de plus fort dans ce genre se trouve dans des instructions aux ambassadeurs qui vont trouver Charles VII en 1452 (dans FABRONI, *Cosmus*, adnot. 107).

4. COMINES, *Charles VIII*, chap. X. On regardait les Français « comme saints ». – Comp. ch. XVII, *Chron. Venetum*, dans MURAT., XXIV, col. 5, 10, 14, 15. – MATARAZZO, *Chron. di Perugia, Arch. stor.*, XVI, II, p. 23. Nous passons sous silence mille autres propos.

5. PII II *Commentarii*, X, p. 492.

6. GINGINS, *Dépêches des ambassadeurs milanais*, etc., I, p. 26, 153, 279, 283, 285, 327, 331, 345, 359; II, p. 29, 37, 101, 217, 306. Charles avait parlé un jour de donner Milan au jeune Louis d'Orléans.

7. Nicolo VALORI, *Vita di Lorenzo.*

8. FABRONI, *Laurentius Magnificus*, adnot., 205 ss.

9. P. ex. Jovian. PONTANUS dans son *Charon*. Il attend comme dernière conséquence l'unification du pays.

10. *Chron. Venetum*, dans MURAT., XXIV, col. 14 et 76.

11. MALIPIERO, ailleurs, p. 565, 568.

12. TRITHEM, *Annales Hirsaug.*, ad a. 1490, t. II, p. 535 ss.

13. MALIPIERO, p. 161, compar. p. 152. – La remise de Dschem entre les mains de Charles VIII prouve qu'il existait une correspondance on ne peut plus scandaleuse entre Alexandre et Bajazet, même en supposant que les documents qui figurent dans Burcardus aient été interpolés.

14. Bapt. MANTUANUS, *De calamitatibus temporum*, à la fin du second livre, dans le chant de la Néréide Doris s'adressant à la flotte turque.

15. Tommaso GAR., *Relazioni della corte di Roma*, I, p. 55

16. RANKE, *Histoire des peuples de race latine et de race germanique entre 1494 et 1514* (2ᵉ édition, Leipzig, 1874). – L'opinion de Michelet (*Réforme*, p. 467), d'après laquelle les Turcs se seraient occidentalisés en Italie, ne me convainc pas. – Peut-être cette mission de l'Espagne est-elle indiquée pour la première fois dans le discours solennel que Fedra Inghirami prononça en 1510 devant Jules II, à l'occasion de la prise de Bugia par la flotte de Ferdinand le Cath. Compat. *Anecdota litteraria*, II, p. 149.

17. Entre autres CORIO, fol. 330. Compar. sa conduite à l'égard de Sforza, fol. 329.

18. Nic. VALORI, *Vita di Lorenzo*. – Paul JOVIUS, *Vita Leonis X, L, I;* ce dernier parle certainement d'après de bonnes sources, mais non sans déclamation.

19. Si, dans cette circonstance et dans cent autres, Comines observe et juge d'une manière aussi objective que n'importe quel Italien, il faut certainement tenir grand compte de ses relations avec des Italiens, surtout avec Angelo Catto.

20. Compar., p. ex., MALIPIERO, p. 216, 221, 236, 237, 478, etc.

9

La guerre considérée comme un art.

1. PII II *Commentarii,* L, IV, p. 190, ad a. 1459.

2. Ainsi s'exprime Paul JOVE, *Élogia,* p. 184. Cela rappelle Frédéric d'Urbin, « qui aurait rougi » de souffrir un livre imprimé dans sa bibliothèque. Comp. Vespas. FIORENT.

3. PORCELLII *Commentaria Jac. Picinini,* dans MURAT., XX, et une suite pour la guerre de 1453, *ibid.,* XXV.

4. Porcello donne par méprise à Scipion le nom d'Émilien, tandis qu'il veut parler de Scipion l'Africain, de Scipion l'aîné.

5. SIMONETTA, *Hist. Fr. Sfortiæ,* dans MURAT., XXI, col. 630.

6. Il fut, malgré tout, considéré comme un amateur. Compar. BANDELLO, parte I, nov. 46.

7. V. p. ex. : *De obsidione Tiphernatium,* dans le tome II des *Rer, Italicar. scriptores ex codd. Fiorent.,* col. 690 ss. – Voir le duel du maréchal Boucicault avec Galéas de Gonzague (1406) dans CAGNOLA, *Arch. stor.,* III, p. 25. – Infessura raconte que Sixte IV approuvait les duels de ses gardes. Ses successeurs lancèrent des bulles contre le duel en général. *Sept. Decretal.,* V, tit. 17.

8. Pour plus de détails, voir *Arch. stor.,* append., t. V.

10

La papauté et ses dangers.

1. Nous renvoyons une fois pour toutes à l'*Histoire des papes,* par RANKE, t. I, et à l'*Histoire de l'origine et du développement des États de l'Église,* par SUGENHEIM.

2. Sur l'impression faite par les bénédictions d'Eugène IV à Florence, voir *Vespasiano Fiorent.,* p. 18. – Sur la majesté des cérémonies de Nicolas V, voir INFESSURA (*Eccard,* II, col. 1883, ss.) et J. MANETTI, *Vita Nicolai V* (MURAT., III, II, col. 923). – Sur les hommages rendus à Pie II, voir *Diario Ferrarese* (MURAT., XXIV, col. 205) et PII II, *Comment. passim,* surt. IV, 201, 204, XI, 562. – Même des sicaires de profession n'osent pas s'attaquer au Pape. Les grandes cérémonies étaient considérées comme quelque chose d'essentiel par Paul II, ce pape ami de tout ce qui était pompeux (PLATINA, *loc. cit.,* 321), et par Sixte IV, qui célébra la messe de Pâques, malgré la goutte dont il souffrait (Jac. VOLATERRAN, *Diarium,* MURAT., XXIII, col. 131). Le peuple fait une distinction très singulière entre la vertu magique de la béné-

diction et l'indignité de celui qui la donne; lorsqu'en 1481 Sixte fut dans l'impossibilité de donner la bénédiction, le jour de l'Ascension, la foule murmura contre lui et le maudit. (*Ibid.*, col. 133.)

3. MACHIAVELLI, *Scritti minori*, p. 142, dans le récit connu de la catastrophe de Sinigaglia. – Sans doute les Espagnols et les Français attachaient encore plus de prix aux bénédictions pontificales que les soldats italiens. Compar. dans Paul Jov., *Vita Leonis X* (L, II), la scène qui précède la bataille de Ravenne, où l'armée espagnole se presse autour du légat qui pleure de joie, et lui demande l'absolution. Voir aussi (*ibid.*) les Français à Milan.

4. Chez les hérétiques de Poli, qui croyaient qu'un vrai pape devait se reconnaître à la pauvreté du Christ, on ne trouvait probablement que les doctrines qu'on reproche aux Vaudois. INFESSURA (*Eccard*, II, col. 1893), PLATINA, p. 317, etc., racontent comment ils ont été arrêtés sous Paul II.

5. L. B. ALBERTI, *De Porcaria conjuratione*, dans MURAT., XXV, col. 309 ss. – P. voulait *omnem pontificam turbam funditus extinguere...* Il les nomme *extrinsecos impulsores*, et croit que le crime de Porcaro trouvera des imitateurs. Les rêves de P. ressemblaient à ceux de Nicolas Rienzi.

6. *Ut Papa tantum vicarius Christi sit et non etiam Cæsaris... Tunc Papa et dicetur et erit pater sanctus, pater omnium, pater Ecclesiæ*, etc.

7. PII II *Commentarii IV*, p. 208 ss.

8. PLATINA, *Vita Pauli II.*

9. Battista MANTOVANO, *De calamitatibus temporum*, l. III. L'Arabe vend de l'encens, le Tyrien de la pourpre, l'Indien de l'ivoire : *Venalia nobis templa, sacerdotes, altaria, sacra, coronæ, ignes, thura, preces, cœlum est venale Deusque. Opera ed.* Paris, 1507, fol. 302 b.

10. Voir p. ex. les *Annales Piacentini*, dans MURAT., XX, col. 943.

11. CORIO, *Storia di Milano*, fol. 415 à 420. Pietro avait déjà aidé à diriger l'élection de Sixte. Voir INFESSURA, dans ECCARD, *Scriptores*, II, col. 1895. – D'après INFESSURA et MACHIAV., *Storie fior.*, I. VII, les Vénitiens auraient empoisonné le cardinal. En effet, ils ne manquaient pas de raisons pour cela.

12. Déjà Honorius II avait voulu, après la mort de Guillaume Ier (1127), annexer la Pouille aux États de l'Église, disant « qu'elle devait faire retour à saint Pierre ».

13. FABRONI, *Laurentius Magn.*, adnot. 130, p. 256 ss. Un espion, Vespucci, dit de ces deux personnages : *Hanno in ogni elezione a mettere a sacco questo corte, e sono i maggior ribaldi del mondo.*

14. CORIO, folio. 450.

15. On retrouve une lettre de Laurent, qui est très curieuse sous ce rapport, dans FABRONI, *Laurentius Magn.*, adnot. 217, II, p. 390; on en voit un extrait dans RANKE, *les Papes*, I, p. 45.

16. Ils voulaient aussi s'emparer de fiefs napolitains, et c'est pourquoi Innocent appela de nouveau les d'Anjou contre le roi Ferrante, qui n'entendait pas se laisser dépouiller.

17. Compar. surt. INFESSURA, dans ECCARD, *Scriptores*, II, *passim*.

18. A l'exception des Bentivoglio de Bologne et de la maison d'Este de Ferrare. Cette dernière fut obligée d'accepter l'alliance des Borgia. Lucrèce épousa le prince Alphonse.

19. D'après CORIO (fol. 479), Charles songeait à un concile, à la déposition du Pape, même à sa translation en France, translation qui ne devait se faire qu'à son retour de Naples. D'après BENEDICTUS, *Carolus VIII* (dans ECCARD, *Scriptores*, II, col. 1584), Charles, qui était alors à Naples, voyant que le Pape et les cardinaux refusaient de reconnaître sa nouvelle couronne, eut certainement l'idée *de Italiæ imperio deque pontificis statu mutando*, mais presque aussitôt il y renonça et voulut se contenter de l'humiliation personnelle d'Alexandre. Mais le Pape sut lui échapper. – Par les documents publiés dans le livre de PILORGERIE, *Campagne et bulletins de la grande armée d'Italie commandée par Charles VIII*, 1494-1495 (Paris, 1866), on peut évaluer la gravité des dangers qu'encourut le pape dans les phases successives de la campagne (v. p. 111, 117, etc.). Même lors de la retraite (p. 281 sq.), Charles ne voulait pas lui faire du mal.

20. CORIO, folio. 450. – MALIPIERO, *Ann. Veneti, Archiv. stor.*, VII, I, p. 318. – On voit entre autres dans MALIPIERO, p. 565, quelle devait être la rapacité de toute la famille. Un neveu est magnifiquement reçu à Venise comme légat du Pape, et gagne des sommes colossales en vendant des dispenses; au moment de son départ, ses domestiques volent tout ce qui leur tombe sous la main, même une pièce de brocart d'or qui parait le maître-autel d'une église de Murano.

21. C'est ce qu'affirme Panvinio (*Contin. Platinæ*, p. 329) : *Insidiis Cæsaris fratris interfectus... connivente... ad scelus patre.* Témoignage sans doute authentique, contre lequel ne peuvent prévaloir les versions de Malipiero et Matarazzo (qui impute le crime à Jean Sforza). – Le trouble profond d'Alexandre est un autre indice de sa complicité. Sur la découverte du cadavre, repêché dans le Tibre, Sannazar écrivit (*Opera omnia latine scripta*, 1535, fol. 41 a) :

Piscatorem hominum ne te non, Sexte, putemus.
Piscaris natum retibus, ecce, tuum.

22. MACHIAVELLI, *Opere*, ed. Milan, vol. V, p. 387, 393, 395, dans la *Legazione al duca Valentino*.

23. Tommaso GAR, *Relazioni della corte di Roma*, I, p. 12, dans la rel. de P. Capello. On y lit textuellement : « Le pape considère Venise plus qu'aucun potentat de la terre, *e pero desidera che ella (Signoria di Venezia) protegga il figliuolo, e dice voler fare tale ordine, che il papato o sia suo, owero della Signoria nostra.* » *Suo* ne peut sans doute s'appliquer qu'à César. Le pronom possessif est souvent une cause d'obscurité.

24. *Strozzii Poetæ*, p. 19, dans *Venatio* d'Hercule STROZZA : ... *Cui triplicem fata invidere coronam.* Ensuite dans l'*Elégie sur la mort de César*, p. 31 seq. : *Speraretque olim solii decora alta paterni.*

25. *Ibid.* Jupiter a promis jadis *affore Alexandri sobolem, quæ poneret olim Italiæ leges, atque aurea sæcla referret*, etc.

26. *Ibid.* : *Sacrumque decus majora parentem deposuisse.*

27. On sait qu'il était marié avec une princesse française de la maison d'Albret, et que de ce mariage était née une fille; il aurait bien cherché à fonder une dynastie d'une manière quelconque. On ne sait pas s'il a fait des démarches pour ravoir le chapeau de cardinal, bien que (d'après MACHIAVEL, p. 285) il dût compter sur la mort prochaine de son père.

28. MACHIAVEL, p. 334. César avait des vues sur Sienne et, le cas échéant, sur toute la Toscane; mais ses projets n'étaient pas encore tout à fait mûrs; pour les exécuter, il fallait l'assentiment de la France.

29. MACHIAVEL, p. 326, 351, 414. – MATARAZZO, *Cronaca di Perugia, Arch, stor.*, XVI, II, p. 157 et 221 : « Il voulait que les soldats se logeassent à leur gré, de sorte qu'en temps de paix ils gagnaient encore plus qu'en temps de guerre. »

30. Pierio VALERIANO, *De infelicitate litterat.*, à propos de Giovanni Regio, éd. Mencken, p. 282.

31. Tommaso GAR, p. 11.

32. Paulus JOVIUS, *Elogia*, p. 202, Cæsar BORGIA. – Le livre XXII des *Commentarii urbani* de Raph. VOLATERRANUS contient un portrait d'Alexandre, tracé d'une main très prudente, bien qu'il ait été fait sous Jules II. On y lit : *Roma... nobilis jam carnificina facta erat.*

33. *Diario Ferrarese*, dans MURAT., XXIV, col. 362.

34. Paul JOVIUS, *Histor.*, II, fol. 47.

35. PANVINIUS, *Epitome pontificum*, p. 359. Sur la tentative d'empoisonnement faite contre Jules II, voir p. 363. – D'après SISMONDI, XIII, 246, Lopez, cardinal de Capoue, qui avait été pendant de longues années le confident de tous les secrets d'Alexandre, mourut de la même manière; d'après Sanuto (dans RANKE, *Les Papes*, I, p. 52, note 1), le cardinal de Vérone eut le même sort.

36. PRATO, *Arch, stor.*, III, p. 254.

37. Jubilé qui fut largement exploité par le pape. Comp. *Chron. Venetum*, dans MURAT., XXIV, col. 133.

38. ANSHELM, *Chronique de Berne*, III, p. 146 à 156. – TRITHEM., *Annales Hirsaug.*, t. II, p. 579, 584, 586.

39. PANVIN., *Contin. Platinæ*, p. 341.

40. De là cette pompe que les prélats déployaient dans les tombeaux qu'ils se faisaient élever de leur vivant; c'était un moyen de dérober aux papes au moins une partie de leurs dépouilles.

41. Malgré l'assertion de Giovio *(Vita Alphonsi Ducis)*, il est fort douteux que Jules ait réellement espéré que Ferdinand le Catholique se laisserait décider par lui à rétablir sur le trône de Naples la branche secondaire de la maison d'Aragon, qui en avait été chassée.

42. P. ex., les deux poèmes qui se trouvent dans ROSCOE, *Leone X*, ed. Bossi, IV, 257 et 297. – Sans doute lorsqu'au mois d'août 1511 il eut une syncope qui dura plus d'une

heure, au point qu'on le crut mort, les têtes les plus turbulentes des premières familles, Pompeo Colonna, Antimo Savelli entre autres, osèrent appeler le « peuple » au Capitole et l'exciter à secouer le joug pontifical *a vendicarsi in libertà... a publica ribellione,* comme le raconte Guichardin dans le livre X.

43. *Septimo decretal.,* L, I, tit. 3, cap. I à III.

44. Franc. Vettori, dans *Arch. stor.,* append. VI, 297.

45. Franc. Vettori, p. 301. – *Arch. stor.,* append. I, p. 293 ss. – Roscoe, *Leone X,* ed. Bossi, VI, p. 232 ss. – Tommaso Gar, p. 42.

46. Ariosto, *Sat.,* VI, v. 106. *Tutti morrete, ed è fatal che nuoja Leone appresso.*

47. On trouve une combinaison de ce genre dans une dépêche du cardinal Bibiena, envoyée de Paris, le 21 décembre 1518; voir *Lettere de' principi* (Venise, 1518), I, 65.

48. Franc. Vettori, p. 333.

49. Roscoe, *Leone X,* éd. Bossi, VIII, p. 105 ss. reproduit le discours envoyé par Pic en 1517 à Pirkheimer. Pic craint que sous Léon X le mal ne triomphe positivement du bien *et in te bellum a nostræ religionis hostibus ante audias geri quam parari.*

50. *Lettere de' principi,* I, Rome, 17 mars 1523. « Pour bien des raisons, l'existence de cet État ne tient plus qu'à un fil; Dieu veuille que nous ne soyons pas bientôt obligés de fuir à Avignon ou jusqu'aux confins de l'Océan. Je vois que la chute de cette monarchie spirituelle est imminente... Si Dieu ne vient à notre secours, c'en est fait de nous. »

51. Negro, sur le 24 oct. (ou plutôt sept.), le 9 nov. 1526, le 11 avril 1527.

52. Varchi, *Stor. fiorent.,* I, 43, 46 ss.

53. Paul Jovius, *Vita Pomp. Columnæ.*

54. Ranke, *Histoire d'Allemagne,* II, 375 ss.

55. Varchi, *Stor. fiorent.,* II, 43 ss.

56. *Ibid.,* et Ranke, *Hist. d'Allem.,* II, p. 394, note 1, et III, p. 6 ss. On croyait que Charles transférerait sa résidence à Rome.

57. Sa lettre au pape, datée de Carpentras, 1er sept. 1527, dans les *Anecdota litt.,* IV, p. 335.

58. *Lettere de' principi,* I, 72, Castiglione au Pape, Burgos, 10 déc. 1527.

59. Tommaso Gar, *Relaz. della corte di Roma,* I, 299.

60. Les Farnèse réussirent encore quelque chose de semblable; les Caraffa périrent.

CONCLUSION

L'Italie des patriotes.

1. PETRARCA, *Epist. fam.*, I, 1, ed. Fracassetti (1859), vol. I, p. 40, où il remercie Dieu d'être né Italien. Ensuite : *Apologia contra cuiusdam anonymi calumnias*, de l'année 1367. *Op. ed. Bas.*, 1581, p. 1068 ss.

2. Je veux parler surtout des écrits de Wimpheling, Bebel, etc., réunis dans le 1er vol. de SCHARDIUS, *Scriptores rerum Germanicarum* (Basel, 1574).

3. Citons un exemple seulement : la réponse du doge de Venise à un agent florentin relativement à Pise (1496), dans MALIPIERO, *Ann. veneti, Arch. Stor.*, VII, I, p. 427.

Deuxième partie.

DÉVELOPPEMENT DE L'INDIVIDU

1

L'État italien et l'individu.

1. Il faut remarquer les expressions *uomo, singolare, uomo unico*, employées pour désigner un degré supérieur et l'apogée de la culture individuelle.

2. Vers 1390, il n'y avait plus à Florence une mode dominante pour l'habillement des hommes, parce que chacun cherchait à se singulariser par le costume. Compar. les *Canzone* de Franco SACCHETTI : *Contro alle nuove foggie*, dans les *Rime, Publi. dal Poggiali*, p. 52.

3. Et aussi des femmes, comme on le remarque dans la maison Sforza et dans différentes familles de souverains de la haute Italie. Comp. dans l'ouvrage de Jacques-Phil. BERGOMENSIS : *De plurimis claris selectisque mulieribus*, Ferrare, 1497, les biographies de Battista de Malatesta, de Paola de Gonzague, de Bonne Lombarda, de Richarde d'Este et des femmes les plus marquantes de la famille des Sforza. On trouve dans le nombre plus d'une virago, et l'on voit souvent le développement individuel complété par la haute culture.

4. Franco SACCHETTI, dans son *Capitolo (Rime*, publ. dal POGGIALI, p. 56), compte vers 1390 plus de cent noms de gens considérables des partis dominants, qui étaient morts de son temps. Quelques médiocrités qu'il pût y avoir dans le nombre, il n'en est pas moins vrai que l'ensemble est une preuve sérieuse du réveil de l'individualité. – Sur les « *Vite* » de Philippe Villani, voir plus bas.

5. *Trattato del governo della famiglia.* On admet aujourd'hui que cet écrit est l'œuvre de l'architecte L. B. Alberti. Comp. VASARI, 54, note 5, éd. Lemonnier. – Sur Pandolfini, v. VESPASIANO FIORENTINO, p. 379.

6. *Trattato*, p. 65 ss.

7. JOV. PONTANUS, *De fortitudine*, I. II. Soixante-dix ans plus tard, Cardan pouvait se

demander *(De vita propria,* cap. xxxii) avec amertume : *Quid est patria, nisi consensus tyrannorum minutorum ad opprimendos imbelles timidos et qui plerumque sunt innoxii?*

8. *De vulgari eloquio,* lib. I, cap. vi. Sur l'idéal de la langue italienne, chap. xvii. L'unité intellectuelle des gens instruits, chap. xviii. Voir aussi la *nostalgie* dans le passage célèbre du *Purg.*, VIII, 1 ss., et du *Parad.*, XXV, 1 ss.

9. *Dantis Alligherii Epistolæ,* ed. Carolus WITTE, p. 65.

10. GHIBERTI, *Secondo commentario,* cap. XV. (VASARI, éd. Lemonnier, I, p. XXIX).

11. *Codri Urcei vita,* comme préface à ses *Opera.* Sans doute on entrevoit déjà l'adage : *Ubi bene, ibi patria.* – La masse de jouissances purement intellectuelles, qui ne dépendent pas du lieu, et que les Italiens instruits devenaient de plus en plus capables de goûter, allégeait considérablement pour eux le poids de l'exil. Du reste, le cosmopolitisme est un des signes distinctifs de toute époque où l'on découvre de nouveaux mondes et où l'on ne se sent plus chez soi dans l'ancien. Il apparaît chez les Grecs après la guerre du Péloponèse ; comme l'a dit Niebuhr, Platon n'était pas un bon citoyen, et Xénophon en était un mauvais ; enfin Diogène proclamait l'absence de patrie un véritable bonheur, et s'appelait lui-même ἄπολις, comme on le voit dans Diog. Laërce.

2

Entier développement de la personnalité.

1. BOCCACCIO, *Vita di Dante,* p. 16.

2. Les anges qu'il peignit sur des tablettes, le jour anniversaire de la mort de Béatrice *(Vita nuova,* p. 61), pourraient bien avoir été autre chose qu'une fantaisie d'amateur. Lion. Aretino dit qu'il dessinait *egregiamente* et qu'il était grand amateur de musique.

3. Sur ce fait et sur ce qui suit, comp. surtout Vespasiano FIORENTINO, qui est une source de premier ordre pour l'histoire de la culture à Florence au xve siècle. Voir p. 359, 379, 401, etc. – Puis la belle et instructive *Vita Jannoctii Manetti* (né en 1396), dans MURAT., XX, p. 529-608.

4. Ce qui suit est emprunté au portrait de Pandolfo Collenuccio par PERTICARI, dans ROSCOE, *Leone X,* ed. BOSSI, III, p. 197 ss., et dans les *Opere del Conte Perticari,* Mil., 1823, vol. II.

5. Dans MURAT., XXV, col. 295 ss. Pour plus de détails, voir VASARI, IV, 52 ss. – Mariano Sozzini, p. ex., était un amateur universel, il était passé maître dans plusieurs branches à la fois, si l'on peut ajouter foi au portrait qu'en trace Sylvius Æneás *(Opera,* p. 622, *Epist.*, 112).

6. L'Andalousien bn Firnas avait fait des essais semblables ; voir HAMMER, *Histoire de la littérature arabe,* I, Introduction, p. 51.

7. *Quidquid ingenio esset hominum cum quadam effectum elegantia, id prope divinum ducebat.*

8. C'est cet ouvrage (compar. chap. Ier, note 5) dont une partie, souvent imprimée à part, a passé longtemps pour être l'œuvre de Pandolfini.

9. Dans son livre *De re ædificatoria*, 1. VIII, cap. I, se trouve une définition de ce qu'on peut appeler un beau chemin : *Si modo mare, modo montes, modo lacum fluentem fontesve, modo aridam rupem aut planitiem, modo nemus vallemque exhibebit.*

3

La gloire moderne.

1. Nous ne citerons que : BLONDUS, *Roma triumphans*, l. V, p. 117 ss., où les définitions de la gloire sont puisées dans les anciens et où le désir de la gloire est une passion formellement permise, même au chrétien. L'écrit de Cicéron, *De gloria*, que Pétrarque croyait posséder, lui a été dérobé par son maître Convenevole, et n'a plus reparu depuis.

2. *Paradiso*, XXV, au commencement : *Se mai contenga*, etc.; voir plus haut chap. Ier, note 8. – Comp. BOCCACCIO, *Vita di Dante*, p. 49. *Vaghissimo fue e d'onore e di pompa, e per evventura più che alla sua inclita virtù non si sarebbe richiesto.*

3. *De vulgari eloquio*, 1. I, cap. I. Surtout *De Monarchia*, 1. I, cap. I, où il veut exposer l'idée de la Monarchie, non seulement pour être utile au monde, mais encore : *ut palmam tanti bravii primus in meam gloriam adipiscar.*

4. *Convito*, ed. Venezia, 1529, fol. 5 et 6.

5. *Paradiso*, VI, 112 ss.

6. P. ex., : *Inferno*, VI, 89; XIII, 53; XVI, 85; XXXI, 127.

7. *Purgatorio*, V, 70, 87, 133; VI, 26; VIII, 71; XI, 31; XIII, 147.

8. *Purgatorio*, XI, 85-117. Outre la *gloria*, on trouve ici réunis les noms de : *Grido*, *fama*, *rumore*, *nominanza*, *onore*, qui ne sont que des synonymes désignant la même chose. – Boccace écrivait, comme il l'avoue dans sa lettre à J. Pizinga (*Opere volgari*, vol. XVI, p. 30 ss.), *perpetuandi nominis desiderio.*

9. SCARDEONIUS. *De urb. Patav. antiq.* (*Graev. Thesaur.*, VI, III, col. 260). Faut-il lire *cereis muneribus* ou *certis muneribus?* C'est une question que je m'abstiens de décider.

10. *Franc. Petrarca posteritati* ou *ad posteros*, FRASCASSETTI, *Petr. epistolæ familiares*, I, (1859), p. 1-11. Certains modernes qui blâment la vanité de P. ne seraient peut-être pas restés, à sa place, aussi bons et aussi fermes que lui.

11. *Opera*, éd. 1851, p. 117 : *De celebritate nominis importuna.*

12. *De remediis utriusque fortunæ passim.*

13. *Epist, seniles*, III. 5. Blondus, p. ex. (*Italia illustrata*, p. 416), nous indique ce qu'était la gloire de Pétrarque cent ans plus tard en affirmant que pas un savant ne connaîtrait plus le roi Robert le Bon si Pétrarque n'en avait parlé si souvent et en termes si affectueux.

14. *Epist. seniles*, XIII, 3, à Giovanni Aretino, 9 sept. 1370.

15. Filippo VILLANI, *Vite*, p. 19.

16. Les deux choses se rencontrent dans l'épitaphe de Boccace *Nacqui in Firenze al Pozzo Toscanelli, Di fuor sepolto a Certaldo giaccio*, etc. – Comp. *Opere volgari di Bocc.*, vol. XVI, p. 44.

17. Mich. SAVONAROLA, *De laudibus Patavii*, dans MURAT., XXIV, col. 1157.

18. Voir l'arrêté motivé de 196 dans GAYE, *Carteggio*, I, p. 123.

19. BOCCACCIO, *Vita di Dante*, p. 39.

20. Franco SACCHETTI, *Nov.* 121.

21. Ceux d'Anténor sont dans le sarcophage célèbre de S. Lorenzo, ceux de Tite-Live au-dessus d'une porte du Palazzo della ragione. Pour la manière dont ils ont été découverts en 1413, voir dans MISSON, *Voyage en Italie*, vol. I.

22. *Vita di Dante, l. c.* Comment le corps de Cassius a-t-il pu être transporté à Parme après la bataille de Philippes?

23. *Nobilitatis fastu*, et encore *sub obtentu religionis*, dit Pie II (*Comment.*, X, p. 473). La nouvelle espèce de gloire a dû paraître incommode à bien des gens qui étaient habitués à autre chose.

24. Compar. les *Derniers Voyages de Keyssler*, p. 1016.

25. L'aîné était, comme on le sait, de Vérone.

26. C'est ce qui est confirmé par l'écrit remarquable : *De laudibus Papiæ* (dans MURAT., X), du XIVe siècle; il y avait beaucoup d'orgueil municipal, mais pas encore de gloire spéciale.

27. *De laudibus Patavii*, dans MURAT., XXIV, col. 1151 ss.

28. *Nam et veteres nostri tales aut divos aut æterna memoria dignos non immerito prædicabant, quum virtus summa sanctitatis sit consocia et pari ematur pretio.*

29. Dans les *Casus virorum illustrium* de Boccace, seul le neuvième et dernier livre traite d'époques postérieures à l'antiquité. De même, bien plus tard, dans les Commentarii urbani de Raph. Volaterranus, seul le l. 21 (le neuvième de l' « Anthropologie »); les papes et les empereurs figurent à part aux l. 22 et 23. – Dans l'ouvrage *De claris mulieribus* de l'Augustin Jacques Bergomensis (imprimé en 1497), c'est l'antiquité et encore plus la légende qui domine; mais ensuite viennent quelques biographies remarquables d'Italiennes. SCARDEONIUS (*De urb. Patav. antiq., Græv. thesaur.*, VI, III, col. 405 ss.) n'énumère que des Padouanes célèbres : d'abord une légende du temps de l'invasion des barbares, puis des tragédies causées au XIIIe et au XIVe siècle par les luttes des partis; ensuite d'autres femmes héroïques, la fondatrice d'un couvent, la conseillère politique, la femme médecin, la mère de fils nombreux et distingués, la femme savante, la jeune paysanne qui meurt pour sauver son innocence, enfin la femme cultivée et belle du XVIe siècle, qui inspire les poètes; finalement la femme poète et celle qui écrit des nouvelles. Un siècle plus tard, la femme professeur serait venue enrichir cette galerie de femmes célèbres. – Sur les femmes célèbres de la maison d'Este, voir l'ARIOSTE, *Rol.*, XIII.

30. Je n'ai malheureusement jamais pu consulter les *Viri illustres* de B. FACIUS, édités par MEHUS, un des livres les plus importants de ce genre au XVe siècle.

31. Un chanteur latin du XIIe siècle, un écolier vagabond qui mendie un habit en chantant, fait déjà cette menace. Voir *Carmina Burana*, p. 76.

32. BOCCACCIO, *Opere volgari*, vol. XVI, dans le treizième sonnet : *Pallido, vinto*, etc.

33. Entre aut. dans ROSCOE, *Leone X*, ed. Bossi, IV, p. 203.

34. *Angeli Politiani epp.*, lib. X.

35. Paul JOV. *De Romanis piscibus, Præfatio* (1525). Il dit que la première décade de ses histoires paraîtrait prochainement *non sine aliqua spe immortalitatis*.

36. Compar. *Discorsi*, I, 27. La *tristizia*, le crime, peut avoir de la *grandezza* et être *in alcuna parte generosa;* la *grandezza* peut éloigner d'une action tout *infamia;* l'homme peut être *onorevolmente tristo*, par opposition à *perfettamente buono*.

37. *Storie fiorentine*, L. V.

38. Paul JOV., *Elogia vir. lit. ill.*, p. 192, à propos de Marius Molsa.

4

La raillerie et le mot d'esprit.

1. Le Moyen Age possède en outre un grand nombre de poèmes satiriques; mais ce n'est pas encore la satire personnelle, ce sont presque des satires générales, dirigées contre des classes, des catégories, des populations, etc., qui, par suite, prennent facilement le ton didactique. L'œuvre dans laquelle se résume cette tendance, c'est le roman du Renard sous toutes ses formes, tel que l'ont conçu les différents peuples de l'Occident. La littérature française contemporaine a produit, dans ce genre, un travail excellent : LENIENT, *la Satire en France au Moyen Age*, et la suite de cet ouvrage, qui n'est pas moins remarquable : *la Satire en France, ou la Littérature militante au* XVIe *siècle*, Paris, 1866.

2. Par exception on trouve déjà à cette époque une plaisanterie insolente, Nov. 37.

3. *Inferno*, XXI, XXII. Le seul terme de comparaison possible serait Aristophane.

4. Il débute timidement dans *Opera*, p. 421 ss., dans *Rerum memorandum libri IV*. D'autre part dans *Epp. senil.*, X, 2. Compar. aussi *Epp. fam. (ed. Fracass.)*, vol. I, p. 68 ss., 70, 240, 245. Les jeux de mots sentent parfois encore l'asile que ce genre d'esprit avait trouvé au Moyen Age, c'est-à-dire le couvent.

5. *Nov.* 40, 41; il s'agit de Ridolfo da Camerino.

6. La farce connue de Brunellesco et du gros sculpteur sur bois, Manetto Ammanatini, que la mystification dont il fut l'objet poussa, dit-on, à s'exiler en Hongrie, peut être appelée cruelle, malgré l'esprit et l'imagination qu'elle suppose.

7. L'*Araldo* de la seigneurie florentine. Citons, à titre d'exemple unique : *Commissioni di Rinaldo degli Albizzi*, t. III, p. 651, 669. Le fou était considéré comme nécessaire pour égayer les convives après le repas : voir ALCYONIUS, *De exilio*, ed. Mencken, p. 129.

8. SACCHETTI, *Nov.* 48. Et pourtant on voit la Nov. 67 que parfois un Romagnol pouvait dépasser le Florentin le plus futé.

9. Pandolfini, *Del governo della familia* (*Opere*, ed. Bonucci, V, 171).

10. Franco SACCHETTI, *Nov.* 156; *comp. Nov.* 24. Par leur contenu, les Facéties du Pogge sont de la même famille que les Nouvelles de Sacchetti : on y trouve des farces, des insolences, des quiproquos d'hommes simples et naïfs opposés à des obscénités raffinées; mais elles contiennent en plus grand nombre de ces jeux de mots qui trahissent le philologue. – Sur L. B. ALBERTI, compar. chap. II.

11. Cela est vrai aussi des nouvelles italiennes qui ont été puisées à cette source.

12. D'après BANDELLO, IV, *Nov.* 2, Gonnella savait aussi se grimer de manière à changer complètement sa figure, et contrefaire tous les dialectes de l'Italie.

13. Paul JOVIUS, *Vita Leonis X.*

14. *Erat enim Bibiena mirus artifex hominibus ætate vel professione gravibus ad insaniam impellendis.* On se rappelle à ce propos comment Christine de Suède s'amusait aux dépens de ses philologues.

15. Je trouve ce lorgnon non seulement dans le portrait peint par Raphaël, où l'on peut le considérer comme une loupe destinée à permettre d'examiner les miniatures d'un livre de prières, mais encore dans une notice de Pellicanus, d'après laquelle Léon X regarda un jour une procession de moines à travers un *Specillum* (comp. l'*Almanach de Zurich pour l'année* 1858, p. 177), et dans le *cristallus concava*, dont, suivant Giovio, il se servait à la chasse.

16. On la trouve aussi dans l'art plastique; qu'on se rappelle, p. ex., cette gravure connue qui représente le groupe du Laocoon sous la forme de trois singes. Seulement la parodie se bornait généralement à un dessin fait en quelques coups de crayon; peut-être aussi beaucoup d'œuvres de ce genre ont-elles disparu. La caricature est tout autre chose : Léonard dans ses grimaces (dans la bibliothèque Ambrosienne) représente le laid quand et parce qu'il est comique, et renforce ce comique à volonté.

17. Jovian. PONTAN., *De sermone,* libri V. Il reconnaît que non seulement les Florentins, mais encore les Siennois et les Pérugins ont un remarquable esprit naturel; il y joint la cour espagnole par politesse.

18. *Il cortigiano,* lib. II, cap. L ss., *ed. Baude di Vesme,* Florence, 1854, p. 124 ss. – Voir *ibid.*, cap. LXXIII, p. 136, comment l'auteur fait dériver l'esprit du contraste, bien que sa déduction ne soit pas tout à fait claire.

19. *Galateo del Casa, ed. Venez.* 1789, p. 26 ss.

20. *Lettere Pittoriche,* I, 71, dans une lettre de Vinc. Borghini, 1577. – MACHIAVELLI, *Stor. fior.*, L. VII, cap. XXVIII, dit des jeunes seigneurs florentins de la fin du XVe siècle : *Gli studî loro erano apparire col vestire splendidi, e col parlare sagaci ed astuti, e quello che più destramente mordeva gli altri, era più savio e da più stimato.*

21. Comp. l'oraison funèbre composée par Fedra Inghirami sur Ludovic Podocataro (mort le 25 août 1505), dans les *Anecd. litt.*, I, p. 319. – Massaino, l'auteur de la chronique scandaleuse, cité par Paul JOV., *Dialogus de viris litt. illustr.* (TIRABOSCHI, t. VII, parte IV, p. 1631).

22. C'est ainsi que fit presque toujours Léon, et, en somme, son calcul était parfaitement juste; malgré les horreurs que les pamphlétaires ont dites sur son compte après sa mort, ils n'ont pu effacer le glorieux souvenir de son existence.

23. Tel était le cas du cardinal Ardicino della Porta, qui, en 1491, voulait se démettre de sa dignité et chercher un asile dans quelque couvent lointain. Comp. INFESSURA, dans *Eccard,* II, col. 2000.

24. Voir son oraison funèbre dans les *Anecd. litt.,* IV, p. 315. Il réunit dans le sud de la marche d'Ancône une armée de paysans, que la trahison du duc d'Urbin empêcha seule d'agir. – Voir dans TRUCCHI, *Poesie ined.,* III, p. 123, les beaux madrigaux où il chante un amour sans espoir.

25. Voir dans GIRALDI, *Hecatommithi,* VII, Nov. 5, comment il osait parler à la table de Clément VII.

26. Toute la prétendue délibération qui a pour objet la suppression de la statue de Pasquin, dans Paul JOV., *Vita Hadriani,* est transférée de Sixte IV à Adrien. – Comp. *Lettere de' principi,* I, 114 ss. Lettre de Negro du 7 avril 1523. Pasquin avait, le jour de Saint-Marc, sa fête particulière; le Pape défendit de la célébrer.

27. P. ex.: FIRENZUOLA, *Opere* (Milano, 1802), vol. I, p. 116, dans les *Discorsi degli animali.*

28. Au duc de Ferrare, 1er janvier 1536 (*Lettere,* ed. 1539, fol. 39) : « Vous allez faire le voyage de Rome à Naples, *ricreando la vista avvilita nel mirar le miserie pontificali con la contemplatione delle eccellenze imperiali.* »

29. Nous ne pouvons examiner ici comment il se rendit particulièrement redoutable aux artistes. – L'instrument de publicité de la réformation allemande est surtout la brochure, en ce qui concerne des questions déterminées, sur lesquelles il n'y a pas lieu de revenir; Arétin, au contraire, est journaliste en ce sens qu'il a constamment de nouveaux motifs de recourir à la publicité.

30. P. ex. dans le chapitre consacré à un mauvais poète du nom d'Albicante; malheureusement il est impossible d'en citer des passages.

31. *Lettere,* ed. 1539, fol. 39, du 31 mai 1527.

32. Dans le premier capitolo à Côme.

33. GAYE, *Carteggio,* II, p. 332.

34. Voir la lettre impudente de 1536 dans les *Lettres pittor.,* I, Append. 34.

35. Compar. plus haut, chap. III, la maison où était né Pétrarque, dans la même ville d'Arezzo.

36. L'Aretin per Dio grazia, è vivo e sano,
Ma'l mostaccio ha fregiato nobilmente,
E più coldi ha, che dita in una mano.
(Mauro, capitolo in lode delle bugie.)

37. Voir, p. ex., la lettre au cardinal de Lorraine, *Lettere,* ed. Venez. 1539, fol 29, du 21 nov. 1534, ainsi que les lettres à Charles Quint.

38. Pour ce qui suit, voir GAYE, *Carteggio,* II, p. 336, 337, 345.

39. *Lettere,* ed. Venez. 1539, fol, 15, du 16 juin 1529.

40. Il a peut-être composé ces écrits en vue d'obtenir le chapeau rouge ou parce qu'il avait peur des rigueurs de l'Inquisition, qu'il avait encore osé censurer vigoureusement en 1535 (voir fol. 37), mais qui, depuis la réorganisation de cette institution (1542), augmentèrent tout à coup et réduisirent toutes les voix au silence.

TABLE PAR ORDRE DE MATIÈRES

Tome 1

Préface

Première partie

L'ÉTAT CONSIDÉRÉ COMME ŒUVRE D'ART

Deuxième partie

DÉVELOPPEMENT DE L'INDIVIDU

Tome 2

Troisième partie.

LA RÉSURRECTION DE L'ANTIQUITÉ

Quatrième partie.

LA DÉCOUVERTE DU MONDE ET DE L'HOMME

Cinquième partie.

LA SOCIABILITÉ ET LES FÊTES

Le nivellement des classes / Raffinements extérieurs de la vie / Le langage considéré comme base de la sociabilité / La forme supérieure de la sociabilité / L'homme de société accompli / Situation de la femme / La vie domestique / Les fêtes.

Tome 3

Sixième partie.

MŒURS ET RELIGION

La moralité / La religion dans la vie quotidienne / La religion et l'esprit de la Renaissance / Mélange de superstitions antiques et modernes / Affaiblissement de la foi en général.

IMPRIMÉ EN FRANCE PAR BRODARD ET TAUPIN
58, rue Jean Bleuzen - Vanves - Usine de La Flèche.
LIBRAIRIE GÉNÉRALE FRANÇAISE - 6, rue Pierre-Sarrazin - 75006 Paris.
ISBN : 2 - 253 - 04023 - 1

42/4055/2